Helga Amesberger
Brigitte Halbmayr
Simon Clemens
MEINE MAMA WAR
WIDERSTANDSKÄMPFERIN

*Gefördert von der Kulturabteilung der Stadt Wien,
Wissenschafts- und Forschungsförderung*

Nationalfonds der Republik Österreich
für Opfer des Nationalsozialismus

Gedruckt nach der Richtlinie des
Österreichischen Umweltzeichens
„Druckerzeugnisse",
Christian Theiss GmbH, Nr. 869

Copyright © 2019 Picus Verlag Ges.m.b.H., Wien
Alle Rechte vorbehalten
Grafische Gestaltung: Dorothea Löcker, Wien
Umschlagabbildung: © akg-images
Druck und Verarbeitung:
Christian Theiss GmbH, St. Stefan im Lavanttal
ISBN 978-3-7117-2085-6

Informationen über das aktuelle Programm
des Picus Verlags und Veranstaltungen unter
www.picus.at

Helga Amesberger
Brigitte Halbmayr
Simon Clemens

MEINE MAMA WAR WIDERSTANDSKÄMPFERIN

Netzwerke des Widerstands und dessen
Bedeutung für die nächste Generation

PICUS VERLAG WIEN

INHALT

I. EINLEITUNG 11

II. ÖSTERREICH ZWISCHEN 1918 UND 1945 24
1. Die Erste Republik 26
2. Der Austrofaschismus 33
3. Österreich im Nationalsozialismus 39

III. »… DANN WIEDER SPÜRE ICH EINEN
UNWIDERSTEHLICHEN DRANG ZU KÄMPFEN« –
BARBARA EIBENSTEINER UND DER KREIS VII DES KJV 49
1. Der Kommunistische Jugendverband (KJV) –
   Entwicklungen, Programm und Strukturen 52
2. Der Kreis VII des KJV 60
3. Barbara Eibensteiner und ihr Netzwerk 70
   3.1 Barbara Eibensteiner (1917–1948) 71
   3.2 Biografischer Hintergrund der Mitglieder 73
   3.3 Politische Sozialisation und politisches Umfeld der
       Mitglieder 75
   3.4 »Die Betty Hirsch war schon in der Volksschul'
       meine Freundin. Bis zum KZ sind wir gemeinsam
       gegangen.« Beziehungen – Rekrutierung – Aktivitäten ... 78
   3.5 Sanktionen der Widerstandstätigkeit – Zuchthaus,
       Konzentrationslager und Strafbataillon 86

IV. »WIR HABEN VON KLEIN AUF UNBEWUSST WI-
DERSTANDSARBEIT GELEISTET.« DIE TSCHECHISCHE
WIDERSTANDSKÄMPFERIN IRMA TRKSAK 92
1. »Kommunistische Tschechen-Bewegung Wien« –
   Amorphie als Struktur 95
2. Formen und Umstände des Widerstands 105

3. Nach der »Freiheit« – Konsequenz und Folgen 113
   3.1 Verhaftung und Folter 113
   3.2 Das KZ Ravensbrück: Demütigung und
   Entmenschlichung 121

V. »WIR WOLLTEN NICHT EINFACH ABWARTEN, WAS MIT UNS GESCHIEHT.« GERTRUDE HORN UND DIE MISCHLINGSLIGA WIEN 128

1. Die Geschichte Gertrude Horns vor dem Hintergrund
antijüdischer Gesetze 129
2. Jüdische Widerstandsgruppen 136
   2.1 Die Sonderabteilung »NN«, die Mischlingsliga Wien
   (MLW) und die Antifaschistische Partei
   Österreichs (APÖ) 137
   2.2 Das Netzwerk der Mischlingsliga Wien 147
   2.3 Die Rolle der Frauen 153
3. Strafverfolgung und Rechtlosigkeit 159
   3.1 Verrat und seine Konsequenzen 159
   3.2 Verteidigungsstrategien 166
   3.3 Kein Volksgerichtsverfahren für »Geltungsjuden« 168
4. Besonderheiten der Mischlingsliga Wien 170

VI. EINORDNUNG UND REZEPTION DES WIDERSTANDS (VON FRAUEN) IN NACHKRIEGSÖSTERREICH 175

1. Was ist Widerstand? 176
2. Widerstand in Österreich 182
3. Einordnung der Widerstandstätigkeit der drei analysierten
Netzwerke 187
   3.1 Organisiert – system-offensiv – konspirativ – amorph 188
   3.2 Bewertung der Rolle der Frauen in den drei
   Widerstandsnetzwerken 194

VII. WIDERSTAND UND VERFOLGUNG – DETERMINANTEN DES LEBENS NACH DER BEFREIUNG? .. 200

1. Lebenswege nach Ravensbrück 203

1.1 Gesundheitliche Auswirkungen der Verfolgung 204
1.2 Berufstätigkeit im Spiegel gesellschaftlicher
    Verhältnisse 210
1.3 Familiengründung als gesellschaftliches
    Integrationsmoment? 213
2. Politische Betätigung der Protagonistinnen
   nach der Befreiung 215
2.1 Parteipolitische Betätigung 215
2.2 Engagement in der Österreichischen
    Lagergemeinschaft Ravensbrück 218
3. Das Demokratieverständnis 223

VIII. DIE GEGENWART DER VERGANGENHEIT 230
1. Tradierung innerhalb der Familie 231
   1.1 Bruchstückhafte Narrationen – oder: Vom Schweigen,
       Fragen und Reden 233
   1.2 Meine Mutter war (k)eine Heldin 239
   1.3 Das individuelle und das gesellschaftliche Trauma 242
2. Prägungen aufgrund der Widerstands- und
   Verfolgungsgeschichte der Mutter 248
   2.1 Sozialisation im Geiste »Nie wieder Faschismus« 249
   2.2 Vermitteltes Frauenbild 253
   2.3 Marginalisierung versus Zugehörigkeitsgefühl 254
   2.4 Transgenerationelle Weitergabe von Traumata 260
   2.5 Politisches Selbstverständnis – zwischen Vermächtnis
       und Abgrenzung 265

IX. VERZEICHNISSE 273
1. Literatur 273
2. Für dieses Projekt geführte Interviews 286
3. Weitere verwendete Interviews 286
4. Schaubilder 287

I. EINLEITUNG

Widerstand lohnt sich, weil er die Würde erhält.
ILJA TROJANOW

In den hundert Jahren seit Gründung der Ersten Republik bildete die Zeit des Nationalsozialismus die wohl größte Zäsur für Österreich. Gewaltherrschaft und Krieg, Verfolgung und Unterdrückung, Vertreibung bis hin zur Vernichtung bestimmten den Alltag der Menschen. Millionen Tote durch den industriellen Massenmord, Millionen Kriegstote, zerbombte Städte, zerstörte Infrastruktur und eine zerrüttete Gesellschaft waren die Folgen. Und dennoch ist diese Epoche nicht als »aus der Zeit gefallen« zu betrachten, sondern mit ihren Verbindungen in die Tage der Ersten Republik und des Austrofaschismus einerseits sowie in die Nachkriegszeit andererseits zu kontextualisieren. Es waren die gesellschaftlichen, politischen und ökonomischen Umstände der Vorkriegszeit, die die Haltungen und Entscheidungen der in der NS-Zeit Erwachsenen prägten, und unweigerlich haben die Erfahrungen dieser Zeit in den folgenden Jahrzehnten nachgewirkt. Dies gilt auf der Makroebene gesellschaftspolitischer Verhältnisse wie auch auf der Mikroebene familiärer Beziehungen.

In diesem komplexen, Epochen und Generationen übergreifenden Gefüge war das diesem Buch zugrundeliegende Forschungsprojekt[1] »Meine Mama war Widerstandskämpferin« angesiedelt. Es fokussiert auf Widerstandsnetzwerke während

---

1 Die Studie wurde von der Kulturabteilung der Stadt Wien im Rahmen der Projektausschreibung »Republik in Österreich – Demokratie in Wien. 100 Jahre Gegenwart, Geschichte und Zukunft« gefördert.

des Nationalsozialismus mit Betonung der Rolle der darin aktiven Frauen und nimmt dabei die Zeit davor wie auch danach in den Blick, hier insbesondere in ihrer Bedeutung für das Demokratieverständnis der Nachkommen.

Hundert Jahre nach Gründung der Ersten Republik scheinen demokratische Regierungsformen immer mehr an Unterstützung zu verlieren, der Wunsch nach einem »starken Mann«, nach autokratischen Herrschaftsverhältnissen immer stärker zu werden (vgl. aktuell SORA 2017). Die Beschäftigung mit Geschichten des Widerstands bietet Gelegenheit, sich mit Demokratie und demokratischen Rechten sowie den Folgen von Diktaturen auseinanderzusetzen. Die Einsatzbereitschaft und der Mut ganz »alltäglicher« Frauen und Männer vorhergegangener Generationen und die Reflexion darüber können einen wichtigen Beitrag dazu leisten, sich seiner eigenen Möglichkeiten und Mächtigkeit bewusst zu werden – ohne die Bedingungen für widerständiges Verhalten in der NS-Diktatur und in der demokratischen Nachkriegsgesellschaft gleichsetzen zu wollen. Die Auseinandersetzung mit der eigenen Geschichte stärkt jedoch nachweislich (vgl. Schmipf-Herken 2008; Pampel 2011) die demokratische politische Kultur sowie die Fähigkeit zum konstruktiven Umgang mit Konflikten und Differenzen. Die Beschäftigung mit »alltäglichen« Widerstandshandlungen (statt mit »Heldengeschichten«) erscheint uns ein wichtiger Beitrag zur politischen Bildung und zur Stärkung der Demokratie, zumal es sich hier um spezifische Familienerfahrungen handelt, die nicht von der Mehrheitsgesellschaft geteilt werden.

THEORETISCHE UND EMPIRISCHE EINORDNUNGEN

Dieses Buch verfolgt drei zentrale Ziele: Erstens: die Rekonstruktion von drei Netzwerken (in unterschiedlichen gesellschaftlichen Milieus): ein tschechisches und ein Netzwerk rassistisch Verfolgter sowie eines des kommunistischen Jugendverbands. Tatsächlich sind sie – zumindest was die leitenden Personen anbelangt – alle drei dem kommunistischen Widerstand zuzuordnen. Zweitens sollen anhand der Biografien von drei Widerstandskämpferinnen gängige Stereotype zur Widerstandstätigkeit von Frauen in der Forschung hinterfragt und ihr Anteil sichtbar gemacht werden. Das dritte Ziel ist, dem langen Schatten der nationalsozialistischen Diktatur und Verbrechen nachzuspüren, indem sowohl den (politischen) Lebenswegen von Widerstandskämpferinnen als auch den Auswirkungen der Verfolgungserfahrung auf die Frauen selbst sowie deren Kinder nachgegangen wird.

Diese Zielsetzungen begründen sich in theoretischen und empirischen Erkenntnissen wie auch in Forschungslücken zum Widerstand in Österreich. Die Widerstandstätigkeit von Frauen blieb lange Zeit von der Forschung unbeachtet. Dies änderte sich erst mit der zunehmenden Etablierung von Frauenforschung und feministischer Forschung in den 1980er Jahren.[2] Auch sonst war die Widerstandsforschung, wie Gerhard Botz (1983, 138–145) ausführt, von zahlreichen »Wahrnehmungs- und Verarbeitungsverzerrungen« geprägt, wie etwa von der Einschränkung auf den antifaschistischen Widerstand und

---

2 Zu den Pionierinnen in der Forschung zum Widerstand von Frauen gegen das NS-Regime zählen in Österreich Karin Berger, Elisabeth Holzinger, Lotte Podgornik und Lisbeth Trallori, die 1985 den Band »Der Himmel ist blau. Kann sein. Frauen im Widerstand, Österreich 1938–1945« und im Jahr 1987 »Ich geb Dir einen Mantel, daß Du ihn in Freiheit tragen kannst« im Promedia Verlag herausgaben.

den Widerstand der Arbeiterklasse. Mittlerweile ist es zu einer deutlichen Ausweitung des Widerstandsbegriffs gekommen; es werden Handlungen einbezogen, deren Spektrum von bewaffnetem Widerstand bis zu abweichendem Verhalten reichen (vgl. hierzu ausführlicher Kapitel VI.1). Dass weiblicher Widerstand lange Zeit unsichtbar blieb und vergessen wurde, ist auf ein Bündel von Faktoren zurückzuführen. Neben diversen »Wahrnehmungs- und Verarbeitungsverzerrungen« (Botz 1983) in der Gesetzgebung, in der Politik der Verfolgtenverbände und in der Wissenschaft sind hier auch das geschlechtsspezifische Rollenverständnis und das vorherrschende traditionelle Frauenbild zu erwähnen (vgl. Amesberger 2006). Die Zahlen, die sich zum weiblichen Widerstand eruieren lassen, scheinen eine deutliche Sprache zu sprechen: So betrug der Frauenanteil der am Oberlandesgericht (OLG) Wien in Hochverratsverfahren Angeklagten 12,3 Prozent, der Anteil aller vor den politischen Senaten des OLG Wien Angeklagten 16,1 Prozent; bei den Todesurteilen lag der Frauenanteil bei 5,9 Prozent, bei den umgekommenen politischen Opfern bei ca. 7 Prozent und bei den von der Gestapo Wien festgenommenen Personen bei 19 Prozent, um nur einige Kennzahlen zu nennen (vgl. Neugebauer 2015, 66). Allerdings hängt, so auch Neugebauer (vgl. ebd.), dieses Ungleichverhältnis unter anderem mit dem Geschlechterbild der verfolgenden NS-Institutionen wie auch mit den gesellschaftlichen Rollenbildern zusammen. Weibliche Regimegegnerinnen wurden als weitaus weniger gefährlich für den NS-Staat angesehen als männliche Widerstandskämpfer, Frauen wurden lediglich als Helferinnen und Unterstützerinnen der männlichen Täter eingestuft. Dies war vielfach auch in den Widerstandsgruppen selbst der Fall, einschließlich der linken und kommunistischen Organisationen, in denen ebenfalls patriarchale Traditionen vorherrschten und Frauen daher zumeist keine Führungsrollen einnahmen – wenngleich sie wichtige und gefährliche Aufgaben ausführten (vgl. ebd.). Auch die frühe und lange Zeit gültige Definition des aktiven Widerstands trug zu diesem Bild bei (vgl. Amesberger 2006, 52–54). Als solcher wurde nur jener anerkannt, der mit der Waffe in der Hand geleistet wurde. Bereits der Transport, die Aufbewahrung und die Verteilung der Waffen – Aufgaben, die meist von Frauen erfüllt wurden – waren in dieser Definition nicht enthalten. Und auch die Frauen selbst meinten oft, »wir haben ja nichts Großartiges gemacht« (Amesberger/Halbmayr 2001a, 61).

Vor diesem Hintergrund analysieren wir in den Kapiteln III bis V anhand der Protagonistinnen Barbara Eibensteiner, Irma Trksak und Gertrude Horn drei konkrete Widerstandsnetzwerke – den Kreis VII des Kommunistischen Jugendverbands (KJV), eine Gruppe der kommunistischen Tschechen-Bewegung Wien und die Mischlingsliga Wien (MLW). Für jedes Netzwerk wird dessen Zielsetzung und ideologische Ausrichtung ebenso herausgearbeitet wie dessen Entstehung, Struktur, Zusammensetzung und Widerstandsaktivitäten. Netzwerkanalyse bedeutet, Beziehungen sichtbar zu machen. Daher beleuchten diese Kapitel auch den Weg in den Widerstand. Zentrale Frage ist hierbei, inwiefern die individuellen Prägungen durch Lebensumstände und (politische) Sozialisation unserer Protagonistinnen »Motor« für Widerstand bzw. politische Subjektivierung waren. Über derartige (kleinere) Widerstandsnetze gibt es bislang kaum empirische Forschungen[3]; auch diese Forschungslücke wird mit dem vorliegenden Buch verkleinert. Insgesamt ist nicht eine Gesamtschau des organisierten (kom-

---

3 Eine Ausnahme hierzu stellt die Arbeit von Brigitte Halbmayr (2009) über jenes Netz von UnterstützerInnen, die die Fallschirmagenten Albert Huttary und Josef Zettler vor dem Zugriff der Gestapo schützen wollten.

munistischen) Widerstands und der Beteiligung von Frauen darin unser Anliegen, sondern eine mikrosoziologische Aufarbeitung, die viel plastischer vor Augen führt, was es bedeutete, während der NS-Herrschaft Widerstand zu leisten.

Diesen drei Kapiteln vorangestellt ist eine kurze Abhandlung zur politischen, wirtschaftlichen, sozialen und kulturellen Situation in der Ersten Republik und der sukzessiven Aushöhlung eines jungen Staates mit demokratisch-republikanischer Verfassung, wobei besonderes Augenmerk auf den Umgang mit Minderheiten, Antisemitismus und die politische Gleichstellung von Frauen in puncto Wahlrecht sowie die Sonderrolle Wiens gelegt wird (Kapitel II). Insbesondere die Ausführungen zu den politischen Vorgängen in der Zeit des Austrofaschismus verdeutlichen in der Zusammenschau mit der Entwicklung der Widerstandsnetzwerke gegen das NS-Regime, wie stark die spätere Widerständigkeit in Erfahrungen von Ungleichheit und der Beschneidung politischer Rechte wurzeln. Der Abschnitt »Österreich im Nationalsozialismus« soll in erster Linie den Rahmen bilden, in dem die Widerstandsgruppen operierten.

Die Beschreibung der Netzwerke zielt neben Erkenntnissen zur Bedeutung des Geschlechts auch auf Schlussfolgerungen zu den theoretischen Implikationen für die Widerstandsforschung und damit auf die Definition von Widerstand ab. Das Kapitel VI, in dem die drei Widerstandsnetzwerke im Kontext des österreichischen Widerstands eingeordnet und bewertet werden, versteht sich als Klammer. Dies geschieht mit dem Ziel, aus geschlechtsspezifischer Perspektive eine realitätsnähere Einschätzung des organisierten Widerstands zu erreichen.

Im dritten Schwerpunkt spannen wir den Bogen ins Heute und zwar auf zweifache Weise. Zum einen verfolgen wir die (politischen) Lebenswege der drei Frauen nach 1945 und analysieren ihren Beitrag zur Demokratieentwicklung in der

Zweiten Republik – ob als individuell Aktive oder im Rahmen einer politischen Gruppierung. Zum anderen widmen wir uns der transgenerationellen Weitergabe. Im Zentrum von Kapitel VII stehen somit Aspekte der gesellschaftlichen Reintegration wie Berufstätigkeit, Familiengründung und politische Teilhabe vor dem Hintergrund der Verfolgungserfahrung und körperlichen wie psychischen Verfasstheit, ohne hierbei den gesamtgesellschaftlichen Umgang mit Nationalsozialismus, Widerstand und Verfolgung außer Acht zu lassen. Im letzten Abschnitt dieses Kapitels gehen wir auf das Demokratieverständnis der Widerstandskämpferinnen ein, wie es von uns befragte Nachkommen von ihren Müttern zeichnen. Dies herauszuarbeiten war ein schwieriges Unterfangen, denn zugrundeliegende Überzeugungen werden oft nicht explizit in der Familie artikuliert. Gleichwohl legt die frühere Betätigung in kommunistisch orientierten Widerstandsgruppen und die lebenslange ideologische Nähe zum Kommunismus ein bestimmtes Demokratieverständnis nahe.

Die innerfamiliäre Tradierung der Widerstands- und Verfolgungserfahrungen, die Gegenstand von Kapitel VIII ist, gehört im weitesten Sinne ebenfalls zu den Formen politischer Betätigung. Der Topos des Schweigens über die Zeit des Nationalsozialismus, Verfolgung und Vernichtung ist, wie Margit Reiter (2001) analysiert, in dieser Generalität nicht haltbar. In den Familien sei sehr wohl darüber kommuniziert worden, aber eben – je nach Haltung zum Nationalsozialismus und zu den Erfahrungen in der NS-Zeit – auf eine ganz spezifische Art und Weise. Die Tradierung – als Form des Erinnerns und der Weitergabe – und die Perzeption des Tradierten stellt eine »Verlebendigung von Geschichte« (Froihofer 2007, 272) dar, wobei dieser Prozess im gesellschaftlichen und biografischen Kontext betrachtet werden muss. Die meisten Forschungen zur transgenerationellen Tradierung fokussieren thematisch auf den Holocaust und die NS-Täterschaft. Dem Einfluss von Widerstandstätigkeit gegen das NS-Regime auf die politische Sozialisation der Nachfolgegeneration und ihr Verhältnis zu Politik wurde bislang wenig Augenmerk gewidmet.[4]

Wir gehen in diesem Kapitel nicht nur der Frage des Ob und des Wie der Tradierung nach, sondern auch den Inhalten des Vermittelten und Wahrgenommenen. Eine weitere zentrale Fragestellung beschäftigt sich mit dem Einfluss des Tradierten für das eigene Weltbild und (politische) Selbstverständnis der Nachkommen sowie ihre (aktuelle) politische Partizipation. Kurz: mit dem Vermächtnis der Widerstandskämpferinnen und der Lebendigkeit der Geschichte.

WARUM DIESE DREI FRAUEN? ANMERKUNGEN ZUR EMPIRISCHEN HERANGEHENSWEISE UND QUELLENLAGE

Im Mittelpunkt dieser Publikation stehen Barbara Eibensteiner, Irma Trksak und Gertrude Horn: Diese drei Frauen verbindet vieles und unterscheidet einiges; sie stehen gleichzeitig stellvertretend für viele andere Widerstandskämpferinnen. In unseren bisherigen Forschungsarbeiten zu Österreicherinnen, die das Frauenkonzentrationslager Ravensbrück erleiden mussten, sind wir auf eine Vielzahl von Frauen gestoßen, die aufgrund von Widerstandshandlungen gegen das nationalsozialistische Regime als »politische Häftlinge« inhaftiert waren.[5]

---

4 Ausnahmen sind Springer/Brainin (1979), Aretin (2004), Madelung/Scholtyseck (2007), Nelles et al. (2008), Berger/Wodak (2018).
5 Vgl. Amesberger/Halbmayr 2001a und 2001b; Amesberger/Halbmayr/Schmid 2013; www.ravensbrueckerinnen.at.

Viele von ihnen stammten aus Wien bzw. waren im Großraum Wien aktiv; so auch unsere Protagonistinnen. Alle drei haben das Frauenkonzentrationslager Ravensbrück überlebt. Darüber hinaus waren sie alle in kommunistisch orientierten Widerstandsnetzwerken und damit im organisierten Widerstand aktiv. Diese Fokussierung ist insofern gerechtfertigt, als – wie verschiedene AutorInnen in dem von Karner und Duffek (2007) herausgegebenen Sammelband »Widerstand in Österreich 1938–1945« feststellen – der Widerstand gegen das NS-Regime überwiegend von »linken« Gruppen getragen wurde. Die gemeinsame bzw. geteilte politische Orientierung bedeutete jedoch nicht notwendigerweise eine gleiche Struktur der Widerstandsgruppen, gleiche Motivation für den Widerstand und – abgesehen vom Sturz des NS-Regimes und der Wiedererlangung der staatlichen Souveränität – eine gleiche langfristige Zielsetzung (vgl. Göhring 1971). Basis für die Bildung von Widerstandsgruppen waren vielfach freundschaftliche Beziehungen, die den Zugang zu den klandestinen Netzwerken ermöglichten, sowie ähnliche Erfahrungen der politischen bzw. rassistischen Diskriminierung. Dementsprechend unterschiedlich sind die Gruppierungen bei gleichzeitig relativ homogener sozialer Zusammensetzung, etwa nach Alter, Klassenzugehörigkeit oder ethnischer bzw. religiöser Zugehörigkeit. Eibensteiner, Trksak und Horn repräsentieren drei Gruppen: den Kommunistischen Jugendverband (KJV), die kommunistische Tschechen-Bewegung Wien und die Mischlingsliga Wien. Während in der MLW entsprechend vorliegender Quellen die Mitglieder eher aus dem (klein-)bürgerlichen Milieu kamen und hier auch das Bildungsniveau höher war, setzten sich die anderen beiden Netzwerke fast ausschließlich aus Angehörigen der Arbeiterschicht zusammen. Nicht nur der jugendliche Idealismus war ausschlaggebend für den hohen Anteil an Adoleszenten in den verschiedenen Widerstandsbewegungen. Dieser war nicht zuletzt auch durch die strukturellen Gegebenheiten (z. B. Einberufung zum Wehrdienst, Inhaftierung führender Persönlichkeiten der illegalisierten Parteien, umfangreiches Spitzelwesen, rassistische Verfolgung) bedingt. Die Widerstandsnetzwerke unserer drei Protagonistinnen sind – sofern dies aus den Akten hervorgeht – hier keine Ausnahme; die Mehrzahl der Mitglieder (auch der führenden) war kaum älter als 25 Jahre.

Die drei Protagonistinnen eint auch, sich weiblichen Rollenstereotypen nicht unterworfen zu haben. Sie haben sich über gesellschaftliche Normen, die sie dem häuslichen, scheinbar unpolitischen Bereich zuordneten, hinweggesetzt. Sie wiesen damit stereotype Bilder der unpolitischen und passiven Frau zurück. Wir stellen diese drei Frauen stellvertretend für viele andere in den Mittelpunkt, um die Stereotype »organisierter Widerstand ist männlich« und »humanitärer Widerstand ist weiblich« aufzubrechen. Wie die Analyse zeigen wird, können solche Gleichungen trotz zahlenmäßiger Dominanz männlicher Widerstandskämpfer nicht aufrechterhalten werden; ebenso wenig die wiederkehrende Behauptung, dass Frauen vorwiegend in zuarbeitenden Positionen im Widerstand aktiv waren. Es geht uns hierbei nicht darum, »»Heldinnen des Widerstandes‹ zu stilisieren, sondern die Handlungen und Leistungen von Frauen sichtbar zu machen« (Gugglberger 2007, 165).

Als Quellen für die Netzwerkanalyse dienten uns in erster Linie Dokumente von Gerichtsverfahren gegen Mitglieder der drei Widerstandsnetzwerke. Aufgrund der nationalsozialistischen rassistischen Rechtspraxis, die vielen WiderstandskämpferInnen kein ordentliches Strafverfahren angedeihen ließ, liegen im Falle unserer drei Protagonistinnen Gerichtsakten nur für Barbara Eibensteiner vor. Irma Trksak, als Mitglied der kommunistischen Tschechen-Bewegung Wien und Angehörige der tschechischen Minderheit, sowie Gertrude Horn, als Mitglied der Mischlingsliga Wien und als sogenannte Geltungsjüdin klassifiziert, wurde dieses essenzielle Bürgerrecht verwehrt. Die NS-Justiz führte jedoch Strafverfahren wegen Hochverrats gegen andere Mitglieder dieser beiden Widerstandsgruppen, die für die Analyse herangezogen wurden. Durch den Ausschluss vom Strafverfahren von vielen AktivistInnen in diesen Gruppen – sie wurden ohne Prozess in Konzentrationslager deportiert – lässt sich aus den Dokumenten die Größe und personelle Zusammensetzung der jeweiligen Widerstandsgruppe nur annähernd rekonstruieren. Selbst wenn Anklage- und Urteilsschriften vorliegen, ist die Quellenlage sehr dünn. Im Gerichtsakt von Barbara Eibensteiner und den anderen Angeklagten ihrer Widerstandsgruppe gibt es zwar Verweise auf die Befragungen der Beschuldigten durch die Untersuchungsrichter bzw. die Gestapo, aber die Protokolle dazu lagen dem Akt nicht bei und wurden auch in keinem der konsultierten Archive gefunden.[6] In Bezug auf Gertrude Horn und Irma Trksak gibt es, wie erwähnt, keine Gerichtsakten, aber es gelang uns, Verhörprotokolle der Gestapo im Bundesarchiv Berlin aufzustöbern, die weitere Erkenntnisse über die jeweiligen Netzwerke erbrachten. Damit ist auch die Analyse dieser drei Gruppen mit den gleichen Problemen konfrontiert, wie sie Winfried Garscha und Robert Streibel (1987, 45) generell für die Dokumentation des Widerstands beschreiben: »Die weitgehende Beschränkung auf amtliche Dokumente bedeutet, daß der Historiker von der mörderischen Genauigkeit der Gestapo abhängig ist.« Eine Korrektur des Bildes sei, so die Autoren in den 1980er Jahren, nur durch eine überregionale Befragung von ZeitzeugInnen

---

6 Recherchiert wurde in folgenden Archiven: DÖW, Wiener Stadt- und Landesarchiv, Oberlandesgericht Wien und Bundesarchiv Berlin.

möglich. Heute, 30 Jahre später, können wir dies nur mehr mit bestehenden Interviews von ZeitzeugInnen versuchen.

Mit Ausnahme von Barbara Eibensteiner, die schon wenige Jahre nach der Befreiung starb, gaben unsere Protagonistinnen in den späten 1980er Jahren (erstmals) Interviews, in denen sie über ihre Widerstandsaktivitäten und Verfolgung sprachen. Irma Trksak ist wiederholt befragt worden, während von Gertrude Horn nur ein Interview vorliegt. Darüber hinaus standen uns für die Analyse einige wenige lebensgeschichtliche Interviews mit Mitstreiterinnen von Barbara Eibensteiner und Irma Trksak sowie von Gertrudes Ehemann Otto Horn, selbst führendes Mitglied der MLW, zur Verfügung. Diese Interviews geben Einblick in das Leben der Befragten, ihre Sichtweise auf das Geschehene und Erlebte. Trotz des Datenreichtums fehlen in diesen Interviews jedoch häufig wesentliche Informationen für eine Analyse der Widerstandsnetze. Oft werden keine Namen und Orte des Widerstands genannt, von Strukturen und Aufbau der Gruppe ist noch seltener die Rede. Zum Teil erinnerten sich die ZeitzeugInnen nach rund vierzig Jahren und mehr nicht mehr daran, zum Teil wussten sie über derartige Details aufgrund der notwendigen Konspiration auch gar nicht Bescheid. Vielfach mangelt es zudem an entsprechend konkreten Fragen der InterviewerInnen dazu.

Neben den genannten Primärquellen – NS-Akten und Interviews – wurde wissenschaftliche Sekundärliteratur zum (kommunistischen) Widerstand in Österreich zur Rekonstruktion der Widerstandsnetzwerke herangezogen.

Die primäre Quelle für die Beantwortung unseres dritten Forschungsschwerpunkts, der sich mit dem politischen und familiären Leben unserer Protagonistinnen sowie jenem von deren Nachkommen beschäftigt, sind fünf Einzelinterviews und eine Gruppendiskussion mit Kindern von Widerstandskämpferinnen, die im Rahmen des Forschungsprojekts zwischen Mai und Juni 2018 geführt worden sind. Bei der Erarbeitung der Gesprächsleitfäden orientierten wir uns am Forschungsprojekt von Berger/Wodak (2018), um unsere Ergebnisse vor dem Hintergrund ähnlich gelagerter Erhebungen reflektieren zu können.

Noch eine Anmerkung zur Anonymisierung: Unsere InterviewpartnerInnen, die uns mit großer Offenheit begegneten, verspüren ein unterschiedlich starkes Bedürfnis, mit ihren zum Teil sehr privaten Aussagen anonym zu bleiben. Diesen Wünschen kamen wir entsprechend nach, sodass sich mehrere Stufen der Anonymisierung im Text finden. Jene Personen, die selbst bereits mit eigenen Publikationen zur Familiengeschichte oder in filmischen Dokumentationen über ihre Mütter an die Öffentlichkeit getreten sind, werden mit vollem Namen genannt. Bei allen übrigen Befragten führen wir lediglich deren Vornamen und die Initiale ihres Familiennamens an, in einem Fall nur den Familiennamen. Informationen zum gesundheitlichen Zustand, sekundärer Traumatisierung und der Inanspruchnahme von Therapie anonymisierten wir durchgehend, wenn sie unsere InterviewpartnerInnen oder andere noch lebende Personen betreffen.

Abschließend möchten wir vor allem unseren GesprächspartnerInnen danken, dass sie sich unseren Fragen und den mitunter schmerzhaften Erinnerungen gestellt haben. Wir wissen ihre Offenheit und ihr Vertrauen, das sie uns entgegengebracht haben, sehr zu schätzen. Unser Dank gilt auch den MitarbeiterInnen in den verschiedenen Archiven, die uns tatkräftig bei der Recherche unterstützt haben. Der Stadt Wien, im Konkreten der Kulturabteilung, danken wir für die finanzielle Förderung. Eine große Hilfe war auch die Finanzierung des viermonatigen Auslandspraktikums von Simon Clemens durch das Erasmusprogramm der EU.

II. ÖSTERREICH ZWISCHEN 1918 UND 1945

»Wenn ich versuche, für die Zeit vor dem Ersten Weltkrieg, in der ich aufgewachsen bin, eine handliche Formel zu finden«, schreibt Stefan Zweig, »so hoffe ich am prägnantesten zu sein, wenn ich sage: es war das goldene Zeitalter der Sicherheit.« (2014, 18) Zweig charakterisiert in »Die Welt von Gestern« das geistige und kulturelle Wien seiner Zeit und zeichnet dabei ein Bild, das – in individueller, kultureller wie auch politischer Hinsicht – geprägt ist von einem liberalen Zeitgeist. Ein Bild, das von der Pluralität der Ethnien und Sprachen, die für die Monarchie der Jahrhundertwende kennzeichnend war, komplementiert wird. Seine Charakterisierung muss dabei den Vergleich mit wissenschaftlichen Betrachtungen dieses Zeitraums nicht fürchten, so weist etwa der Politikwissenschaftler Anton Pelinka darauf hin, dass es im alten Österreich keine österreichische Nationalität, im Sinne *einer* Kultur- bzw. Sprachgemeinschaft, gegeben habe (vgl. Pelinka 2017, 30). Die k. u. k. Monarchie, die in den Jahren vor dem Ersten Weltkrieg vor allem durch eine politische und wirtschaftliche Stabilität gekennzeichnet war, fügt sich in die Tradition des Vielvölkerstaats.

Insbesondere das damalige Wien galt als kulturelle Hochburg und intellektuelles Zentrum Europas. Zweig vermutet sogar, dass in kaum einer Stadt Europas »der Drang zum Kulturellen so leidenschaftlich [ist] wie in Wien« (2014, 30). Beflügelt vom Gefühl des kulturellen Fortschritts zeigten sich die meisten Zeitzeugen über den Ausbruch des Krieges – den »Bergsturz«

Europas, wie es Hugo von Hofmannsthal (2011, 160) bezeichnete – überrascht. »[W]as wußten 1914 nach fast einem halben Jahrhundert des Friedens, die großen Massen vom Kriege?«, fragt Zweig und antwortet: »Sie kannten ihn nicht, sie hatten kaum je an ihn gedacht.« (2014, 262) Dementsprechend schlug auch die Kriegsbegeisterung der meisten Menschen nach kürzester Zeit in eine traumatische Erfahrung um, wie beispielsweise die Leidensgeschichte des Brücke-Künstlers Ernst Ludwig Kirchner in besonderer Weise illustriert.[7]

Nach Ende des Ersten Weltkriegs 1918 zu Gunsten der Entente zerfiel das Habsburgerreich und die Erste Republik entstand. Dieser Zeitraum der »Zwischenkriegszeit« wie auch der sich anschließenden nationalsozialistischen Diktatur in Österreich bildet den Mittelpunkt dieses Kapitels. Die Auseinandersetzung kreist dabei um die Gründe und Gegebenheiten, die die demokratische Progression zunächst ins Straucheln brachten, um sie dann ganz zum Stehen zu bringen. Wieso wurde die Republik zuerst von einer schwachen, dann von einer starken Welle der Regression erfasst und entartete ins Autoritäre bzw. Faschistoide? Vor dem Hintergrund dieser allgemein gehaltenen Darstellung vertieft sich der Text in Betrachtungen über das Geschlechterverhältnis, den Umgang mit der jüdischen Diaspora wie anderen Minderheiten und der Sonderrolle Wiens. Dieses Kapitel dient der Kontextualisierung der in die-

---

[7] Kirchner meldete sich zunächst voller Kriegsbegeisterung freiwillig zum Wehrdienst. Viele Künstler und Intellektuelle dieser Zeit, so auch das Umfeld Kirchners, befürworteten den Krieg, weniger aus patriotischen Gründen, als dass sie darin die Chance einer Katharsis sahen, die das alte System beseitigen sollte. Nach kürzester Zeit erlitt Kirchner einen Zusammenbruch, der den Anfang von Sanatoriumsaufenthalten und Morphiumsucht bildete – lebenslang begleitete ihn das Trauma des Krieges. Als sein Werk von den Nazis zusätzlich noch als »entartet« erklärt wurde, siegte seine Verzweiflung und er nahm sich das Leben.

sem Buch analysierten Widerstandsnetze; einzelne Ereignisse werden pointiert, während andere verkürzt dargestellt bzw. ganz ausgelassen werden: »Vergangenes historisch artikulieren heißt nicht, es erkennen ›wie es denn gewesen ist‹. Es heißt, sich einer Erinnerung bemächtigen, wie sie im Augenblick der Gefahr aufblitzt.« (Benjamin 1980, 695)

1. DIE ERSTE REPUBLIK

Der Zusammenbruch des Habsburgerreichs am Ende des Ersten Weltkriegs 1918 bedeutete einen zentralen Wandel im Selbstverständnis Österreichs: Die Transformation des politischen Systems wie auch die Verkleinerung des Territoriums stellten dabei die einschneidendsten Veränderungen dar (vgl. Faßmann 1995, 11). Aus der am Ende des Jahres 1918 – auf Grundlage eines allgemeinen und gleichen Wahlrechts für Männer und Frauen – gewählten Konstituierenden Nationalversammlung resultierte im Oktober 1920 der Beschluss des Bundesverfassungsgesetzes. Den Grundkonsens formulierten dabei die drei weltanschaulichen Kräfte, die bereits vor dem Ersten Weltkrieg tonangebend waren, Sozialdemokraten, Christdemokraten und Deutschnationale (vgl. Pelinka 2017, 15f.). Zu einer der wichtigsten Neuerungen der als »Verlegenheitslösung« (ebd.) bezeichneten, demokratisch-republikanischen Verfassung zählte das Verhältniswahlrecht. Der damit implizierte Zwang zur Koalitionsbildung sollte die Sozialdemokratie während der Zeit der Ersten Republik auf Bundesebene ausmanövrieren (vgl. ebd., 115f.). Des Weiteren ist die formale Gleichstellung »der Frau« im Wahlsystem als Neuerung hervorzuheben, wobei die tatsächlichen Effekte auf das Geschlechterverhältnis politisch marginal blieben, wie etwa der durchschnittliche Anteil von weiblichen Abgeordneten im Nationalrat von fünf Prozent bezeugt (vgl. ebd., 194). Somit ist das Jahr 1918 in Bezug auf die Geschlechtergerechtigkeit ein weniger relevanter Wendepunkt als bisher angenommen. Ein Grund dafür ist z. B. die gesellschaftspolitische Bestrebung, die Mitte des Krieges aufflammte und auch der Nachkriegsordnung als Kernanliegen galt, die Vorkriegsordnung in Politik, Wirtschaft und Gesellschaft wiederherzustellen. »Dabei sollten besonders bezüglich der Machtverhältnisse zwischen Männern und Frauen die alten Hierarchien [...] restauriert werden.« (Schmidlechner 2017, 313)

Die Geburtsstunde der Republik stellt sich im Rückblick als Geburtstrauma dar. Denn den Kräften der Republik mangelte es bereits zu Beginn an einem gemeinsamen Narrativ. Es entstand ein Staat »ohne jeglichen Beifall, ohne gegenseitige Überzeugungen, ohne gemeinsame Werte und geistig-politische Identität« (Ara 1997, 40). Anstatt eines einenden Moments war die Republik ein Kampfplatz für die verschiedenen weltanschaulichen Lager – der Konflikt dominierte den Konsens (vgl. Pelinka 2017, 17). Ohne recht zu wissen, was Österreich ist, war die Republik gezwungen, Österreich zu sein. Der Zwang ging dabei auch von den Siegermächten aus: Im Staatsvertrag von St. Germain im September 1920 – den sich Karl Renner bedingt durch einen Versorgungsengpass gezwungen sah zu unterzeichnen – bestimmten sie die Grenzen von Österreich sowie der anderen Länder des Habsburgerreichs, untersagten einen Anschluss an Deutschland und legten ferner die Rechtsbasis für die österreichischen Reparationen (vgl. Ableitinger 2017, 19).

Eine Sonderrolle kam in dem neuen Staat Wien zu, das durch die Loslösung von Niederösterreich über die Zuständigkeiten eines Bundeslands verfügte. Die Hauptstadt war über den Zeitraum der Ersten Republik, im Gegensatz zum restlichen Österreich, durch die Sozialdemokratie bestimmt und entwickelte sich schnell zu einer sozialdemokratischen Musterstadt. Als Charakteristika sind steuerfinanzierter sozialer Wohnbau oder eine präventiv orientierte Gesundheitspolitik zu nennen (vgl. Pelinka 2017, 119f.). Weiterhin schien Wien durch den Wegfall des böhmisch-mährisch-schlesischen Hinterlands, dessen BewohnerInnen ein Drittel der Bevölkerung der k. u. k. Monarchie ausmachten, zu groß für die kleine Republik (vgl. Eminger 2017, 283). Dieser Eindruck von Wien als »Wasserkopf« verstärkte – neben den politischen Unterschieden – den Konflikt zwischen der Hauptstadt und dem restlichen Österreich.

Im Juli 1927 kam es in der Folge eines Gerichtsurteils[8] zu Demonstrationen: Die Lage geriet außer Kontrolle und Protestierende setzten den Justizpalast in Brand; die Polizei verwendete in Anbetracht der eskalierten Situation Schusswaffen gegen die Demonstrierenden. Rückblickend können diese Vorgänge als erste Anzeichen eines aufbrechenden Verfassungskonsenses interpretiert werden. Zwei Jahre später mündete das dort bereits angezeigte Straucheln der Republik in einer Novellierung der Verfassung von 1920. Konkret sollte nun der Bundespräsident direkt gewählt und seine Rechte gestärkt werden, der parlamentarische Charakter der Verfassung blieb dabei jedoch noch bestehen.

Der Zeitgeist dieser Jahre war vor allem von der prekären ökonomischen Situation geprägt. Die zwanziger Jahre, literarisch und ideell oft als »goldene« oder »wilde« Zwanziger verklärt, bedeuteten für die Mehrheit der BürgerInnen (insbesondere der Stadt Wien) die Konfrontation mit vielerlei Mühsal

---

8 Im sogenannten Schattendorfer Urteil sprach das Geschworenengericht drei Angehörige der Frontkämpfervereinigung Deutsch-Österreichs frei, die im Zusammenstoß mit Sozialdemokraten einen 40-jährigen Mann und ein sechsjähriges Kind erschossen hatten.

und Ängsten, »mit der Sorge ums tägliche Überleben, mit der katastrophalen Unterversorgung an Lebensmitteln, einer drückenden Wohnungsnot und Arbeitslosigkeit, schließlich auch mit einer hohen Kindersterblichkeit« (Krist/Lichtblau 2017, 20). Dabei dominierte das Bild eines lebensunfähigen, »geschrumpften« Österreichs, das eine Existenzgrundlage nicht dauerhaft bereitstellen könne. So wurden die beschriebenen Phänomene auch nicht als vorübergehende Krise, sondern als andauernder Zustand wahrgenommen (vgl. Faßmann 1995, 13ff.). Die sich ab dem Zeitpunkt der Wirtschaftskrise 1929 noch weiter verschlechternde ökonomische Lage kann als Teilerklärung für das autoritäre Aushöhlen der demokratischen Republik betrachtet werden. Da jedoch nicht jedes von der Wirtschaftskrise betroffene Land seine demokratische Stabilität verlor, handelt es sich eher um eine notwendige als um eine hinreichende Bedingung.

Daran anschließend war es »das Fehlen einer starken demokratischen politischen Kultur, es war das Fehlen einer Lagergrenzen überschreitenden demokratischen Zivilgesellschaft, das zum Ende der Republik führte« (Pelinka 2017, 128). Somit muss auch die Frage nach einer gemeinsamen Symbolwelt und identitätsstiftenden Gedächtnisorten negativ beantwortet werden. Mit Ernst Hanisch kann konstatiert werden, dass der »Transfer des Sakralen« von der Monarchie zu einem Verfassungspatriotismus misslang (vgl. Hanisch 1995, 423).

Ein weiteres prägendes Element dieser Zeit, dessen Einfluss auf den Zerfall der Ersten Republik kaum überschätzt werden kann, stellten die militärischen Organisationen aller politischen Richtungen dar – die sogenannten Wehrverbände. Gruppen wie der Republikanische Schutzbund auf der linken und verschiedene Heimwehren sowie kleinere Verbände auf der rechten Seite hielten das Land in einem Zustand permanenten Bürgerkriegs, wobei die beiden Letzteren wohl am meisten zur Zerstörung der Demokratie beitrugen (vgl. Edmondson 1995, 261f. und 275). Gewalt wurde als gängiges (und legitimes) Mittel zur Lösung von Konflikten erachtet, sei es in Form von bewaffneten Kämpfen politischer Gruppen oder bei Auseinandersetzungen auf der Straße, Demonstrationen und Streiks. An Beispielen wie dem Justizpalastbrand oder verschiedenen Terroranschlägen durch die nationalsozialistische Bewegung mangelte es der Ersten Republik nicht (vgl. Karner 2017a, 11).

Die politische Kultur der Ersten Republik war geprägt von den weltanschaulich bestimmten Differenzen entlang von »Religion, Klasse und Nation« (Pelinka 2017, 80). Der sogenannte Bürgerblock (ein Bündnis von Christlichsozialen und Deutschnationalen) regierte permanent in dieser konfliktiv-aufgeladenen Demokratie, während die Sozialdemokratie in Fundamentalopposition verharrte. Die damit einhergehende (zumindest verbale) Radikalisierung der Sozialdemokratie hatte den Effekt, dass die Anziehungskraft der KPÖ (Kommunistische Partei Österreichs) sowie der Sowjetunion im Allgemeinen relativ klein blieb (vgl. Pelinka 2017, 90f.). Es ist wohl auch nicht verwunderlich, dass die Republik in ihren ersten Jahren (als die Sozialdemokratie noch beteiligt war) von einem bemerkenswerten Ausbau der Sozialpolitik geprägt war, dem sich eine Phase des umkämpften Stabilisierens der Errungenschaften anschloss, die jedoch schlussendlich in einer Phase des Abbaus mündete (vgl. Tálos 2017a, 269).

Die Lagermentalität blieb über den gesamten Zeitraum der Ersten Republik stabil (der Verfassungskonsens und die Verfassungsnovellierung, die eine breite Koalition benötigten, bilden dabei die Ausnahme), wobei der Konflikt über die Zeit immer stärker von Feindschaft und immer weniger von Gegnerschaft geprägt war (vgl. Pelinka 2017, 107). Ins Auge fällt, dass es so gut wie keine WechselwählerInnen oder wechselnde PolitikerInnen gibt. Die Parteien sind »quasi-Glaubensgemeinschaften«, »denen ›man‹ auf Lebenszeit angehört« (ebd., 182). Auffällig ist auch das Fehlen einer liberalen Strömung (vgl. Lichtblau 1995, 458). Eines der wenigen weltanschaulich-übergreifenden Motive bestand in der Ausrichtung auf Deutschland: Der Anschluss stellte sich (in der einen oder anderen Weise) allen drei großen weltanschaulichen Lagern (zumindest bis zu Hitlers Machtergreifung und in weiten Teilen auch danach) als vertretbar dar (vgl. Botz 2018, 55), einzig die KPÖ bot, relativ früh, konzeptuell eine österreichische Nation an (vgl. Pelinka 2017, 89f.). Ein weiteres verbindendes Merkmal bestand darin, dass die Parteien in ihrer Ideologie über die Republik hinauswiesen. In unterschiedlicher Form waren sie alle einer Form des messianischen Denkens verpflichtet, ihr Ziel lag nie in der Republik, sondern in einer fernen Utopie, in der die Republik keinen Platz mehr hatte (vgl. ebd., 259).[9]

Spricht man über die Erste Republik, kommt man nicht umhin, auf den Antisemitismus hinzuweisen. Natürlich handelte es sich hierbei um ein Phänomen, das bereits in der k. u. k. Monarchie weitverbreitet war. »Gegenüber dem ›gemütlichen‹ Monarchie-Antisemitismus der Christlichsozialen zeichnete sich der Republik-Antisemitismus durch eine neue, erschreckende Qualität aus: eine gegen Personen gerichtete Gewalt und Brutalität.« (Lichtblau 1995, 455) Die als jüdisch bezeichneten Menschen dienten der Republik als personifiziertes Feindbild:
Der Ermordung von Juden (Bettauer) oder als Juden Etikettierten (Schlick) wurde großes Verständnis entgegengebracht.

---

[9] Spannend ist der Vergleich zu den weltanschaulichen Lagern und Theorien der Weimarer Republik. Auch hier findet diese messianische Denkfigur breite Anwendung, sei es in der Philosophie Heideggers bzw. in der konservativen Revolution oder in den Ausrichtungen der Parteien auf ein »neues« Deutschland sowie den »neuen« Menschen.

Alles, was eine Person, die als »jüdisch« punziert werden konnte, tat oder auch nicht tat, wurde zur Bestätigung vorhandener Vorurteile herangezogen, die sich jeder Überprüfung entzogen – weil sie Teil eines irrationalen Glaubens waren. Alles, was man einer als »jüdisch« wahrgenommenen Person antat, konnte in der antijüdischen Atmosphäre mit Verständnis rechnen. (Pelinka 2017, 229)

Jüdinnen und Juden, die sich politisch engagieren wollten, mussten entweder getauft sein oder als konfessionslos gelten, einzig die zionistischen Gruppen bildeten dabei eine Ausnahme (vgl. ebd., 231). Auch Bildungsstätten, wie etwa Universitäten, stellten keinen geschützten Raum dar. So waren Österreichs Universitäten während der Ersten Republik immer wieder Orte der gewaltsamen antijüdischen Ausschreitungen, ihr Milieu war geprägt von christlichsozialen und nationalkonservativen Kräften (sowohl in der Studenten- wie auch in der Professorenschaft) (vgl. ebd., 240).

Der antisemitische Konsens der rechten Regierungskoalition muss als entscheidender Einflussfaktor auf die Bevölkerung betrachtet werden. Außerdem scheint das »Fallbeispiel Österreich« eine Art Krisentheorie des Antisemitismus zu bestätigen: »Unzählige antisemitische Vorfälle begleiten die Wirtschafts- und Versorgungskrise der Gründungsjahre.« (Lichtblau 1995, 460f.) Mitte der zwanziger Jahre (mit einer relativen wirtschaftlichen Entspannung) gingen solche Vorfälle etwas zurück, nur »um nach Ausbruch der Weltwirtschaftskrise umso heftiger wieder aufzuflackern« (Pauley 1993, 163). Der geschützte Raum des Roten Wien verhinderte vielerorts, dass die jüdische Bevölkerung die gefährliche Verlagerung des kulturellen Codes des Antisemitismus, weg von einem verbalen hin zu einem konkret-physischen, erkannten (vgl. Lichtblau 1995, 470).

2. DER AUSTROFASCHISMUS

Die autoritären Auswüchse der Republik werden in der Literatur oft als »Austrofaschismus« bezeichnet,[10] eine Begrifflichkeit, um die sich verschiedentliche Kontroversen entsponnen haben. Der Historiker Kurt Bauer merkt etwa an, dass sich die als »austrofaschistisch« klassifizierte Episode nicht der Faschismusdefinition von Emilio Gentile fügt und eher von einer »Kanzlerdiktatur« gesprochen werden müsste (vgl. 2017, 13). Wir folgen demgegenüber allerdings der Argumentation von Emmerich Tálos, der verschiedene Gemeinsamkeiten faschistischer Regime (Salazar-Regime in Portugal, Franco-Regime in Spanien oder der italienische Faschismus) identifiziert hat und in deren Schemata sich auch die Entwicklungen der Ersten Republik wiederfinden (vgl. 2017b, 160). Das austrofaschistische Österreich ist dabei einerseits klar von einer totalitären Diktatur abzugrenzen, was sich etwa in einer gewissen Pluralität der Öffentlichkeit widerspiegelt (vgl. Pelinka 2017, 148), jedoch andererseits eindeutig von einem »formal verankerte[n] und real praktizierte[n] Prinzip autoritärer Herrschaft gekennzeichnet« (Tálos/Manoschek 1984b, 108). Doch welche Umstände hatten zur Regression der Demokratie geführt?

---

10 In ihrem Selbstverständnis verstand sich die autoritäre Staatsform zwischen 1933/34 und 1938 als »Ständestaat«. Wohnout (2017, 52) merkt dazu an: »Bundeskanzler Dollfuß schwebte ein ›ständestaatliches‹ Konzept nach den Grundsätzen der christlichen Gesellschaftslehre vor. Das ständische Gedankengut als Teil der programmatischen Ideologie des politischen Katholizismus geht auf das letzte Drittel des 19. Jahrhunderts zurück. Es blieb aber über weite Strecken allgemein und unverbindlich, etwa im Sinne, dass ständisch organisierte Berufsgenossenschaften einen Anteil an der Gesetzgebung erhalten und staatliche Funktionen im Rahmen der gesellschaftlichen Selbstverwaltung wahrnehmen sollten.« Wir werden auf die Frage der erfolgreichen Umsetzung innerhalb der »Dollfuß-Regierung« zurückkommen.

Aufgrund eines aufgedeckten Schmuggels, in dessen Folge ein Bestechungsversuch stand, riefen alle Bahngewerkschaften für den 1. März 1933 zum Streik auf. Die zu diesem Zeitpunkt amtierende »bürgerliche« Regierung von Engelbert Dollfuß antwortete mit harten Sanktionen. Diese führten zu einer Sondersitzung des Nationalrats, in der die Sozialdemokratie deren Rücknahme forderte. »Formfehler und Geschäftsordnungsprobleme in der Sitzung führten zum Rücktritt aller drei Präsidenten des Nationalrates als jeweilige Vertreter der sozialdemokratischen, christlich-sozialen und großdeutschen Fraktion.« (Tálos 2017b, 16) Auf Grundlage einer Notstandsverordnung aus dem Ersten Weltkrieg verhinderte der christlichsoziale Kanzler Dollfuß unter Einsatz der Polizei die erneute Konstituierung des Nationalrats und führte somit einen »kalten Staatsstreich« durch (vgl. Krist/Lichtblau 2017, 34).

Im Februar des folgenden Jahres stießen der sozialdemokratische Republikanische Schutzbund und die Polizei aufeinander, es entwickelte sich ein Bürgerkrieg, den die Regierung unter Einsatz des Bundesheers und verschiedener Milizverbände für sich entscheiden konnte. Es folgte ein Verbot der Sozialdemokratischen Arbeiterpartei (SDAP) wie auch der freien Gewerkschaften (dem war 1933 bereits das Verbot der Kommunistischen Partei wie auch der österreichischen NSDAP vorangegangen). Damit war die Opposition de facto ausgeschaltet. Die Kämpfe stellten sich für die Sozialdemokratie als Schock dar, da sie sich im Zuge der Entwicklungen im Roten Wien weitestgehend von der Wirklichkeit isoliert hatte (vgl. Pelinka 2017, 135). Die Regierung füllte die Polizeigefängnisse und Anhaltelager mit politischen GegnerInnen. Trotz zahlreicher Amnestien blieb oppositionelles Verhalten im Austrofaschismus systematischer Bestrafung ausgesetzt: »Die Arbeit im Untergrund wurde empfindlich eingeschränkt und behindert, jedoch nicht verhindert.« (Tálos 2017b, 33) Nach diesen Ereignissen des Februar 1934 gelang es zumindest der illegalen KPÖ ihren »Sektencharakter« zu überwinden, und so wurde sie – »vor allem infolge des Zustroms vieler enttäuschter und radikalisierter Sozialdemokraten – zu einer Hauptkraft des antifaschistischen Widerstands« (Neugebauer 1984, 211).

Die ideologischen Kernelemente des Austrofaschismus, wie sie sich etwa in der Maiverfassung oder der Trabrennplatzrede von Kanzler Dollfuß im September 1933 widerspiegeln, sind die Fokussierung auf Stände bzw. Berufsstände, die Ausschaltung des Klassenkampfs und der Antimarxismus. Ferner zeigte sich eine Verankerung autoritärer Strukturen, die sich an der gestärkten Position des Kanzlers, der dominanten Rolle der Regierung, der Aufwertung des Bundespräsidenten und der Neuordnung der Organisation ablesen lässt (vgl. Tálos/Manoschek 1984b, 77). Zentraler Motor und Exekutor für den »Umbau« war dabei die Regierung Dollfuß, die von der Christlichsozialen Partei, den Heimwehren, den Unternehmerverbänden, dem italienischen Diktator Benito Mussolini und der Kirche unterstützt wurde (vgl. Tálos/Manoscheck 1984a, 38). Allerdings wurde besagter »Umbau« von keiner ideologischen Massenbewegung getragen, was einen auffälligen Unterschied zu den italienischen oder deutschen Nachbarn darstellte (vgl. Tálos/Manoschek 1984b, 77).

Ferner war die Ideologie von einem strengen Katholizismus geprägt. Sigmund Freud bezeugte diesbezüglich eine »Atmosphäre katholischer Strenggläubigkeit« (1968, 414). Diese »katholische« Dimension des Austrofaschismus zeitigte direkte Auswirkungen auf die Vorstellungen von Familie, Weiblichkeit und Geschlechterverhältnissen. Es wurde eine eindeutige Geschlechterrolle propagiert, wobei »der Mann« Frauen und Kindern übergeordnet sei. Die »als Dienerin und Mutter« (Tálos 2017b, 47) definierte Frau wurde zur Staatsbürgerin zweiter

Klasse degradiert (vgl. Schmidlechner 2017, 313). Dieses Verständnis des Geschlechterverhältnisses zeigte sich nicht nur in dem verstärkten Verdrängen von Frauen aus dem Arbeitsmarkt, sondern schlug sich auch in Form von geschlechtersegregierten Schulklassen nieder, die die bis dahin praktizierte Koedukation weitestgehend beseitigten (vgl. Tálos 2017b, 108).

Die Radikalisierung des »bürgerlichen« Lagers einerseits kann in Teilen mit einer allgemeinen Krise des Bürgertums und dem Druck der immer stärker aufkommenden nationalsozialistischen Bewegung erklärt werden (außerdem herrschte die Meinung vor, dass eine autoritäre Führung besser auf wirtschaftliche Belange reagieren könne). Die Akzeptanz seitens der Bevölkerung und deren Radikalisierung andererseits muss fundamental mit der wirtschaftlichen Situation in Zusammenhang gebracht werden. So erreichte die Arbeitslosigkeit 1934 im Zuge der Wirtschaftskrise mit 38,5 Prozent ihren Höhepunkt. In Wien war die monatliche Gehalt- und Lohnsumme seit dem letzten Jahr vor der Krise 1929 um 44 Prozent gesunken (vgl. Kernbauer/Weber 1984, 1). Heinz Faßmann (1995, 22) beschreibt die Lage wie folgt:

Existenzängste breiter Bevölkerungsgruppen, Einkommensverluste und soziale Abwärtsmobilität standen in einem engen Zusammenhang mit der zunehmenden politischen Polarisierung der Bevölkerung. Dazu kamen der Identitätsverlust spezifischer gesellschaftlicher Gruppen und eine Krise des staatlichen Selbstverständnisses. [...] Mehr als ein Jahrzehnt Massenarbeitslosigkeit und eine ebensolang anhaltende jährliche Verschlechterung der Lebensbedingungen für die Mehrheit der Bevölkerung belasteten das politische System und trugen zur Radikalisierung bei.

Etwaige Erklärungsversuche dürfen die außenpolitischen Faktoren nicht unberücksichtigt lassen. Eine Vielzahl der österreichischen Nachbarländer machte in diesem Zeitraum eine ganz ähnliche Entwicklung durch, italienische, deutsche und ungarische Kräfte wirkten sogar aktiv auf die österreichische Innenpolitik ein (vgl. Tálos 2017b, 22).

Schlussendlich wurde Dollfuß selbst Opfer dieser sich zunehmend polarisierenden und radikalisierenden Gesellschaft, als man ihn im Juli 1934 ermordete. SS-Verbände hatten das Wiener Bundeskanzleramt besetzt. Ein mehrere Tage andauernder Bürgerkrieg schloss sich diesen Ereignissen an, an dessen Ende die Putschisten allerdings geschlagen werden konnten. Kurt Schuschnigg trat die Nachfolge von Dollfuß an.

Die folgenden Jahre (1934–1938) waren von einer immer stärker werdenden gesellschaftlichen Zerrissenheit sowie der bevorstehenden diplomatischen Isolierung gekennzeichnet (vgl. Ara 1997, 43). Einen auffälligen Wandel innerhalb des Regimes stellte dabei die Umstrukturierung der Heimwehren dar. Waren die Wehrverbände in der Konstituierungsphase des Austrofaschismus noch ein notwendiger außen- und innenpolitischer sowie militärischer Faktor, wurde die dualistische Machtteilung später eher als Störfaktor wahrgenommen, was zur Entmachtung der Wehrverbände führte (vgl. Tálos/Manoschek 1984b, 110). Ferner zeichnete sich mit der Zeit ein ideologisches Scheitern des »Ständestaats« ab: Die angestrebte Ständeordnung war gegen Ende des Austrofaschismus kaum Realität geworden (bis 1938 realisierten sie zwei der sieben von der Verfassung benannten Stände) (vgl. ebd., 90), weswegen auch der euphemistische »Begriff ›Ständestaat‹ der Realität entbehrt« (ebd., 109). Dass die neuen autoritären Verhältnisse in der Bevölkerung nicht »einfach so« hingenommen wurden, sollte an dieser Stelle erneut betont werden. Insbesondere der Arbeiterbewegung – einerseits in Form der Revolutionären Sozialisten, einer Nachfolgebewegung der Sozialdemokratie, die durch junge AktivistInnen aufgebaut wurde, andererseits manifest in kommunistischen Gruppierungen – kam für den Ausbau der Widerstandsnetzwerke eine tragende Rolle zu (vgl. Luža 1983, 35ff.).

Den »Anfang vom Ende« dieses autoritären Zwischenspiels stellte der 12. Februar 1938 dar. Am Obersalzberg in Berchtesgaden trafen Schuschnigg und Hitler zusammen. Unter massivem Druck Hitlers sah sich der österreichische Bundeskanzler gezwungen, große Zugeständnisse zu machen. Er »erklärt sich bereit, seine Politik mit dem Deutschen Reich abzustimmen, dem Nationalsozialisten Arthur Seyß-Inquart das wichtige Innen- und Sicherheitsressort zu übertragen und alle inhaftierten Nationalsozialisten zu entlassen« (Krist/Lichtblau 2017, 60). Im März desselben Jahres versuchte Schuschnigg sich ein letztes Mal zur Wehr zu setzen, indem er eine Volksabstimmung über Österreichs Unabhängigkeit ankündigte, die er jedoch zwei Tage später unter politischem Druck wieder absagte. Am 11. März erklärte er, dass Österreich dem bevorstehenden Einmarsch der deutschen Truppen keinen Widerstand entgegensetzen werde. Schuschniggs Umgang mit dem Nationalsozialismus während des Austrofaschismus, der zwischen Appeasement und pathetischem (rhetorischem) Widerstand changierte, muss somit als Misserfolg eingeschätzt werden.[11]

In einer Gesamtschau des Austrofaschismus kommt man nicht umhin, auf die sozialpolitische Abbaupolitik hinzuweisen, die »für keine andere Phase der Entwicklung der österreichischen Sozialpolitik – mit Ausnahme von 1938 bis 1945 – [konstatiert werden kann]« (Tálos 1984, 174). Ungebrochen setzte sich der Antisemitismus auch nach 1933 fort. Obwohl die Führung des Austrofaschismus direkte Angriffe vermied, waren viele AkteurInnen im Austrofaschismus dezidiert als anti-

---

11 Vgl. für eine genaue Darstellung der Vorgänge Bauer 2017, 21–70.

semitisch deklariert, so etwa das Österreichische Jungvolk, die Heimwehren und weite Teile des christlichsozialen Gefolges. Die Tradition christlich motivierter Judenfeindlichkeit fand ebenfalls Kontinuität in der veränderten politischen Situation. Die antisemitischen Stellungnahmen einzelner Bischöfe und Positionierungen der christlichen Arbeiterbewegungen trugen zur Verbreitung des judenfeindlichen Gedankenguts bei und legten die Grundlage für antisemitische Verhaltensweisen (vgl. Tálos 2017b, 48).

3. ÖSTERREICH IM NATIONALSOZIALISMUS

Am 12. März 1938 marschierten die deutschen Truppen in Österreich ein. Ideologisch verstand sich der Nationalsozialismus als Versuch einer gesellschaftlichen Revolution, die als neue soziale Wirklichkeit die »Volksgemeinschaft« propagierte. »Den Status sollte nur noch bestimmen, ob man Glied des deutschen Volkskörpers beziehungsweise der arischen ›Rasse‹ war, nicht jedoch Klasse, Bildung oder Beruf. Die neue Elite sollte rassisch geprägt sein. In der ›Volksgemeinschaft‹ sollten alle gesellschaftlichen Unterschiede aufgehoben werden.« (Karner 2017b, 77) Ein weiteres Element der nationalsozialistischen Ideologie bzw. Herrschaftsausübung bildete die Scheinlegalität. In diesem Kontext ist auch die Volksabstimmung am 10. April (nach dem De-facto-Anschluss) über die österreichische Unabhängigkeit zu verstehen. Um eine annäherungsweise hundertprozentige Zustimmung zu erhalten, wurden ca. 200.000 Menschen (vor allem »Juden«, Roma, RegimegegnerInnen, Inhaftierte) von der Volksabstimmung ausgeschlossen, während Tausende Volksdeutsche der angrenzenden Gebiete zusätzliche Stimmen erhielten (vgl. ebd., 69). Die verbreitete Geisteshaltung bezüglich der

Volksabstimmung lässt sich anhand der Aussage des NS-Landesschulrats Karl Springenschmid zwei Wochen vor der Abstimmung illustrieren, der das Ereignis des 10. Aprils weniger als Wahl, sondern mehr als Bekenntnis interpretierte und verkündete, dass den Nein-Sagern für immer das »Kainsmal« auf die Stirn gebrannt werde (vgl. Bauer 2017, 85). Die sagenhafte Zustimmung von 99,74 Prozent bei einer Wahlbeteiligung von 99 Prozent lässt sich allerdings nicht alleine auf Repression und Terror zurückführen (vgl. ebd., 97). Neben der Erweckung von wirtschaftlicher Hoffnung und Loyalitätserklärungen ehemaliger GegnerInnen ist insbesondere der »Propagandakampf« als Einflussfaktor zu nennen (vgl. Botz 2018, 221).[12]

Es ist wichtig hervorzuheben, dass »[d]er ›Anschluss‹«, wie Pelinka ausführt, »keine einfache Benotung zu[lässt]« (2017, 156). Gerhard Botz (2018, 168) fasst die Vorgänge der ersten Wochen nach dem Einmarsch der deutschen Truppen in einem Dreiklang der Machtübernahme zusammen: bestehend aus einer »pseudo-revolutionären Machtübernahme von unten, eine[r] scheinlegale[n] Machtergreifung von oben und eine[r] übermächtige[n] Machtübernahme von außen«. Dabei ist evident, dass die Aushöhlung des Staates durch den Austrofaschismus diesen Prozess begünstigte, da eine derartige Scheinlegalisierung in einem demokratischen Staat nur schwerlich zu erreichen gewesen wäre. Die internationale Staatengemeinschaft nahm dabei, trotz des im Vertrag von St. Germain festgelegten Anschlussverbots, das Ende Österreichs im We-

---

12 Eine Zusammenfassung der Faktoren, die zu einer derartig hohen Zustimmung geführt haben, kann bei Gerhard Botz (2018, 262ff.) nachgelesen werden. Dabei hebt er fünf entscheidende Faktoren hervor: das Unterstützen anderer weltanschaulicher Gruppen (unterdrückte SozialdemokratInnen etc.), direkte ökonomische Hilfeleistungen, die Ideologie der Volksidentität, hochentwickelte Propagandatechniken wie auch die Form der Organisation.

sentlichen als eine innerdeutsche Angelegenheit zur Kenntnis (vgl. Karner 2017b, 65).

Den neuen Machthabern war insbesondere die Beseitigung der Arbeitslosigkeit ein Kernanliegen. Hermann Göring plante, dieser Problematik mit »unmittelbarer und mittelbarer Aufrüstung« zu begegnen, etwa durch den Ausbau der Wasserkraftwerke, Verkehrswege und Chemieindustrie (vgl. Botz 2018, 408). Diese und andere Maßnahmen führten die Nazis auch in Wien zu ihrem zweifellos größten innenpolitischen Erfolg: der Beseitigung der Arbeitslosigkeit (vgl. ebd., 413f.). In der Rückschau muss allerdings eher von einer Milderung als einer Beseitigung der Arbeitslosigkeit gesprochen werden, ferner begannen die Realeinkommen der Lohnabhängigen bereits Ende 1938 wieder zu fallen, während die Lebenshaltungskosten trotz eines verfügten Preisstopps zunahmen (vgl. ebd., 415 und 428). So stieg etwa der Betrag, den eine vierköpfige Arbeiterfamilie in der Umgebung Wiens 1939 für ihren Lebensunterhalt aufwenden musste, im Vergleich zu der Zeit vor dem »Anschluss« um 30 Prozent (ebd., 428). »Ob mit Hitlers Reformen auch eine Modernisierung der Gesellschaft einherkam, ist in der Forschung stark umstritten, wobei die Thesen von Hitler als Sozialrevolutionär (Rainer Zitelmann) bis einer absoluten Negierung (Hans Mommsen) reichen.« (Bauer 2017, 167)

Auch das wohl widerlichste Element der Nazi-Ideologie, der totalitäre Antisemitismus, fand in Form der Einführung der »Nürnberger Gesetze« am 20. Mai 1938 seinen Weg nach Österreich. Doch bereits einen Tag nach dem »Anschluss« begannen Hetzjagden auf als »jüdisch« wahrgenommene MitbürgerInnen. In sogenannten »Reibpartien« wurden Jüdinnen und Juden entweder aus ihrer Wohnung oder Arbeitsstelle geholt oder direkt auf der Straße angehalten, um etwa Parolen zur Volksabstimmung der Schuschnigg-Regierung wegzureiben (vgl. Krist/Lichtblau 2017, 243). Ausgrenzung und Abkehr von ehemaligen FreundInnen, Vertreibungen an den Universitäten – für die jüdische Bevölkerung brach »über Nacht eine Welt zusammen« (ebd., 241). Die antijüdische Gewaltpolitik kulminierte dann im November 1938 in den im gesamten Deutschen Reich durchgeführten Pogromen, dabei diente der NS-Spitze der Mord an einem Mitarbeiter der deutschen Botschaft in Paris als Vorwand. In Wien, einem Brennpunkt der Pogrome, in dem 90 Prozent der österreichischen Juden und Jüdinnen lebten, »zerstören vor allem SA, SS und HJ Synagogen, jüdische Bethäuser, Geschäfte und Wohnungen« (ebd., 250). Die Ereignisse überraschten die Wiener Jüdinnen und Juden, die »ihr« Land – im Gegensatz zu den notorischen Pogromgebieten Osteuropas – für »zivilisiert« gehalten hatten (vgl. Botz 2018, 528). Neben diesen Gewalttaten waren Jüdinnen und Juden auch der »Arisierung« ausgesetzt, was

im weitesten Sinne die mit unterschiedlichen politischen und gesellschaftlichen Mitteln herbeigeführte Enteignung und Beraubung von Juden ihrer wirtschaftlichen und sonstigen materiellen Güter sowie ihre Verdrängung und Vertreibung aus bestimmten Berufen und gesellschaftlichen und kulturellen Positionen durch Nichtjuden und öffentlichen Stellen des Dritten Reichs [bezeichnet]. (ebd., 328)

Diese Vorgänge sind paradigmatisch für den grausamen Antisemitismus der nationalsozialistischen Ideologie, der 1942 im industriellen Massenmord der Vernichtungslager – der Shoah[13] – münden sollte. Diese Form der Zerstörung der Plu-

---

13 Wir ziehen den Begriff »Shoah« jenem des Holocaust vor. Holocaust, griechisch für »vollständiges Brandopfer«, wurde ursprünglich für einen heiligen Opfervorgang verwendet und kann somit in seiner Betonung der religiösen Opferrolle als positiv konnotiert missverstanden werden (diese Argumentation orientiert sich an Giorgio Agamben, der auf die Unmöglichkeit des Vergleichs von Krematorium und Al-

ralität charakterisiert den Terror der Nazis in besonderer Weise: »Die Grunderfahrung menschlichen Zusammenseins, die in totalitärer Herrschaft politisch realisiert wird«, schreibt Hannah Arendt (1986, 727), »ist die Erfahrung der Verlassenheit.« Hatte man lange Zeit angenommen, dass gegen Ende des Jahres 1938 die Begeisterung der österreichischen Bevölkerung für die Okkupanten abflaute und sich Ernüchterung sowie Enttäuschung breitmachte, muss die Entwicklung im besten Falle als eine Veralltäglichung bzw. Normalisierung betrachtet werden (vgl. Botz 2018, 666).

Im weiteren zeitlichen Verlauf nach dem »Anschluss« sahen sich die »Siegermächte« Frankreich und Großbritannien auf der »Münchener Konferenz« im September 1938 gezwungen, Hitlers Forderungen nach der Abtretung des Sudetenlands von der Tschechoslowakei nachzugeben – die Wehrmacht besetzte das Gebiet am 1. Oktober 1938.[14] Damit erkauften sich die Westmächte den Frieden, »indem sie große Gebiete der souveränen Tschechoslowakei an Deutschland aushändigten« (Bauer 2017, 172). Für die Situation in Österreich bedeutete die »Sudetenkrise« eine Verschlechterung im Verhältnis zur tschechischen Minderheit. »Die antitschechische Außenpolitik ließ auch den kleinen minderheitspolitischen ›Modus vivendi‹ mit den Wiener Tschechen ins Gegenteil umschlagen.« (Botz 2018, 485) Die verschiedenen Maßnahmen, die infolgedessen

---

tar hingewiesen hat (vgl. 2003, 25ff.)). Shoah, aus dem Hebräischen etwa »große Katastrophe«, vermeidet diese Deutungsdimension und weist u. E. stärker auf die Singularität des industriellen Massenmords hin, was auch an der effekthascherischen, von diesen Ereignissen losgelösten Verwendung des Begriffs Holocaust liegt (beispielsweise in »Tier-Holocaust« oder »biologischer Holocaust«).

14 Vgl. für eine genaue Darstellung des Vorkriegs- wie auch Kriegsablaufs Echternkamp (2015a). Auch findet sich dort ein genauer Nachweis der Ereignisse sowie Jahreszahlen, die im Verlauf des Textes behauptet werden.

gegen die tschechische Diaspora geführt wurden, erklären auch den Fakt, dass sich eine ganze Reihe von »Wiener TschechInnen in Opposition zum NS-Staat [befand]« (Krist/Lichtblau 2017, 316).

Nach mehrfachen Vertragsbrüchen und weiteren Expansionsbestrebungen Deutschlands gab die Entente am 31. März 1939 eine Garantieerklärung für Polen ab. Auf dem Weg in den Zweiten Weltkrieg machte sich im August desselben Jahres noch einmal Erleichterung breit. Der Nichtangriffspakt zwischen Deutschland und der Sowjetunion, dessen geheimes Zusatzprotokoll die Aufteilung Osteuropas in Interessenssphären unterteilte, suggerierte allgemeine Entspannung. Am 1. September 1939 kam es dann zum Überfall Deutschlands auf Polen, dem zwei Tage später die Kriegserklärung Großbritanniens und Frankreichs folgte – der Krieg begann. »Nirgendwo löste der Kriegsbeginn Jubel und Begeisterung aus, wie etwa 1914«, berichtet Bauer. »Historiker haben für die mangelnde Begeisterung der Deutschen (und Österreicher) bei Kriegsbeginn den Begriff der ›widerwilligen Loyalität‹ geprägt.« (2017, 196)

Ein knappes Jahr nach Kriegsbeginn kam es im Juni 1940 zur Besetzung von Paris durch die Truppen der Wehrmacht, der sich die Unterzeichnung des deutsch-französischen Waffenstillstands im selben Monat anschloss. Zudem verschlechterten sich die Lebensumstände der europäischen Jüdinnen und Juden weiter, wie etwa die Pflicht zum Tragen des gelben Sterns oder die Errichtung jüdischer Ghettos in Warschau, Lublin, Krakau, Łódź u. a. bezeugen. Im Juni des darauffolgenden Jahres zeichnete sich ein desaströses Bild ab: Ein Großteil des Kontinents war durch Deutschland besetzt, der Krieg schien so gut wie entschieden. Deutschland stand mit zahlreichen Ländern im Bündnis und pflegte eine scheinbar freundschaftliche Beziehung zur Sowjetunion. Auch die »neutralen Staaten unterhielten wenigstens wirtschaftliche Beziehungen zu Deutschland, wenn sie nicht gar, wie Spanien, mit Hitler sympathisierten. Als einzig verbliebener deutscher Gegner war Großbritannien in Europa weitgehend isoliert« (Vogel 2015a, 31). Dieses Bild änderte sich jedoch, als Deutschland im »Unternehmen Barbarossa« die Sowjetunion überfiel. Der deutsche Historiker Jörg Echternkamp merkt an, dass mit diesem Überfall am 22. Juni 1941 auch die genozidale Judenpolitik in ihre schrecklichste Phase überging: in »den systematischen industriellen Massenmord an den europäischen Juden« (2015a, 113).

Einen weiteren Wendepunkt erreichte das Geschehen mit dem Kriegseintritt der USA am 8. Dezember 1941, der unmittelbar auf den japanischen Luftangriff auf Pearl Harbor (Hawaii), den wichtigsten Stützpunkt der USA im Pazifik, folgte. Im Anschluss erklärten auch Deutschland und Italien den USA den Krieg, damit »war der Krieg in Europa endgültig zum Weltkrieg geworden«, wie der Militärhistoriker Thomas Vogel (2015a, 31) anmerkt. Bis Anfang des Jahres 1942 hatte sich so eine »übermächtige Anti-Hitler-Koalition gebildet, die nur noch genügend Kraft zum Gegenschlag sammeln musste« (ebd., 37). Parallel dazu fand am 20. Januar 1942 die Wannseekonferenz statt, in der die NS-Führung die systematische Deportation und Ermordung der europäischen Jüdinnen und Juden koordinierte. Dabei war es den Nazis im folgenden Kriegsverlauf wichtiger, die Vernichtungsfabriken in Betrieb zu halten, als den Krieg zu gewinnen – ein Sachverhalt, der den totalitären Terror, wie Arendt angemerkt hat, als »beispiellos« charakterisiert (vgl. Arendt 1991, 78).

Anfang 1943 brachten die sowjetischen Truppen der Wehrmacht eine verheerende Niederlage in Stalingrad bei, die einen allgemeinen Wendepunkt des Weltkriegs markierte: »Schon bald befanden sich deutsche Truppen an allen Fronten auf dem Rückzug. Am 6. Juni 1944 schließlich landeten alliierte Truppen in der Normandie und leiteten damit das letzte Kapitel der Befreiung Europas ein.« (Vogel 2015b, 43) Ende April 1945 erklärten SPÖ, ÖVP und KPÖ den »Anschluss« in Form der Österreichischen Unabhängigkeitserklärung für »null und nichtig« und stellten die Republik im Rahmen der Verfassung 1920 wieder her. Im darauffolgenden Monat folgte die Kapitulation der Wehrmacht und somit das Ende des Krieges in Europa. Vier Monate später, im September, kapitulierte auch Japan, nachdem einen Monat zuvor Atombomben auf die Städte Hiroshima und Nagasaki gefallen waren.

Abgesehen von der Gründung der UNO und der Unterzeichnung der Charta der Vereinten Nationen durch 51 Staaten im Oktober 1945 zeitigte der Zweite Weltkrieg desaströse Folgen, eine menschliche Tragödie. So kamen 60 bis 70 Millionen Menschen ums Leben, wobei alleine die Sowjetunion 27 Millionen Tote beklagte. In Polen kostete der Krieg jede/n sechste/n EinwohnerIn das Leben:

Diese Schreckensbilanz verbindet sich mit derjenigen des Mordes an den europäischen Juden. Denn jeder zweite getötete Pole war jüdischen Glaubens. Insgesamt fielen während des Krieges etwa sechs Millionen europäische Juden dem nationalsozialistischen Rassenwahn zum Opfer. In weiten Teilen Europas war jüdisches Leben so gut wie ausgelöscht. (Vogel 2015c, 62)

Für den österreichischen Kontext lässt sich konstatieren, obwohl es in allen Milieus und politischen Lagern der österreichischen Gesellschaft und in allen Regionen vom ersten Tag an Widerstand gegen die NS-Herrschaft gab (vgl. Bauer 2017, 318), ist dieser eher als marginal zu bezeichnen. Ähnlich dem übrigen Europa war Widerstand hier »die Ausnahme, Anpassung war die Regel« (Luža 1983, 26). Dabei galt Wien innerhalb Österreichs als das Zentrum des politisch motivierten Widerstands, der vor allem von kommunistischen und sozialistischen Gruppen geführt wurde (vgl. Krist/Lichtblau 2017, 306). In diesem Zusammenhang ist es wichtig darauf hinzuweisen, dass es auch jüdischen Widerstand gegeben hat, da die Geschichte der europäischen Jüdinnen und Juden fast ausschließlich unter dem Gesichtspunkt der Opfer dargestellt wird. »Es waren Einzelpersonen, die sich unorganisiert den NS-Maßnahmen widersetzten, sich der Deportation entzogen, indem sie untertauchten oder illegal über die Grenzen nach Ungarn flüchteten. Mit der Waffe in der Hand kämpften jene jungen österreichischen Juden, die 1938 vor dem NS-Terror flüchten mussten.« (Moser 2004, 56) Wobei es natürlich auch jüdischen Widerstand in Österreich bzw. Wien gab, wie etwa das Beispiel der Mischlingsliga, auf die im späteren Verlauf dieses Buches zurückgekommen wird, illustriert. Ihr Handeln vollzog sich zumeist im Verbund mit linken und konservativen Verbänden. In den Selbstbiografien oder historischen Werken tauchen sie nicht eigens als Jüdinnen oder Juden auf, da für die Betroffenen ihre jüdische Identität im Vergleich zu ihren politischen Überzeugungen oft im Hintergrund stand (vgl. ebd.).

Allgemein ist auffällig, dass sich für den Widerstand ein ähnliches Merkmal wie für die Erste Republik konstatieren lässt. Die unterschiedlichen Gruppen zielen nicht auf eine Wiedererrichtung der Republik, sie sind der Republik emotional nicht verbunden:

Der legitimistische Widerstand mobilisierte einen österreichischen Patriotismus, der von der Vision der Wiederkehr einer Monarchie bestimmt war; der kommunistische Widerstand baute auf einen Patriotismus, der sich mit kommunistischen Zielen verband, die auf die UdSSR abgestellt waren – eine Bindung, die in der Zeit der strategischen Allianz zwischen Hitler und Stalin, zwischen September 1939 und Juni 1941, einer schweren Belastungsprobe ausgesetzt war, analog der Situation der Kommunisten in allen Staaten der Welt. Widerstand gab es auch individuell – ohne Verbindung zu organisierten Gruppen. Der Widerstand war darauf gerichtet, das NS-Regime zu schädigen und so einen Beitrag zu dessen Überwindung zu leisten. Um die Republik, wie sie 1918, 1919 und 1920 entstanden war, ging es aber dem Widerstand nicht. Die Republik schien auch für den österreichischen Widerstand keine Zukunft zu haben. (Pelinka 2017, 159)

Dieser Befund Pelinkas gilt auch für die im Folgenden betrachteten drei kommunistisch orientierten Widerstandsgruppen – den Kreis VII des KJV, die tschechischen Gruppen und die Antifaschistische Partei Österreichs bzw. die Mischlingsliga Wien.

III. »... DANN WIEDER SPÜRE ICH EINEN UNWIDERSTEHLICHEN DRANG ZU KÄMPFEN« – BARBARA EIBENSTEINER UND DER KREIS VII DES KJV

Die Rekonstruktion eines Widerstandsnetzwerks ist ein Versuch, Beziehungen und Strukturen nachzuzeichnen. Beziehungen werden auf verschiedene Arten hergestellt. Zum einen durch die in Verbindung zueinander stehenden Personen selbst, indem sie sich treffen, miteinander korrespondieren, gemeinsam etwas unternehmen, sich zu einer Gruppe zusammenschließen, miteinander streiten etc. Die Basis hierfür mag verwandtschaftlich, freundschaftlich, geschäftlich, politisch oder feindschaftlich sein. Dementsprechend unterschiedlich sind die Beweggründe, miteinander in Beziehung zu treten bzw. zu bleiben oder sie zu lösen. Beziehungen brauchen nicht notwendigerweise eine beiderseitige persönliche Bekanntschaft, wenn sie wie im Falle von handlungsleitenden Vorbildern »lediglich« imaginärer Art sind. Zum anderen werden Beziehungen von »außen« hergestellt, wenn eine dritte Person oder eine Instanz eine solche zwischen zwei oder mehreren Personen herstellt.

In den nationalsozialistischen Gerichtsakten betreffend Vorbereitung zum Hochverrat wurden solche Beziehungen konstruiert und an verschiedenen Handlungen oder auch nur Absichten festgemacht. Diese (Re-)Konstruktionen sind daher immer ein Stück weit Fiktion. Gruppen und damit Beziehungen wurden durch polizeiliche und justizielle Ermittlungen geschaffen, was sich unter anderem in Razzien oder etwa einer gemeinsamen Anklage ausdrückt. Polizei und Gericht versuchten, die Verbindungen der Personen und Gruppen untereinander zu belegen, indem sie etwa den Fragen nachgingen, wer wen für die Gruppe – in unserem Fall den Kreis VII des Kommunistischen Jugendverbandes (KJV) – angeworben hatte, woher einander die Beschuldigten kannten, wie sie miteinander in Verbindung standen, welche Funktion in der Gruppe der/die Einzelne hatte. Die Strafverfolgungsbehörden determinierten das Verbindende zwischen den Personen aber auch anhand der ideologischen Ausrichtung und der politischen Absichten. Das gerichtliche Interesse am Elternhaus der beschuldigten Jugendlichen und ihrer (politischen) Sozialisation diente nicht nur einer späteren Strafbemessung (mildernde oder erschwerende Umstände), sondern vor allem der Beweisführung für ideologische Verbindungen und Kontinuitäten.

Unabhängig davon, ob Beziehungen nun durch die betreffenden Personen selbst oder von »außen« hergestellt werden, eine vollständige Rekonstruktion ist nie möglich, sie muss immer eine Illusion bleiben. So vielfältig die Quellen auch sein mögen, sie können immer nur Schlaglichter auf einen kleinen Ausschnitt der gelebten oder unterstellten Verbindung werfen. Das komplexe Beziehungsgefüge von Entstehung, Grundlagen, Motivation/Interesse, Entwicklungen, strukturellen Einflüssen, Illegalität und Verfolgung lässt sich bestenfalls skizzieren.

Das trifft auch für die im Folgenden untersuchte Widerstandsgruppe von Barbara Eibensteiner zu. Die Dokumentation und Analyse eines Widerstandsnetzes ist mit zahlreichen Schwierigkeiten konfrontiert. Einerseits ist sie von der Dokumentation der Nationalsozialisten abhängig (vgl. Garscha/Streibel 1987, 45) sowie von dem, was an Dokumenten aufbewahrt wurde.[15] An-

---

15 Vgl. zur Quellenlage die Ausführungen in der Einleitung (Kapitel I).

dererseits gestaltet sich die Rekonstruktion schwierig, weil nur sehr wenige schriftliche und mündliche Überlieferungen von den Mitgliedern des Kreises VII vorliegen. Hinzu kommt, dass durch die erst Jahrzehnte später beginnende Aufzeichnung von Widerstandserfahrungen viele Erinnerungen – wie auch jene unserer Hauptprotagonistin, Barbara Eibensteiner – durch das frühe Ableben von ZeitzeugInnen verloren gingen. Die wenigen Interviews von AktivistInnen im Kreis VII geben wenig Aufschluss über Struktur und Zusammensetzung der Widerstandsgruppe, was teilweise der großen zeitlichen Distanz, teilweise dem Forschungsinteresse und der Interviewführung geschuldet ist. In solchen Interviews (Ähnliches gilt für schriftliche Lebenserinnerungen) finden meist lediglich die für das persönliche Leben zentralen Personen Erwähnung, aber kaum Menschen, mit denen sie möglicherweise nur ein Gerichtsverfahren verband. Anders verhält es sich mit den polizeilichen und richterlichen Verhören. Das Interesse dieser Behörden war es, das Netzwerk möglichst vollständig aufzudecken (und zu zerstören). Leider liegen die Protokolle der Verhöre der KJV-Mitglieder des Kreises VII durch die Gestapo nicht vor. Im Deutschen Bundesarchiv konnte in Zusammenhang mit dem Kreis VII lediglich ein Verhörprotokoll eines gewissen Anton Kellner vom 30. März 1942 recherchiert werden, in dem Barbara Eibensteiner erwähnt wird.[16] In den Anklageschriften findet sich nur eine zusammenfassende Darstellung und damit eine Interpretation der Aussagen in den Verhören durch die Staatsanwaltschaft.

Ausgehend vom Strafverfahren am Oberlandesgericht Wien gegen Barbara Eibensteiner und andere und den darin erwähnten Personen eruierten wir weitere Mitglieder, zu denen wir wiederum versuchten, Informationen über ihren politischen, sozialen

---

16 Vgl. BArch, R 3017/17111: Gestapo-Verhörprotokoll von Anton Kellner vom 30.3.1942.

und ökonomischen Hintergrund, den Grad ihrer Involvierung ins Netzwerk, ihre Widerstandshandlungen und deren individuelle Folgen (z. B. KZ-Haft) zu recherchieren. So gelang es uns, eine Vielzahl von Namen zu eruieren. Es kann aber davon ausgegangen werden, dass der Kreis der in den verschiedenen Zellen aktiven Personen ein größerer war. Darauf weisen unter anderem die vielfachen Erwähnungen von Decknamen in den Gerichtsakten hin, zu denen es den ermittelnden Behörden nicht gelang, die dahinterstehenden Personen ausfindig zu machen. Und selbstverständlich trachteten die Beschuldigten danach, nicht nur deren Klarnamen (sofern sie diese wussten) nicht preiszugeben, sondern auch ihre eigene Rolle in der Widerstandsgruppe herunterzuspielen. So weist etwa Franz Danimann im Interview darauf hin, dass er einige seiner politischen Funktionen verschwiegen habe und sie deshalb auch in einer Publikation des DÖW, die sich nur auf Gerichtsakten stützt, nicht aufscheinen.[17] Ebenso hatten die Beschuldigten Interesse daran, nur jene Aktivitäten zuzugeben, die der Gestapo bzw. dem Gericht bereits bekannt waren, und die Dauer der Mitgliedschaft zu minimieren. Das heißt, bei der Lektüre der folgenden Rekonstruktion des Widerstandsnetzes – wie auch der anderen in diesem Buch – müssen ebendiese Einschränkungen und Umstände mitbedacht werden.

1. DER KOMMUNISTISCHE JUGENDVERBAND (KJV) – ENTWICKLUNGEN, PROGRAMM UND STRUKTUREN

Mit der Gründung der KPÖ im Oktober 1918 erfolgte auch die Gründung des späteren KJV (zuvor »Verband der Proletarierjugend Österreichs«), der allerdings erst 1923 behördlich

---

17 DÖW 98, Interview mit Franz Danimann vom 5.12.1983, geführt von Irene Etzersdorfer, 21 [kurz: Danimann 1983].

genehmigt wurde.[18] Regen Zulauf erhielt der KJV erst im Austrofaschismus. Betrug die Zahl der Mitglieder vor den Februarkämpfen kaum 750 Personen, konnten in den Jahren der Illegalität – der KJV wurde 1931 verboten – 13.000 bis 15.000 Mitglieder verzeichnet werden. Aufgrund des anfänglich schwachen Zuwachses sollte die Jugendorganisation aufgelöst werden, was aber von den jugendlichen AktivistInnen verhindert werden konnte. Der Jugendverband wurde schließlich als eigenständige Gruppe von der KPÖ anerkannt. Als solcher war er Mitglied in der Kommunistischen Jugendinternationale (KJI). Im Gegensatz zur KJI folgte der KJVÖ einem dezidiert antimilitaristischen Kurs. Die thematischen Schwerpunkte der Politik des KJV lagen in der Verbesserung der wirtschaftlichen, arbeitsrechtlichen und sozialen Situation der Arbeiterjugend und in der Bildungsarbeit. Hierzu wurde nach Vorbild der Sozialdemokratischen Arbeiterpartei (SDAP) 1920 eine Jugendbildungsschule eingerichtet, in der Vorträge und Literaturabende abgehalten und gemeinsame Ausflüge und Sportaktivitäten organisiert wurden. Sein Zeitungsorgan hieß bis 1922 *Die kommunistische Jugend*, danach *Die Proletarierjugend*. Aufgrund der Beteiligung an Demonstrationen wurde der Verband im September 1931 behördlich aufgelöst, den daraufhin gegründeten Roten Jugendverband ereilte bald dasselbe Schicksal. Unter dem Schutzmantel der KPÖ konnte der KJV bis zu deren Verbot 1933 noch halblegal operieren. Im gemeinsamen Kampf gegen die erstarkenden Faschisten und Nationalsozialisten kam es zu einer Annäherung von sozialistischen und kommunistischen Jugendlichen. Vereinzelt fanden dann auch gemeinsame Aktionen mit Mitgliedern der

---

18 Eine ausführliche Darstellung der historischen Entwicklung des KJV erfolgt in Kapitel III der Dissertation von Walter Göhring (1971, 27–103). Im Folgenden beziehen wir uns, wenn keine anderen Quellen angeführt sind, darauf.

Jugendorganisation der Revolutionären Sozialisten (RSJ) statt, aber eine Einheitsfront mit den Revolutionären Sozialisten (RS) konnte aufgrund politischer Differenzen, insbesondere in der nationalen Frage, nicht gebildet werden (vgl. Göhring 1971, 240–250; Garscha/Streibel 1987, 34).

Vertraten die KPÖ und der KJV bis 1936/37 noch nach dem Vorbild der Oktoberrevolution 1917 eine Vorstellung der »Diktatur des Proletariats«, die dem demokratischen Prinzip ebenso eine Absage erteilte wie dem Nationalismus, traten sie nun für eine eigenständige österreichische Nation und demokratische Selbstbestimmung ein (vgl. Garscha/Weinert 1987, 244–254; DÖW 1984a, 216f.). Im Vordergrund stand die Bildung einer »Volksfront«, die den faschistischen und nationalsozialistischen Bestrebungen Einhalt gebieten sollte.

Wir kämpfen in der gegenwärtigen Lage für die Demokratische Republik, weil diese klare Losung jeden Kompromiß und jedes Kokettieren sowohl mit dem unter der Maske der Ständedemokratie getarnten faschistischen Regime wie auch mit einer demokratisch getarnten Monarchie oder mit dem in Österreich zeitweise demokratisch getarnten Nationalsozialismus ausschließt. Die Losung Demokratische Republik gibt heute den Massen ein klares Kampfziel [...]. (zit. nach Garscha/ Weinert 1987, 249)

In diesem Auszug aus der Tarnschrift »Grundriss der Naturgeschichte« tritt das zugrundeliegende Kalkül klar hervor; mit dieser Losung sollte ein geeintes Vorgehen gegen Anschlussbestrebungen und Entrechtung der Arbeiterklasse erzielt werden. Das eigentliche Ziel einer Diktatur des Proletariats war damit nicht vom Tisch, wurde aktuell aber für die Sammlung der politischen Kräfte als nicht opportun betrachtet. Ein demokratisches politisches System galt lediglich als ein Zwischenschritt auf dem Weg zum endgültigen Sturz der bürgerlichen Demokratie.

Aber zurück zum Programm des KJV. Noch im Jänner 1939 erschienen Richtlinien für die Arbeit des KJV in verschiedenen illegalen Zeitschriften.[19] Der KJVÖ adressierte darin zunächst alle österreichischen Jugendlichen, indem die Verschlechterung der sozialen Lage von Jugendlichen und die Unterjochung des österreichischen Volkes durch die nationalsozialistische Herrschaft angesprochen wurden. Insbesondere die arbeitsrechtlichen Veränderungen waren Gegenstand der Erörterungen – Einsatz zum Zwangsarbeitsdienst, die Verpflichtung von Mädchen zu unentgeltlichen Dienstleistungen, die Schwierigkeiten, eine qualifizierte Berufsausbildung zu erhalten, die Erhöhung der täglichen Arbeitszeit von acht auf zehn Stunden, der militärische Drill in HJ-Lagern, Studieneinschränkungen etc. Nach Einschätzung von Göhring (1971, 369f.) war die Darstellung der sozialen Lage der Jugendlichen in diesen Richtlinien deshalb wichtig, »weil es die Grundlage vieler konspirativer Gespräche und zahlreicher Flugblattaktionen bildete […]. Und schließlich sollte die Auseinandersetzung darüber sie zum Widerstand gegen das NS Regime führen.«

Der zweite Abschnitt des Programms richtete sich an die Mitglieder des KJV und erteilte ihnen die Aufgabe der Bewusstseinsbildung. Gewissermaßen als »Peers« sollten sie andere Jugendliche über die Verschlechterung ihrer Situation und die Einschränkung bürgerlicher Rechte informieren und sie vor allem motivieren, für die Wiedererrichtung Österreichs zu kämpfen. Die KJV-Mitglieder wurden angewiesen, sich in NS-Jugendorganisationen wie die HJ oder den BDM einzugliedern und die noch legalen katholischen bzw. evangelischen Jugendgruppen sowie die Pfadfinder in ihrem Widerstand zu unterstützen. Göhring (ebd., 373) sieht die »gleichrangige Betrachtung anderer illegaler und legaler Jugendorganisatio-

---

19 Vgl. im Folgenden Göhring 1971, 367–374.

nen in ihrem Bemühen um die Wiedererrichtung eines freien selbständigen Österreich« als das Neue schlechthin an diesem Programm. Dem Programm fehlten jedoch »Anleitungen für einen praktischen Kampf«.

In die Mitglieder des KJV wurden nicht nur hohe Erwartungen gesetzt, sie mussten nach den Verhaftungswellen, denen zahlreiche FunktionärInnen der KPÖ zum Opfer fielen, Aufgaben der Erwachsenen übernehmen. Dies erklärt Göhring zufolge den hohen Anteil an Jugendlichen im Widerstand gegen das NS-Regime (vgl. ebd., 258). Einen weiteren Grund sieht er im hohen Organisationsgrad, wodurch der KJV »als einzige politische Jugendorganisation unmittelbar nach dem ›Anschluß‹ noch über ein geschlossenes Mitgliedernetz verfügte« (ebd., 259). Ebenso sei der KJV ein Sammelbecken für unzufriedene Jugendliche geworden, die durch ihren »aktivistischen Geist« die »Grenzen des IKJVO für Freunde und Gesinnungsgenossen weit offen ließ[en]«.

Daher war die politische Aufgliederung des KJV in seinen Grenzen gegenüber anderen illegalen Jugendorganisationen fließend und ist häufig kaum abzustecken, zumal in den Gerichtsakten, wenn die geringsten Verdachtsmomente für Beziehungen eines Jugendlichen zu Kommunisten auftraten, er sofort als Mitglied des KJV abgestempelt wurde. (ebd.)

Nach 1933 schaffte es der KJV als einzige Jugendorganisation, selbst in der Illegalität während des Austrofaschismus einen hohen Organisationsgrad aufrechtzuerhalten. Die Organisationsstruktur des KJV war in fünf Ebenen untergliedert. Die Basis stellten die »Zellen« dar. Solche existierten in und auch außerhalb von Betrieben. Im Funktionärsorgan des KJVÖ, *Der junge Bolschewik*, sind die Bedingungen für die Mitgliedschaft im KJV festgelegt: »Nur derjenige, der in einer Zelle Mitglied ist, die Zellenabende besucht, an der Zellenarbeit teilnimmt und regelmäßig seine Beiträge zahlt, ist ein Mitglied des KJV.« (zit. nach DÖW 1984a, 307) An der Spitze einer Zelle standen die Zellenleitung, die gleichzeitig die Funktion des Kassiers innehatte, und die Stellvertretung. Die StellvertreterInnen fungierten als »Kuriere« und als sogenannte »Litmänner«, sie waren damit für die Beschaffung einschlägiger Literatur und Propaganda zuständig.

Die Zellen waren wiederum in »Ortsgruppen« (in Wien in sogenannten »Blöcken«) zusammengefasst. Geleitet wurden diese Ortsgruppen von einem drei- bis fünfköpfigen Gremium; idealtypisch bestehend aus Leitung, Stellvertretung, Kassier und einem/einer Agitprop[20]. Bestand jedoch in einem Ort nur eine Zelle, wurde sie als Ortsgruppe bezeichnet (vgl. Garscha 1987, 161).

Die nächsthöhere Ebene war das »Gebiet«, das von mehreren Zellen bzw. Ortsgruppen gebildet wurde. Die Aufgabe der Gebietsleitung (drei bis vier Mitglieder) bestand unter anderem in der Anleitung der Zellenarbeit, der Kontrolle der Zellen und der Ernennung der Zellenleitung sowie der Zuteilung von Mitgliedern. In Bezug auf Wien entsprach das »Gebiet« dem »Bezirk«.

Die vierte Ebene bildete der »Kreis«. In der Kreisorganisation waren mehrere Gebiete zusammengeschlossen. Ein drei- bis fünfköpfiges Team führte die Arbeit – ähnlich jener der Gebietsleitung – durch.

An der Spitze stand der KJVÖ bzw. das Zentralkomitee (ZK), das vom Reichskongress, der Delegiertentagung, gewählt wurde. Die Aufgabe des ZK bestand in der Leitung der Arbeit des Jugendverbands, wobei die operative Arbeit, die unter anderem im Aufbau bzw. der Aufrechterhaltung der Verbindungen zwischen den regionalen Gruppen bestand, vom »Sekretariat« durchgeführt wurde.

Zum Zeitpunkt des »Anschlusses« stand Bruno Dubber dem

---

20 Der/die Agitprop war zuständig für Agitation und Propaganda.

KJVÖ vor. Bis zu seiner Verhaftung im Herbst 1938[21] versuchte er, in Absprache mit führenden KP-Funktionären in Prag, das Verbandsnetz, das durch die erste Verhaftungswelle unmittelbar nach der nationalsozialistischen Machtübernahme empfindlich gestört war, wiederherzustellen, neue Leitungen zu installieren und Kontakte zu sozialdemokratischen und katholischen Kreisen zu finden (vgl. Göhring 1971, 264). Erst mit der Etablierung der zweiten Leitung gab es wieder einen zentralen Verband. Göhring (1971, 267) datiert erste Versuche der Bildung einer zweiten Leitungsstruktur mit Herbst 1940 und deren Konstituierung mit Frühjahr 1941. Zu den LeitungsfunktionärInnen zählten unter anderen Elfriede Hartmann, Walter Kämpf, Franz Reingruber, Alfred Fenz, Friedrich Muzyka, Johann Neubauer und Müntich (kein Vorname angeführt). Sie alle wurden spätestens Ende Sommer 1942 verhaftet.[22]

Während Garscha und Streibel (1987, 38) konstatieren, dass »[ü]berall in Österreich die 1934 bis 1938 noch reich gliederte Organisationsstruktur nach der Annexion rasch vereinfacht [wurde]«, meint Göhring (1971, 266), dass dieser Umbau viel zu langsam vor sich gegangen sei. Zeitlich ordnet Göhring den Übergang in ein »reihenmäßiges Zellensystem, also eine Kette, die nur losen Zusammenhang hatte« (ebd., 277), erst nach Zerschlagung der zweiten Leitungsstruktur im Sommer 1942 ein. Dies hatte fatale Folgen, weil es der Gestapo so ein Leichtes war, mit der Verhaftung einer Funktionärin/eines Funktionärs gleich die ganze Gruppe auszuheben (vgl. ebd., 277–279).[23]

---

21 Bruno Dubber wurde mehrfach gefoltert und im April 1944 mit einer Giftspritze hingerichtet (vgl. Göhring 1971, 264).
22 Vgl. hierzu Göhring (1971, 267–276), wo auch die zentralen Verbindungspersonen mit der »Provinz« und einigen Wiener Bezirken angeführt werden.
23 So wurden etwa im Zuge der Zerschlagung der zweiten Leitung über 100 Jugendliche festgenommen.

Die Umstrukturierung führte dazu, dass die Zellen schließlich weitgehend autonom agierten. Die bereits 1938 ausgegebene Losung »Du bist die Partei« (Weinert 1987, 284) führte nach und nach zur Auflösung der Kreis- und Gebietsorganisationen, die Zelleneinheiten sollten nicht mehr als fünf Mitglieder haben. Aber: »In vielen Fällen ergab es sich dennoch, daß benachbarte Gruppen untereinander Verbindung hatten und so eine von der Parteiführung nicht vorgesehene Vernetzung der Organisationen weiterbestand oder sich neu herausbildete.« (Garscha/Streibel 1987, 38) Wie wir am Beispiel des Widerstandsnetzwerks von Barbara Eibensteiner, die dem Kreis VII vorstand, sehen werden, bestand dieser in seiner hierarchischen Struktur bis 1940. Dabei dürfte der Kreis spätestens mit der Verhaftung von Bruno Dubber im Herbst 1938 auf sich allein gestellt gewesen sein.

Die gezielten Anstrengungen der Gestapo, jegliche politische Opposition, aber insbesondere die kommunistischen Gruppen auszuschalten, führten vielfach zur Zerschlagung der KJV-Gruppen. Hierbei spielte die zentralistische Organisationsform des KJV der Gestapo in die Hände (vgl. Göhring 1971, 265). Nicht nur die organisatorische Schwäche aufgrund des Festhaltens an einer zentralen Leitung, sondern auch die fehlende Erfahrung in konspirativer Tätigkeit war ein Problem. Den Burschen und Mädchen fehlte es an Fähigkeiten, »eine Zellenorganisation derart aufzuziehen, daß diese auch mit einer wirklich zugkräftigen Propaganda hätte einsetzen können« (ebd., 279).

Dies alles trug zur vollständigen Zerschlagung bei: Franz Kainz konstatierte im Juli 1945 in seinem Rechenschaftsbericht über die illegale Tätigkeit des KJV in Wien:

Der Anfang der Naziherrschaft in Österreich noch sehr regsame K.J.V. wurde durch die besonderen Kriegsumstände und Aufreiben seiner Kämpfer bis 1943 völlig zerschlagen. In ei-

nigen Bezirken bestanden lose illegale Gruppen weiter. Viele alte, aber besonders polizeibekannte, überwachte und aus diesem Grunde unaktive Jugendgenossen standen ohne Verbindung. So war die Situation Anfang 1944. (zit. nach DÖW 1984b, 298f.)

Auch Walter Göhring (1971, 277) kommt in seiner Dissertation zu dem Schluss, dass zwischen 1943 und 1944 keine größeren geschlossenen KJV-Gruppen mehr operierten.

Die Zahl der Jugendlichen, die entweder als Mitglieder oder Sympathisierende des IKJVÖ mit der deutschen Justiz in Berührung kamen, ist nicht zu erfassen. Die Zahl der im Rahmen der Arbeit aufgetauchten Namen mit über 2350 ist schon allein, wenn man die Lückenhaftigkeit des zugängigen Materials bedenkt, nur ein Bruchteil dessen, was an KJV-Widerstand mit der NS Justiz in Berührung kommen mußte. (ebd., 418)

Der Kreis VII operierte in jener Besetzung, wie sie im Folgenden im Mittelpunkt unserer Analyse steht, knappe zwei Jahre. Seine Tätigkeit endete spätestens im April 1940. Das nationalsozialistische System mit seinem übermächtigen Kontroll- und Spitzelapparat, das fast alle bürgerlichen Freiheiten abgeschafft hatte, bedingte die Zerstörung des Kreises VII. Diese Maßnahmen gegen oppositionelle Gruppierungen markierten dabei einen Schritt auf dem Weg hin zur (vorübergehenden) endgültigen Zerschlagung des KJV.

2. DER KREIS VII DES KJV

Im Kreis VII des KJV waren die Bezirksorganisationen Wien-Landstraße (Wien 3), Wien-Simmering (Wien 11) und Schwechat zusammengeschlossen. Entsprechend der Auswertung der Gerichtsakten könnte die Struktur des Kreises VII zwischen

Frühjahr 1938 und April 1940 wie folgt ausgesehen haben (siehe Schaubild 1). Die Entwicklungen in der personellen Zusammensetzung der verschiedenen Einheiten versuchen wir, soweit möglich, mittels Zeitangaben zu verdeutlichen. Fragezeichen im Schaubild weisen auf nicht eindeutig belegte oder fehlende Informationen hin. Wie bereits ausgeführt wurde, unterstanden der Bezirksebene mehrere Blöcke bzw. Ortsgruppen. Im Fall des Bezirks Landstraße konnte jedoch nur die Existenz eines Blocks nachgewiesen werden.

Dem Kreis VII stand die gelernte Stickerin Barbara Eibensteiner vom Frühjahr 1938 bis April 1939 vor.[24] Eibensteiner kannte die Strukturen des KJV gut. Sie war seit 1937 Mitglied im KJV und hatte zum Zeitpunkt der nationalsozialistischen Machtergreifung die Bezirksleitung für den 3. Bezirk inne. Als Eibensteiner im Frühjahr 1938 die Leitung des Kreises VII übernahm, waren die Strukturen des KJV bereits durch eine erste Verhaftungswelle unmittelbar nach dem »Anschluss« geschwächt. Führende Funktionäre der KPÖ und des KJV wurden verhaftet und ins KZ Dachau deportiert, andere entzogen sich durch Flucht ins Ausland einer bevorstehenden Inhaftierung. Die zweite Verhaftungswelle im Herbst 1938 machte den KJVÖ mit der Inhaftierung Bruno Dubbers faktisch führungslos (vgl. Göhring 1971, 258 und 264f.).

»Mit der Verhaftung Bruno *Dubbers* [Hervorhebung im Original] verlor die KPÖ und der KJV ihren führenden Funktionär und hörte, zumindest für den KJV, ein geschlossener

---

24 Die im Folgenden erwähnten Daten sind der Anklageschrift gegen Barbara Eibensteiner, Barbara Wentz, Johann Huber, Lorenz Fürst, Benedikt Bayer, Anton Schedl, Josef Götzinger, August Mayer, Heinrich Rössler und Walter Annerl vom 4. Juni 1941, OJs 193/40 [kurz: DÖW 3692, Anklageschrift Eibensteiner u. a.] sowie dem Urteil gegen Barbara Eibensteiner (DÖW 7779) [kurz: DÖW 7779, Urteil Eibensteiner] entnommen.

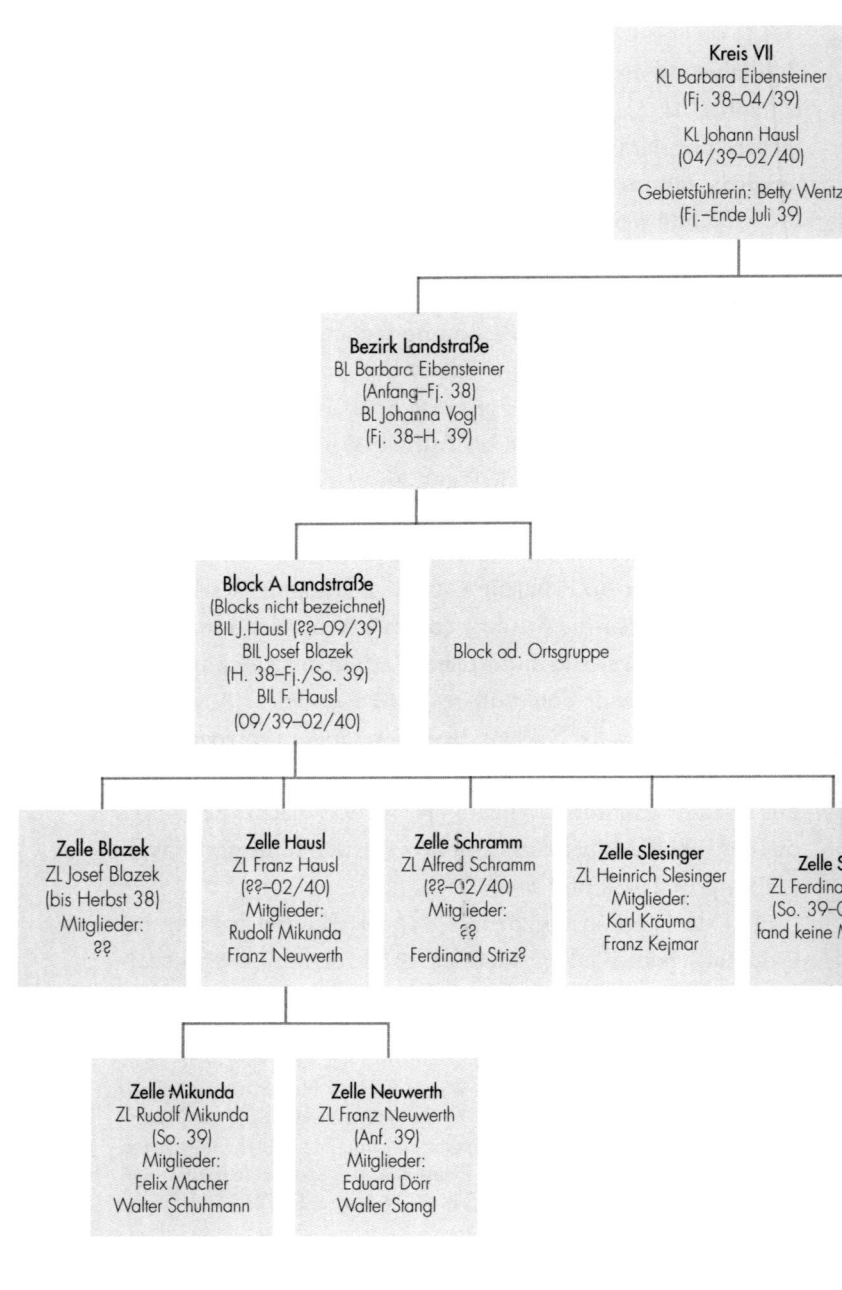

Weitere Personen
Josef Neugebauer (Anwerber)
Lorenz Fürst (Verbindungsmann zu Bez. Schwechat)
Othmar Schöbel (Sympathisant, Freund v. J. Vogel)
Leopold Lehner (Mitglied Bez. Simmering)

Anwerberinnen:
»Susi«
»Motti«
Anna Schwarz
»Poldi«
»Vickerl«
»Lanzmann«
»Soli«
»Franz«

Bezirk Simmering
BL Franz Danimann
(So. 38–02/39)
BL-Stv. Max Schernbrandtner
(Herbst 38–01/39)

Bezirk Schwechat
BL Johan Huber
(??–04/40)
Kassier: Benedikt Bayer

Ortsgruppe Kaiser-Ebersdorf
OGrL Karl Kühtreiber

Ortsgr. Zentralsimmering
OGrL Max Schernbrandtner
(ca. 10/38–01/39)
direkt unterstellt
Leo Hübner
Wilhelm Umgeher

??

Zelle Schleining
ZL Leopold Schleining
(Herbst 38–02/39)
Mitglieder:
Johann Franz
Leopold Strachon

Zelle Grissinger
ZL Karl Grissinger
(??11/38–02/39)
Mitglieder:
Karl Schmidt
??

Zelle Schild
ZL Walter Schild
(06/38–02/39)
Mitglieder:
Otto Stepanek
Karl Grissinger
Alfred Ströer
Leopold Schleining

Zelle Schedl
ZL Anton Schedl
(??–04/40)
Mitglieder:
Walter Annerl
Josef Götzinger
August Mayer
Heinrich Rösler

Schaubild 1: Kreis VII des KJV (1938–1940)

Verband, der zentral ganz Österreich umfaßte, zu existieren auf.« (Göhring 1971, 264)

Den Gerichtsakten folgend hatte »Motti«[25], ein KP-Funktionär, dessen Klarname von Eibensteiner nicht preisgegeben wurde, sie mit der Kreisleitung und dem Aufbau einer KJV-Gruppe in Schwechat betraut. Abgesehen davon vermittelt die Lektüre dieser Akten den Eindruck einer autark, von einer zentralen Leitung unabhängig agierenden Organisation. Auch wenn Göhring (ebd., 282) lediglich Wien-Simmering und Schwechat als größere KJV-Gruppen hervorhebt, die losgelöst von der »Wiener Zentrale« handelten, so kann doch angenommen werden, dass dies für den gesamten Kreis VII (also auch für Wien-Landstraße) galt. Damit kam der Kreisleitung – das heißt Barbara Eibensteiner und ab April 1939 Johann Hausl – eine größere Bedeutung und Führungsrolle zu, denn wie die grafische Darstellung des Netzwerks illustriert, wurde die Organisationsstruktur nicht den neuen politischen Verhältnissen mit verstärkter Repression und Bespitzelung angepasst. Trotz Wegfall der zentralen Leitungsebene behielt das Netzwerk Eibensteiners seine Organisationsstruktur mit der Untergliederung Kreis – Bezirksgruppe – Ortsgruppe bzw. Block – Zelle bei. Folgt man den Entwicklungen dieses Widerstandnetzwerks, so bestätigt sich Göhrings Feststellung, dass »fast alle Versuche der ›Aktivistischen Gruppen‹ darauf hinaus[liefen], ein zentrales Leitungssystem aufzubauen« (1971, 265) oder beizubehalten, wenngleich ohne die oberste hierarchische Ebene, die für Verbindungen mit Gruppen außerhalb von Wien und mit dem Ausland zuständig gewesen wäre.

---

25 Bei »Motti« handelte es sich höchstwahrscheinlich um Otto Andreasch, der laut anderen Dokumenten den Decknamen »Monti« trug. Vgl. hierzu Kapitel V zur Jüdischen Mischlingsliga Wien, wo Andreasch, sogenannter »Mischling 1. Grades« und überzeugter Kommunist, eine führende Rolle innehatte.

Die Reorganisation einzelner Ortsgruppen bzw. KJV-Kreise dürfte wenige Wochen nach der nationalsozialistischen Machtergreifung begonnen haben; das suggeriert zumindest die Anklageschrift gegen Eibensteiner.

Nachdem durch die Wiedervereinigung Österreichs mit dem Deutschen Reich im März 1938 in der Arbeit des KJV anfänglich ein empfindlicher Rückschlag eingetreten war und die Tätigkeit zunächst fast vollkommen geruht hatte, wurde nach einer kurzen Spanne des Abwartens ungefähr Ende des Frühjahrs 1938 neuerlich mit dem Aufbau des KJV, und zwar nach neuen Gesichtspunkten, begonnen.[26]

Dies stimmt zeitlich mit der Übernahme der Leitung des Kreises VII durch Barbara Eibensteiner überein. In die von ihr bis dahin eingenommene Position rückte die Fabriksarbeiterin Johanna Vogl auf, die damit die Leitung der Bezirksgruppe Landstraße übernahm.[27] Die Bezirksgruppe Simmering entstand ebenfalls im Sommer 1938 und wurde vom Hilfsarbeiter Franz Danimann angeführt.[28] Sie existierte jedoch nur ein gutes halbes Jahr. Danimann und der stellvertretende Bezirksleiter, Max Schernbrandtner, wurden bereits im Februar bzw. Jänner 1939 verhaftet.[29] Der Aufbau von Bezirksgruppen, insbesondere im an Industrie reichen Schwechat, zählte zu Eibensteiners Aufgaben. Dass sich im Gebiet Schwechat eine rege Tätigkeit des KJV entwickelte, belegt (unter anderem) ein Bericht der SD-Außenstelle Wien 4 vom Februar 1939, wonach 68 Jugendliche unter

---

26 DÖW 3692, Anklageschrift Eibensteiner u. a.
27 Vgl. DÖW 1147, Anklageschrift gegen Josef Neugebauer, Johanna Vogl, Josef Blazek, Johann Hausl, Franz Hausl, Alfred Schramm, Ferdinand Stritz, Othmar Schöbel vom 19.4.1941, OJs 194/40 [kurz: DÖW 1147, Anklageschrift Neugebauer u. a.].
28 Vgl. DÖW 7431, Anklageschrift gegen Franz Danimann und Max Schernbrandtner vom 5.12.1939, 7 J 547/39 [kurz: DÖW 7431, Anklageschrift Danimann u. a.].
29 Vgl. ebd.

polizeilicher Beobachtung standen.[30] Wann diese Ortsgruppe ihre illegale Tätigkeit aufnahm, geht aus den Gerichtsakten nicht hervor, ebenso wenig, wie lange sie operierte. Das Ende der Bezirksgruppe Schwechat und damit auch des Kreises VII war spätestens mit der Verhaftung des Bezirksleiters und Korbflechtergehilfen Johann Huber und einiger Zellenmitglieder im April 1940 besiegelt.[31]

Doch davor gab es eine Reihe von Umstrukturierungen auf personeller Ebene (vgl. Schaubild 1). Als sich Barbara Eibensteiner von der Gestapo beobachtet fühlte, gab sie die Leitung im April 1939 an den Eisendrehergehilfen Johann Hausl ab, um die Gruppe nicht zu gefährden. Hausl koordinierte das Widerstandsnetzwerk bis zu seiner Verhaftung im Februar 1940, wodurch sein Zwillingsbruder Franz zum Blockleiter aufrückte. Abgesehen von den personellen Veränderungen war die Entwicklung des Kreises VII kontinuierlich von zwei gegenläufigen Trends geprägt. Zum einen wuchs das Netzwerk durch gezielte Anwerbungen ständig; neue Ortsgruppen und Zellen wurden gebildet. Da im Wesentlichen das sogenannte Dreier-System aufrecht erhalten wurde – aus konspirativen Gründen trafen sich nie mehr als drei Personen –, kam es durch die erfolgreiche Anwerbung zur Bildung von zwei Ortsgruppen in Simmering (Zentral-Simmering und Kaiser-Ebersdorf) (vgl. Göhring 1971, 284) und zur Teilung der von Franz Hausl geleiteten Zelle in Wien-Landstraße. Zum anderen dezimierten das Spitzelwesen, Razzien und Festnahmen durch die Gestapo die Anzahl der Mitglieder. Die Fluktuation war auch durch die Einberufung einiger männlicher Mitglieder zur Wehrmacht oder deren Eingliederung in die HJ und in die Deutsche Arbeitsfront (DAF) bedingt (vgl. Göhring 1971, 464).

---

30 Vgl. DÖW 1572, Bericht der SD-Außenstelle Wien 4 vom Februar 1939.
31 Vgl. DÖW 3692, Anklageschrift Eibensteiner u. a.

Dies führte dazu, dass sich manche Gruppen gänzlich auflösten oder zum Teil in anderen Zellen aufgingen.

Im Zeitraum Frühjahr 1938 bis April 1940 – also von der Übernahme der Kreisleitung durch Eibensteiner bis zur Verhaftung des Bezirksleiters von Schwechat, Johann Huber, – waren mindestens 41 Personen in diesem Kreis über eine längere oder kürzere Periode aktiv. Hier werden nur jene Personen gezählt, die auch wegen Vorbereitung zum Hochverrat angeklagt wurden. Nicht inkludiert ist beispielsweise der Großteil jener 68 Jugendlichen, die im Bericht der SD-Außenstelle Wien 4 über die Tätigkeit der »KP Jugend in Schwechat« gelistet sind (vgl. DÖW 1572). Auch jene AnwerberInnen von Jugendlichen für den Kreis VII, von denen lediglich der Deckname bekannt ist, werden nicht mitgezählt.

Die im Schaubild 1 angeführten Zeitangaben illustrieren die Fluktuation auf personeller Ebene, wie sie sich aus den Gerichtsakten erschließen lässt. Die dort angeführten Zeitspannen der Beteiligung im KJV geben jedoch keinen Aufschluss über die tatsächliche Dauer und die (Art der) Involvierung Einzelner im Netzwerk. Das Ausscheiden einer Person aus dem Netzwerk bedeutete nicht notwendigerweise, dass diese ihre Widerstandsaktivitäten tatsächlich aufgegeben hat. Göhring (1971, 267ff.) berichtet beispielsweise von zur Wehrmacht eingezogenen Burschen, die dort ihre Aufklärungsarbeit fortsetzten.[32] Ein anderes Beispiel wären die EmigrantInnen, die vom

---

32 So wurde beispielsweise August Mayer, Mitglied des KJV Schwechat, neben der Zugehörigkeit zu einer kommunistischen Organisation der »Zersetzung, d. h. in der Untergrabung der Zuverlässigkeit des Heeres [...] durch Beeinflussung seines Bruders Karl« für schuldig befunden. Er hatte an den an der Ostfront eingesetzten Bruder einen Brief geschrieben, in dem er die Errungenschaften und Fortschritte des nationalsozialistischen Regimes anzweifelte. (DÖW 20900/2008, Urteil gegen August Mayer vom 18.3.1942)

Ausland aus den Widerstand unterstützten.[33] Die Angeklagten waren selbstverständlich bemüht, ihre Widerstandstätigkeit gegenüber der NS-Justiz herunterzuspielen und das Ausscheiden aus einer Funktion als vollkommene Einstellung der illegalen Tätigkeit darzustellen. So gab etwa Betty Wentz an, sich bereits im Sommer 1939 zurückgezogen zu haben, und Johanna Vogl datierte ihr Ausscheiden mit Herbst 1939, also bereits einige Monate vor ihrer Verhaftung im Februar/März 1940. Das Gericht glaubte diesbezüglichen Aussagen nur eingeschränkt. Im Urteil von Barbara Eibensteiner heißt es:

Sie war wohl auch hiebei offensichtlich bestrebt, die Bedeutung und den Umfang ihrer Tätigkeit gering erscheinen zu lassen, indem sie u. a. bezüglich ihrer Stellung als Kreisleiterin behauptete, es habe sich um einen »Freundeskreis«, mit welchem sie von ihrer Zugehörigkeit zur »Jungen Front« her verbunden war, gehandelt. Ferner behauptete sie noch, sie sei wohl Sozialistin aber keineswegs Kommunistin gewesen. Diese Einlassungen sind zweifellos bloße Schutzbehauptungen, sie sind aber auch durch die Ergebnisse des Beweisverfahrens, nämlich durch die Angaben des Zeugen Johann Hausl und der Mitangeklagten, insbesondere der Angeklagten Wentz, Huber und Fürst einwandfrei widerlegt.[34]

Diese Frauen, wie auch Barbara Eibensteiner, waren von der

---

33 Vgl. hierzu etwa die Biografie von Brigitte Halbmayr (2015) über Herbert Steiner, der im Londoner Exil im Rahmen von Young Austria seine Widerstandstätigkeit weiterführte. Viele junge Frauen, die vor ihrer Flucht ins Ausland im KJV engagiert gewesen waren, setzten in Belgien und Frankreich im Rahmen des Travail Anti-Allemand unter großen Gefahren ihre Widerstandstätigkeit fort. Sie versuchten, Wehrmachtssoldaten von der Sinnlosigkeit des Krieges zu überzeugen und zur Desertion zu überreden. Vgl. u. a. IKF-Interview mit Lotte Brainin vom 14.4.1999, 8.6.1999 und 22.6.1999 (IKF-Rav_23); Steindling/Erdheim 2017.

34 DÖW 7779, Urteil Eibensteiner, 6.

Richtigkeit ihrer Weltanschauung und der Notwendigkeit, gegen das NS-Regime zu kämpfen, überzeugt. Ein (behaupteter) Rückzug war der Vorsicht geschuldet und strategisch im Eigenschutz (vor einer hohen Strafe), aber auch im Schutz der GenossInnen (ebenfalls vor hoher Bestrafung und vorm Auffliegen) begründet. Es ist schwer vorstellbar, dass sich die Frauen gänzlich aus der Widerstandstätigkeit zurückgezogen haben. Weggefährtinnen charakterisieren beispielsweise Barbara Eibensteiner als durch und durch politischen Menschen (vgl. Rajal 2017), sodass ein totaler Rückzug unwahrscheinlich scheint.[35] Die Aussage von Anton Kellner vor der Gestapo, dass ihn eine gewisse »Rosl«, die er nach Vorlage von Fotos als Barbara Eibensteiner identifizierte, noch im März 1940 mit einem »Bertl« bekannt gemacht hatte, deutet ebenfalls darauf hin, dass sich Eibensteiner unter einem anderen Decknamen weiterhin illegal betätigte.[36] Der KJV schloss zudem gefährdete Personen »offiziell« aus, um sie dem Visier der Gestapo zu entziehen, wie dies bei Josef Neugebauer der Fall war. Neugebauer konnte jedoch nachgewiesen werden, dass er auch nach seinem Ausschluss aktiv Mitglieder warb und Verbindung zur KJV-Gruppe Hernals hielt.[37] Im Lagebericht des Oberreichsanwalts beim Volksgerichtshof Berlin an den Reichsminister der Justiz in Berlin vom 30. Juli 1940 wird Neugebauers fortgesetzte Tätigkeit für den KJV und die Einschätzung der politischen Relevanz zusammengefasst:

35 Vgl. IKF-Rav_27/1, Interview mit Johanna Vogl vom 1.4.1999, geführt von Helga Amesberger, 2 [kurz: Vogl 1999/1].
36 Vgl. BArch, R 3017/17111: Verhörprotokoll von Anton Kellner vom 30.3.1942. Eibensteiner wurde am 8.3.1940 verhaftet; Kellner könnte sich bei der zeitlichen Angabe auch geirrt haben.
37 Vgl. DÖW 1147, Anklageschrift Neugebauer; DÖW 7780, Urteil gegen Josef Neugebauer, Johanna Vogl, Josef Blazek, Johann Hausl, Franz Hausl, Alfred Schramm, Ferdinand Stritz, Othmar Schöbel vom 8.7.1941, OJs 194/40 [kurz: DÖW 7780, Urteil Neugebauer u. a.].

Der Stahlbauschlosser Josef Neugebauer begann kurz nach der Rückgliederung Österreichs ohne besondere Weisung von dritter Seite, kommunistisch eingestellte Jugendliche zu sammeln. Noch im Sommer 1938 gelang es ihm, einen gewissen Grundstock zum Weiteraufbau des KJVÖ. im 3. Wiener Gemeindebezirk zu schaffen. In der folgenden Zeit konnte er neue Mitglieder werben und Verbindung zu kommunistischen Gruppen in anderen Wiener Gemeindebezirken aufnehmen. [...] Allerdings legte sich seit etwa Herbst 1939 das Interesse der Mitglieder, so daß seit dieser Zeit ein Abflauen der Tätigkeit dieser Gruppe festzustellen ist. Die Zahl der Anhänger dürfte mindestens 30 betragen haben. (DÖW 20.752/132A, 3f.)

In den Augen der nationalsozialistischen Ermittler hat die KJV-Gruppe Wien-Landstraße also nur bis Herbst 1939 operiert. Die angegebene Zahl der »Anhänger« ist jedoch doppelt so hoch wie die Zahl jener Mitglieder dieser Gruppe, gegen die Strafverfahren geführt wurden.[38]

3. BARBARA EIBENSTEINER UND IHR NETZWERK

Die Obergeneralstaatsanwaltschaft legte Barbara Eibensteiner, die in der Illegalität den Decknamen »Hansi« trug, zur Last, »in führender Rolle« am Aufbau eines kommunistischen Jugendverbands und der Reorganisation der KJV-Gruppe Schwechat tätig gewesen zu sein. Wer war Barbara Eibensteiner? Was prädestinierte sie für diese Funktion und worin unterschied sie sich von ihren MitstreiterInnen?

---

38 Vgl. DÖW 40801, Anklageschrift gegen Heinrich Slesinger, Karl Kräuma und Franz Kejmar vom 10.4.1941, OJs 194/40 [kurz: DÖW 4081, Anklageschrift Slesinger]; DÖW 3692, Anklageschrift Eibensteiner; DÖW 1147, Anklageschrift Neugebauer.

3.1 Barbara Eibensteiner
(1917–1948)

Barbara, auch Betty gerufen, wurde am 1. Oktober 1917 in Rudmanns im Bezirk Zwettl (Niederösterreich) geboren. Ihre Mutter Walpurga Eibensteiner war ledig, ihren Vater Michael Gerus lernte sie nie kennen, denn er kehrte aus dem Ersten Weltkrieg nicht mehr zurück. Barbara Eibensteiner wuchs bei den mütterlichen Großeltern auf, die in Rudmanns ein kleines landwirtschaftliches Anwesen bewirtschafteten. Sie absolvierte in Zwettl vier Jahre Volksschule und zwei Jahre Hauptschule und übersiedelte dann zu ihrer Mutter in den 3. Wiener Gemeindebezirk, wo sie die Hauptschule abschloss. Danach besuchte sie zwei Jahre lang eine Fortbildungsschule für Stickerinnen und lernte im Betrieb von Josefine Spielmann im 3. Bezirk. Nach dem »Anschluss« wechselte sie zur Wirkwarenfirma Emmerich Strasser.[39] Sowohl ihr Leben auf dem Land als auch das in der Stadt war von Armut geprägt. Die Mutter hatte zwar eine Beschäftigung als Köchin, war jedoch von ihrem Arbeitgeber nie angemeldet worden. Erst als Walpurga Eibensteiner eine Anstellung bei der Bahn fand, besserten sich die ökonomischen Lebensverhältnisse der Familie (vgl. Rajal 2017).

Barbara Eibensteiner wurde bei den Kinderfreunden sozialisiert, ihr politisches Interesse war früh vorhanden. Während der Kämpfe im Februar 1934 hoffte und bangte sie für die Sozialisten. Zeugnis des frühen politischen Interesses ist ein Tagebucheintrag zu diesen Vorkommnissen und ihrer sozialistischen Orientierung. Anspielend auf das Verbot der linken politischen Organisationen schrieb sie:

Oh nein! Dann erst recht. Trotzig werden wir, und heimlich

---
39 Vgl. DÖW 7779, Urteil Eibensteiner.

unsere Zusammenkunftsstätten aufsuchen, uns vereinigen, und kämpfen für unser Recht, für die Freiheit.[40]

Im Eintrag am Tag darauf, am 13. Februar 1934, überwog die Verzweiflung, ihr Kampfgeist und ihre Entschlossenheit sind dennoch spürbar:

Weinen könnte man, und dann wieder spüre ich einen unwiderstehlichen Drang zu kämpfen, den armen Brüdern zu helfen, vergelten, ebenso rücksichtslos zu sein wie die anderen, aber dann kommt wieder dieser lähmende Gedanke der Unfähigkeit, daß die anderen siegen werden. (ebd.)

1937 schloss sie sich dem längst illegalisierten KJV an. Ein jüdischer Genosse, von dem Eibensteiner vor Gericht nur den Decknamen »Motti« preisgab, habe sie kurz vor dem »Anschluss« veranlasst, der Jungen Front[41] beizutreten. Ihre Aufgabe als Bezirksleiterin – diese Funktion hatte sie ab Anfang 1938 inne – war es, Mitgliedern der Jungen Front ihre Sicht auf Hitler-Deutschland und die Einschränkung der demokratischen Freiheiten im Austrofaschismus näherzubringen. Bald gelang es Eibensteiner, in dieser staatlichen (katholischen) Einheitsjugendorganisation ein führendes Mitglied zu werden. Sie leitete die »Mädelgruppe der ›Jungen Front‹ im III. Wiener Ge-

---

40 Tagebuch von Barbara Eibensteiner, Eintrag vom 12.2.1934. Privatarchiv Johanna W.

41 Die Staatsjugendorganisation Österreichisches Jungvolk (ÖJV) wurde Ende August 1936 zugelassen. Mit der Verabschiedung des Jugendgesetzes, so Pammer (2013, 399), unterlag die Jugendvereinsarbeit der Genehmigungspflicht durch das Unterrichtsministerium. Emmerich Talós (2017b, 67f.) zitiert eine Statistik aus einem Bericht bei der Landesführertagung im Juli 1937, wonach bereits ein halbes Jahr nach der Gründung 120.000 Jugendliche in 18.000 Ortsgruppen organisiert gewesen sein sollen. Dies führt der Autor auf die enge Verschränkung von staatlichen und katholischen Jugendverbänden zurück (vgl. auch Gellot 1982, 234, zit. nach Pammer 2013, 400; Göhring 1971, 233ff.). Jüdische Jugendliche wurden in den ÖJV nicht aufgenommen, aber deren Organisation unterstand dem ÖJV. (Vgl. Talós 2017b, 68)

meindebezirk«[42]. Das Gericht sah sie ideologisch im Geiste des Kommunismus gefestigt:

Es genügt, nur noch ganz kurz darauf hinzuweisen, dass die durchaus intelligente Angeklagte sich keinesfalls in das so gefahrvolle Unternehmen einer Tätigkeit in einer kommunistischen Organisation zumal in führender Stellung eingelassen hätte, wenn sie die kommunistischen Gedankengänge abgelehnt hätte. (ebd., 8)

3.2 Biografischer Hintergrund der Mitglieder

Der familiäre, ökonomische und politische Hintergrund Barbara Eibensteiners ist weitgehend deckungsgleich mit dem der anderen Mitgliedern »ihres« Widerstandsnetzes. Der Großteil wurde in Wien geboren und wuchs im Arbeitermilieu auf. Das heißt, dass sogenannte »einfache Verhältnisse« – wie das Leben in Armut und Prekarität euphemistisch umschrieben wird – deren Kindheit und Jugend prägten. Wie ihre Eltern ergriffen die meisten Jugendlichen Lehrberufe oder verdingten sich als HilfsarbeiterInnen. Ein sozialer Aufstieg via höhere Schulbildung blieb den Jugendlichen schon alleine aufgrund der oftmals schlechten finanziellen Situation der Mütter bzw. Eltern verwehrt. Immer wieder ist in der gerichtlichen Darlegung der Lebensverläufe der Angeklagten auch von längerer und/oder wiederholter Arbeitslosigkeit die Rede (bei den Jugendlichen wie deren Eltern). Unter den 41 jungen Frauen und Männern des Kreises VII war nur ein Mittelschüler (Franz Neuwerth) und einer besuchte nach Abschluss der Hauptschule vier Jahre die Staatsgewerbeschule (Felix Macher).[43] Zwei Burschen

---
42 DÖW 7779, Urteil Eibensteiner, 2.
43 Vgl. DÖW 5497, Anklageschrift gegen Franz Neuwerth, Rudolf Mi-

arbeiteten im Handel (Schuhmann und Schernbrandtner), alle anderen erlernten entweder traditionell männliche Handwerksberufe (z. B. Schlosser, Elektriker, Maschinenbauer) oder waren in solchen als Hilfsarbeiter beschäftigt. Die drei Frauen in dieser Gruppe gingen »typisch« weiblichen Berufen nach: Barbara Eibensteiner war Stickerin, Betty Wentz Schneidergehilfin. Johanna Vogl erlernte das Handwerk der Modistin und arbeitete nach Lehrabschluss in einer Strumpffabrik.[44]

Das Durchschnittsalter der 41 Angeklagten betrug 18 Jahre, der jüngste war 15 Jahre alt, die älteste, Barbara Eibensteiner, 22 Jahre.[45] Das vergleichsweise hohe Alter der Kreisleiterin lässt sich nicht eindeutig mit ihrer hochrangigen Funktion erklären. Zwar waren die LeiterInnen auf Kreis- und Bezirksebene durchschnittlich um gut ein Jahr älter als die einfachen Mitglieder, aber der Nachfolger Eibensteiners, Johann Hausl, war zum Zeitpunkt der Funktionsübernahme gerade 18 Jahre alt. Inwiefern geschlechtsspezifische Aspekte, wie etwa das geringere Zutrauen von oder in Frauen in ihre Führungsfähigkeiten (vgl. Helwig/Ruprecht 2017; von Alemann 2007), eine Rolle spielten, muss offenbleiben. Bemerkenswert ist der Umstand, dass alle drei Frauen in leitenden Funktionen eingesetzt waren.

Der KJV-Kreis VII entspricht bezüglich seiner geschlechtsspezifischen Zusammensetzung den gängigen Bildern vom Widerstand. In Prozentzahlen ausgedrückt: Fast 93 Prozent der von der Justiz verfolgten Mitglieder des Kreises VII waren Männer und nur sieben Prozent Frauen. Dieses Bild ist möglicherweise lediglich ein Ausschnitt und damit nicht den realen Gegebenheiten

---

kunda, Eduard Dörr, Felix Macher, Walter Schuhmann vom 10.4.1941, OJs 194/40 [kurz: DÖW 5497, Anklageschrift Neuwerth u. a.].
44 Vgl. DÖW 3692, Anklageschrift Eibensteiner u. a.; DÖW 1147, Anklageschrift Neugebauer u. a.
45 Als Referenzjahr wurde das Jahr 1939 herangezogen, da zu diesem Zeitpunkt alle Beschuldigten in irgendeiner Form im KJV aktiv waren.

entsprechend. Edi [Eduard] Rabofsky (1988) würdigt in seiner Rede anlässlich eines Treffens von ehemaligen KJV-Mitgliedern die hohe Beteiligung von jungen Frauen in den KJV-Gruppen.[46] Auch die von Göhring (1971, 419f.) erstellte Namensliste jener weiblichen und männlichen KJV-Mitglieder und SympathisantInnen, die zum Tode verurteilt wurden, weist einen weitaus höheren Frauenanteil aus: Demnach wurden 17 Prozent der Todesurteile über Frauen verhängt. Möglicherweise nahm der Anteil von Frauen im KJV im Kriegsverlauf durch die Einberufung der Männer zur Wehrmacht sogar zu. So erwähnt etwa Willi Weinert (1987, 300) den hohen Frauenanteil im sogenannten Soldatenrat des KJV, der Flugblätter und die von ihm verfasste Schrift *Soldatenrat* an Wehrmachtssoldaten versandte.

3.3 Politische Sozialisation und politisches Umfeld der Mitglieder

Bei der Rekonstruktion der politischen Sozialisation und des politischen Umfeldes der KJV-Mitglieder ist man bis auf wenige Ausnahmen auf die spärlichen Daten in den Gerichtsakten angewiesen. Wie bereits erwähnt, wuchsen die meisten Jugendlichen des Kreises VII im Arbeitermilieu auf. Einige Mütter und Väter waren selbst politisch aktiv. Franz Danimanns Mutter kassierte beispielsweise Mitgliedsbeiträge für die SPÖ

---

46 »Zahlreiche – in Österreich während des verbrecherischen Krieges nahezu unbekannt gebliebene – Heldentaten junger Kommunisten wären ohne die patriotische ›Pflichterfüllung‹ vieler junger Frauen nicht möglich gewesen. Noch nie vorher war eine ähnlich umfangreiche Beteiligung von Frauen und Mädchen in Arbeiterorganisationen zu verzeichnen gewesen. Im Einsatz gegen den faschistischen Kriegsapparat erwiesen sie sich nicht nur als Mitglieder überaus initiativ, sondern übernahmen auch Aufgaben als leitende Funktionäre.« (Rabofsky 1988, 16)

und trug *Die Unzufriedene*, eine sozialdemokratische Frauenzeitung, aus.[47] Die Mutter von Johanna Vogl versteckte für drei Tage einen Schutzbündler, obwohl ihre Tochter sie als zwar »sozialdemokratisch eingestellt, aber ansonsten nicht großartig politisch« charakterisierte.[48] In der Beweisführung über die politische Einstellung der Beschuldigten rekurrierte die Justiz ebenfalls immer wieder auf die politische Prägung im Elternhaus und in sozialdemokratischen Kinder- und Jugendorganisationen. Hier einige wenige Beispiele zur Illustration:

Dazu kommt aber auch, dass die Angeklagten schon seit ihrer frühesten Jugend marxistischen Verbänden und zum überwiegenden Teil schon in der Systemzeit dem KJV. angehört haben. Sie haben zumindest im KJV. auch eine politische Schulung erfahren und sind mit den Gedankengängen und Zielsetzungen des Kommunismus vertraut gemacht worden.[49]

Die Angeschuldigte [B. Eibensteiner], die schon in ihrer frühesten Jugend mit den Lehren des Marxismus und Kommunismus vertraut gemacht wurde, kam im Jahr 1937 mit kommunistischen Parteigängern in Verbindung.[50]

Der Angeschuldigte [J. Franz], der gänzlich im marxistischen Sinne erzogen wurde, war vom Jahre 1930 bis Februar 1934 Angehöriger des Vereines »Freie Schule Kinderfreunde« sowie der marxistischen Jugendorganisation »Rote Falken«. Während der Systemzeit war er Mitglied des »Oesterreichischen Jungvolkes«.[51]

Der Angeschuldigte [J. Hausl], der von seinem Vater im marxistischen Sinne erzogen wurde, war in den Jahren 1932/1933 Mitglied der »Roten Falken«.[52]

---

47 Vgl. Danimann 1983, 3.
48 Vogl 1999, 15.
49 DÖW 7778, Urteil Wentz u. a., 10f.
50 DÖW 7779, Urteil Eibensteiner, 4.
51 DÖW 4874, Anklageschrift Eibensteiner u. a., 7.
52 DÖW 1147, Anklageschrift Neugebauer u. a., 6.

Nur wenige Angeklagte des Kreises VII gehörten vor der NS-Zeit nie einer sozialdemokratischen oder kommunistischen Organisation an (bzw. ist in den Akten nichts Entsprechendes vermerkt). Vor dem Verbot der politischen Organisationen durch die Regierungen Dollfuß bzw. Schuschnigg – 1933 die KPÖ und die DNSAP (Deutsche Nationalsozialistische Arbeiterpartei), 1934 die SPÖ – waren 26 von 41 Mitgliedern des KJV-Kreises VII in den sozialdemokratischen Kinder- und Jugendvereinen Freie Schule – Kinderfreunde und Rote Falken organisiert. Lediglich einer der Beschuldigten gab an, im christlichsozialen Jugendverband Mitglied gewesen zu sein. Rund ein Fünftel war (zudem) im Arbeiterturnverein und in den tschechischen Sportvereinen Lassalle und Sokol aktiv. Nach Ausschaltung der Demokratie durch Schuschnigg und damit dem Verbot aller politischen Organisationen (mit Ausnahme der Einheitspartei Vaterländische Front) schlossen sich 20 Personen spätestens 1937 dem KJV an, einzelne auch den Bergfreunden, einer Nachfolgeorganisation des verbotenen Arbeiterturnvereins, und der Einheitsgewerkschaft. Der Kern des KJV kam, wie Göhrings Untersuchung bestätigt (vgl. Göhring 1971, 260f.), aus dem sozialdemokratischen Umfeld. Der Großteil von ihnen fand später im illegalen KJV ihre politische Heimat. Die Hinwendung zur KP war, so Göhring (ebd.), »vor allem der Passivität der Verbandsleitung« in den sozialdemokratischen Organisationen geschuldet. Das daraus entstandene politische Vakuum konnte die KPÖ bzw. der KJV für sich nutzen.

Auffallend ist des Weiteren die hohe Zahl an Angeklagten, die ab 1937 in der Jungen Front oder einer anderen Teilorganisation der staatlichen außerschulischen Jugendorganisation Österreichisches Jungvolk (ÖJV) Mitglied waren. Die Junge Front galt unter den Nationalsozialisten als Tarnorganisation, Sammelplatz und Rekrutierungsort für den KJV. Tatsächlich hatten KJV-FunktionärInnen bei der illegalen Landeskonferenz 1936 beschlossen, wie Walter Göhring (2017, 238f.) schreibt, die Staatsjugend nicht zu boykottieren. Die FunktionärInnen sahen vielmehr in der Unterwanderung die einzige Möglichkeit, die linken und antifaschistisch gesinnten Jugendlichen zu erfassen und den Kampf für demokratische Rechte zu propagieren. Entsprechend den analysierten Gerichtsakten waren 15 der 41 Angeklagten 1937/38 der Jungen Front oder einer anderen Teilorganisation beigetreten. Aus den Akten lässt sich meist jedoch nicht der zeitliche Verlauf rekonstruieren, ob die Jugendlichen sich zuerst dem KJV anschlossen und dann, dem Beschluss von 1936 folgend, auch der Jungen Front beitraten oder umgekehrt, sie also über die Junge Front für den KJV rekrutiert worden waren.

Vereinzelt waren Mitglieder des Kreises VII, wie etwa Josef Neugebauer und Franz Danimann, bereits in der Zeit des Austrofaschismus wegen kommunistischer Betätigung inhaftiert gewesen.[53]

3.4 »Die Betty Hirsch war schon in der Volksschul' meine Freundin. Bis zum KZ sind wir gemeinsam gegangen.«[54]
Beziehungen – Rekrutierung – Aktivitäten

Die Gruppen des KJV setzten sich vorwiegend aus FreundInnen und guten Bekannten zusammen (vgl. Göhring 1971, 260), so auch die Gruppen des Kreises VII, wie das Eingangszitat von Johanna Vogl zum Ausdruck bringt. Aufgrund der Illegalität

---

53 Vgl. DÖW 1147, Anklageschrift Neugebauer u. a., 4; DÖW 7431, Urteil gegen Franz Danimann und Max Schernbrandtner vom 23.4.1940, 7 J 54/39, 2 H 13/40.
54 Vogl 1999/1, 2.

war es notwendig, vorsichtig vorzugehen, ein Mindestmaß an Vertrauen in die potenziellen MitstreiterInnen war Voraussetzung für die Anwerbung. Johanna Vogl ist kein Einzelfall. Viele gaben vor Gericht zu Protokoll, dass sie sich bereits lange aus den verschiedenen Kinder- und Jugendorganisationen oder aus der Schulzeit kannten.[55] Dabei spielte die Berufsschule als Ort der Bekanntschaft mit Gleichgesinnten keine unwesentliche Rolle. Die Jugendlichen waren nun in einem Alter, wo eine bewusstere Auseinandersetzung mit der politischen und ökonomischen Situation begann. So auch Johanna Vogl, die Hansi Eibensteiner in der Berufsschule kennenlernte: »Ich bin eigentlich durch die Hansi Eibensteiner zum Jugendverband gekommen. Und durch die ganze Situation halt.«[56] Oder Franz Danimann (1983), der im Interview zunächst das politische Vakuum, das durch das Verbot der politischen Organisationen entstand, und seine darauf folgende Suche nach einer politischen Verbindung ansprach.

Erst bis ich dann in die Fortbildungsschule gekommen bin, in die fachliche Fortbildungsschule für Gärtnerei in Floridsdorf. Dort habe ich dann Verbindung zur illegalen Organisation gefunden. (ebd., 12)

Es war ein gewisser Slavik, auch ein Gärtnerlehrling wie ich, der hat in Schönbrunn gelernt, und in der Pause bin ich zu ihm gegangen und wir haben miteinander gesprochen und wir haben uns gegenseitig abgetastet. Es hat sich tatsächlich herausgestellt, er war Mitglied des Kommunistischen Jugendverbandes und hat mich dann eingeführt. (ebd., 18)

Private Kontakte wurden aber auch über die Infiltration staatlicher Jugendorganisationen und in die Einheitsgewerkschaft

---

55 Ebenso gibt Walter Annerl, KJV-Mitglied in Schwechat, im Interview an, über Lorenz Fürst zum KJV gekommen zu sein. (Vgl. Stadtarchiv Schwechat, Interview mit Walter Annerl am 9.8., 16.8. und 25.8.1994 (Teil I), geführt von Franz Weisz, 14 [kurz: Annerl 1994].
56 Vogl 1999/1, 15.

hergestellt. Wie bereits erwähnt, verfolgte die illegale KPÖ so das Ziel, Jugendliche und junge Erwachsene für den KJV und dessen Bestrebungen zu gewinnen. »Damit kam der Arbeit des IKJVÖ [Internationaler Kommunistischer Jugendverband Österreichs] in der Staatsjugend neben der Betriebsarbeit in den Gewerkschaftsgruppen eine besondere Bedeutung zu.« (Göhring 1971, 239) Einige Mitglieder des Widerstandsnetzwerks von Barbara Eibensteiner schafften es ebenfalls, wie sie selbst, führende Funktionen in der Jungen Front und in Gewerkschaftsgruppen zu erhalten. In der Anklageschrift gegen Josef Neugebauer heißt es etwa: »Neugebauer gelang es auch bald innerhalb der ›Jungen Front‹ die Stelle eines Organisationsleiters für den 3. Wiener Gemeindebezirk zu erlangen, in welcher Funktion er bis zum Umbruch tätig war.«[57] Ähnlich Franz Danimann (1983, 19):

Ich wurde Ortsgruppenobmann von Schwechat, der Gewerkschaftsjugend, ich wurde zentraler Branchenleiter der Gärtner bei der Lebensmittelarbeitergewerkschaft, wenn man so will ein kleiner Spitzenfunktionär, und ich wurde auch Jugendleiter der Katholischen Jungen Front von Schwechat.

Nach dem »Anschluss« wurde die politische Strategie, andere (Jugend-)Organisationen zu unterwandern, beibehalten. Laut der Gerichtsakten waren 23 der 41 Angeklagten in solchen aktiv. Die Palette reichte von der HJ, dem BDM bis hin zur DAF und paramilitärischen Unterorganisationen der NSDAP (z. B. NS-Fliegerkorps, NS-Kraftfahrkorps).[58] Die Gefahr, bei Systemkritik und wegen Rekrutierung für den KJV denunziert

---

57 DÖW 1789, Anklageschrift Neugebauer u. a., 5.

58 Walter Annerl kritisierte im Interview die Strategie der Unterwanderung der HJ. Er habe sich der Anordnung gefügt, sei aber nach einiger Zeit wieder aus der HJ ausgetreten, weil ihm »der Drill und das Herrenmenschentum und der Führer dort« nicht zugesagt haben. (Annerl 1994, 23f.)

zu werden, war nun angesichts eines straff organisierten Spitzelwesens (vgl. Schafranek 2017, 19–65) ungleich größer als in der Zeit des Austrofaschismus und die Vergehen wurden nun auch mit härteren Strafen bedroht.[59]

Mit der Unterwanderung anderer Jugendorganisationen ist bereits eine der wichtigsten Widerstandsleistungen des KJV angesprochen. Eines der Ziele dieses Vorgehens war es, die Mitgliederzahl zu erhöhen. Damit begingen sie das Verbrechen, »einen organisatorischen Zusammenhalt herzustellen und aufrechtzuerhalten«[60]. Konkret bedeutete dies die (Unterstellung der) Mitgliedschaft und/oder Bildung von Zellen durch die oben bereits beschriebene Anwerbung von Jugendlichen für den KJV. Den Strafakten zufolge hatten sich elf der Angeklagten der aktiven Anwerbung von neuen Mitgliedern schuldig gemacht. Besonders aktiv und erfolgreich in der Rekrutierung neuer Mitglieder waren demnach Josef Neugebauer und Max Schernbrandtner. Letzterer soll mindestens 40 Personen für den KJV Simmering geworben haben.[61] Alle Beschuldigten hatten regelmäßig (alle zwei bis drei Wochen) oder zumindest wiederholt an politischen Treffen teilgenommen. Den leitenden FunktionärInnen auf allen Ebenen des KJV oblag die Einberufung bzw. Abhaltung dieser konspirativen Treffen, wobei hier Weisungen erteilt und organisatorische Fragen

---

59 Nach dem Krieg ist diese Strategie der Unterwanderung von NS-Jugendorganisationen einigen beim Ansuchen um Anerkennung als Opfer des Nationalsozialismus und um Entschädigung nach dem Opferfürsorgegesetz zum Verhängnis geworden. Mit Verweis auf die Mitgliedschaft in NS-Organisationen wurden ihre Anträge von den Behörden abgelehnt (vgl. IKF-Rav_7/1, Interview mit Friederike Sinclair vom 18.11.1998, geführt von Brigitte Halbmayr).
60 DÖW 1789, Anklageschrift Neugebauer u. a., 3; DÖW 3692, Anklageschrift Eibensteiner u. a., 3.
61 Vgl. DÖW 7431, Anklageschrift Danimann/Schernbrandtner; DÖW 7431, Urteil Danimann u. a.

erörtert wurden, insbesondere aber tagespolitische Ereignisse, die innen- und außenpolitische Lage »vom Standpunkt des Kommunismus aus«[62] als Teil der politischen Schulung beleuchtet und diskutiert wurden. Zu Schulungszwecken wurden kommunistische Schriften weitergegeben. Während der Inhalt solcher konspirativer Gespräche in Dreiergruppen für die Justiz nur schwer nachweisbar war, galt das Auffinden sogenannter »Hetzschriften« als eindeutiger Beweis einer kommunistischen Gesinnung und damit der Gegnerschaft zum nationalsozialistischen Regime. So wurde denn auch in den polizeilichen und gerichtlichen Ermittlungen diesem Aspekt akribisch nachgegangen. In der Anklageschrift gegen Barbara Eibensteiner ist nachzulesen, dass Eibensteiner – sie bestritt dies bis zum Schluss – eine kommunistische Zeitschrift, die als ein im Verlag der Hitlerjugend Gau Wien herausgegebenes Schriftstück *Junges Volk im frohen Schaffen* getarnt war, an Johanna Vogl weitergab.[63] Letztere habe diese wiederum zu Schulungszwecken an die Zelle Slesinger weitergereicht.[64] In dieser Schrift war eine Stellungnahme der Sowjetunion zur Errichtung des Protektorats Böhmen und Mähren abgedruckt und es wurde die tschechische Jugend dazu aufgefordert, so wie die österreichische mit allen Mitteln gegen die »Deutschen Zwangsherrn« zu kämpfen. Außerdem wurde darin die Versklavung der österreichischen HJ durch den Führer angeprangert. Die Gestapo fand bei sieben Mitgliedern des Kreises VII marxistische Schriften.

Als weiteres Indiz für die Unterstützung hochverräterischer Aktivitäten betrachtete die NS-Justiz die Zahlung von Mit-

---

62 DÖW 3692, Anklageschrift Eibensteiner u. a., 9.
63 Vgl. DÖW 3692, Anklageschrift Eibensteiner u. a., 11; DÖW 7779, Urteil Eibensteiner, 6.
64 Vgl. DÖW 1147, Anklageschrift Neugebauer u. a.

gliedsbeiträgen. In der Regel entrichteten die Mitglieder ca. 10 Reichspfennig[65] pro Woche an die Kassiere der Zellen bzw. Ortsgruppen, die die eingehobenen Beiträge an die KassierInnen der Bezirksgruppe weitergaben. Im Kreis VII tätigten mindestens 80 Prozent Beitragsleistungen. Im Zuge der Hausdurchsuchungen wurden von der Gestapo bei Johanna Vogl (KJV Landstraße) sieben Reichsmark und bei Benedikt Bayer (KJV Schwechat) 24 Reichsmark sichergestellt.[66]

Die Verbreitung von Flugschriften zur »Beeinflussung der Massen« durch kommunistische Gruppen nahm entsprechend der Einschätzung der Justiz seit der nationalsozialistischen Machtübernahme in Österreich ab, während das »konspirative Gespräch« (Göhring 1971) an Bedeutung gewann:

Auch die propagandistische Arbeit des KJV erfuhr eine Wandlung insoferne, als nunmehr von der Herstellung und Verbreitung von Druckschriften, auf die bisher besonderer Wert gelegt wurde, aus konspirativen Gründen Abstand genommen wurde, während die Mundpropaganda in den Vordergrund der Parteiarbeit gestellt wurde, da sie einerseits weniger gefährlich erscheint und sich andererseits zur Beeinflussung der Massen besonders eignet.[67]

---

65 Laut der Deutschen Bundesbank entspräche die Kaufkraft einer Reichsmark aus dem Jahr 1939 4,2 Euro im Durchschnitt des Jahres 2017. Vgl. https://www.bundesbank.de/Redaktion/DE/Downloads/Statistiken/Unternehmen_Und_Private_Haushalte/Preise/kaufkraftaequivalente_historischer_betraege_in_deutschen_waehrungen.pdf?__blob=publicationFile [Zugriff: 2.7.2018].
66 Vgl. DÖW 3692, Anklageschrift Eibensteiner u. a., 13; DÖW 1147, Anklageschrift Neugebauer u. a., 13. Bayer gab allerdings an, die eingesammelten Beträge veruntreut zu haben. Ob dies ein milderes Urteil erwirken sollte oder tatsächlich der Fall war, blieb ungeklärt. Walter Annerl meint, dass Bayer die Veruntreuung nur vorgetäuscht habe, um so ein milderes Urteil zu bekommen (vgl. Annerl 1994, 53).
67 DÖW 3692, Anklageschrift Eibensteiner u. a., 9.

Tatsächlich war die Herstellung von Flugschriften mit besonderen Schwierigkeiten und Gefahren verbunden. Allein die materiellen Grundlagen wie Papier, Schreibmaschine und Vervielfältigungsapparat waren nicht einfach zu beschaffen; man benötigte KomplizInnen, wodurch die Gefahr der Denunziation stieg. Fehlende finanzielle Ressourcen stellten angesichts der geringen oder fehlenden Einkommen der Jugendlichen eine weitere große Hürde dar.[68] Schließlich erhöhte sich mit der Verteilung von Flugblättern das Risiko, auf frischer Tat ertappt zu werden oder polizeiliche Ermittlungen in Gang zu setzen. Dennoch gelang es hin und wieder, Flugschriften zu produzieren und zu streuen. Fast die Hälfte der in den Akten aufscheinenden Mitglieder des Kreises VII stand auch wegen Beteiligung an Propaganda-Aktionen vor Gericht. Im Falle der Zelle Neuwerth, KJV Landstraße, gelang es, drei Flugzettel unterschiedlichen Inhalts herzustellen. Dabei handelte die Gruppe ohne Order von oben. Die Vervielfältigung erfolgte mithilfe eines Typensatzes für Kinder – auch daran sieht man, mit welchen Schwierigkeiten die Produktion verbunden war. Die Jugendlichen stellten rund tausend Flugzettel her, die sie bei gemeinsamen Spaziergängen

[…] im Schweizer Garten, vor dem Arsenal, in Hütteldorf, in Laab am Walde, am Arenbergring sowie in der Trubelgasse ausstreuten. Diese Flugzettel hatten 3 verschiedene Texte, wovon einer lautete: »Arbeiter bemerkt Ihr nicht, dass Euch die braune Macht in den Abgrund zwingt? Wollt Ihr zusehen, wie Hitler unsere besten Söhne einkerkert« während ein an-

---

68 So hatte etwa Josef Neugebauer laut gerichtlichen Erhebungen die Absicht, Schriften mit kommunistischem Inhalt zu verbreiten. Er musste dieses Vorhaben mangels eines Abziehapparates und fehlender Geldmittel wieder aufgeben. Außerdem gelang es nicht, eine Schreibmaschine zu besorgen. (Vgl. DÖW 1147, Anklageschrift Neugebauer u. a., 17.)

derer den Text »Hinein in die KP!« *sowie das bolschewistische Symbol Sichel und Hammer trug. Auch der dritte Flugzettel, von dem kein Exemplar sicher gestellt werden konnte, war in ähnlicher Weise abgefasst.*[69]

Weder Anklageschrift noch Urteil geben Auskunft darüber, wie die Jugendlichen der Zelle Neuwerth gefasst werden konnten.

Eine derartige Flugblattaktion wurde letztendlich der KJV-Gruppe Simmering zum Verhängnis. Franz Danimann erhielt von einem gewissen »Poldi« einen Aufruf der »Vereinigten Sozialistischen Partei« an das »Großösterreichische Volk« zum Widerstand gegen das »Hitlerregime«. Max Schernbrandtner sollte ihn bei der Vervielfältigung und Verteilung unterstützen. Das Flugblatt prangerte die Kriegstreiberei, »die Verelendung des Volkes« durch Preiserhöhungen bei gleichzeitiger Lohnsenkung, Zwangsbewirtschaftung, mit deren Hilfe der Krieg finanziert werden sollte, etc. an. Den oben zitierten Richtlinien des KJV folgend heißt es in diesem Flugblatt:

[…] UM DEN FRIEDEN ZU SICHERN fordert die vereinigte sozialistische Partei alle <u>antifaschistischen</u> Kräfte des österreichischen Volkes auf zu kämpfen […]. Österreichisches Volk, Zusammenschluss aller antifaschistischen Kräfte, Kommunisten, Sozialisten, parteilose Katholiken in einer Front ist die Voraussetzung zur Verhinderung des Krieges, zum Sturz des Faschismus. Es lebe die Volksfront! Friede, Freiheit, Brot für ein unabhängiges Österreich![70]

Schernbrandtner bat Leopold Lehner und Leo Hübner um Mithilfe bei der Herstellung und beauftragte die Hausgehilfin Hildegard Rosa mit dem Kauf von tausend Blatt Papier, die

---

69 DÖW 5497, Anklageschrift Neuwerth u. a., 8f.
70 DÖW 7431, Urteil Danimann u. a., 6f. (Hervorhebungen im Original).

»die Rechnung gutgläubig auf die NSDAP ausstellen ließ«[71]. Lehner stellte die Wohnung seiner Eltern zur Vervielfältigung zur Verfügung. Am 24. Jänner 1939 streuten mehrere Mitglieder des KJV Simmering vor Ort und in mehreren anderen Bezirken Wiens die Flugblätter. Mindestens 13 Jugendliche, die an dieser Flugblattaktion beteiligt waren, wurden vom Gericht zu Haftstrafen verurteilt.[72] Göhring (1971, 286) spricht von 15 Mitgliedern des KJV Simmering, die innerhalb weniger Tage von der Gestapo ausfindig gemacht wurden. Dies hatte nicht nur schwerwiegende Folgen für jeden Einzelnen, sondern für den gesamten KJV Simmering: »Damit war der KJV Simmering stark in die Defensive gedrängt worden, so daß er seine politische Aktivität einstellen mußte.« (Göhring 1971, 286)

3.5 Sanktionen der Widerstandstätigkeit – Zuchthaus, Konzentrationslager und Strafbataillon

Wir haben miteinander im Kommunistischen Jugendverband gearbeitet, Flugzettel verteilt, und waren halt gegen Krieg und Faschismus. Und im Februar 1940 hat es um fünf Uhr in der Früh bei uns geläutet, die Gestapo. Sie haben mich auf die Roßauer Lände gebracht. Und ich habe dann eigentlich sämtliche Gefängnisse Wiens kennengelernt, die Roßauer Lände, am Landesgericht I, am Landesgericht II. Inzwischen immer wieder auf der Gestapo. Und die Schiffamtsgasse, das war ein lustiges Gefängnis. (lacht) [...] Ich war, glaub' ich, 16 Mo-

---

71 Ebd., 5. Im gleichnamigen Strafverfahren wurde die Hausgehilfin nicht angeklagt. Es wurden keine Ermittlungs- und Strafakten gegen Hildegard Rosa gefunden.
72 Vgl. ebd.; DÖW 7430, Urteil gegen Leo Hübner, Lehner, Umgeher, Schild, Ströer, Stepanek, Grissinger, Schleining, Franz, Schmidt und Strachon vom 12.3.1940 [kurz: DÖW 7430, Urteil Hübner u. a.].

> *nate in Untersuchungshaft. Dann war die Verhandlung, im Namen des Volkes bin ich zu vier Jahren Zuchthaus und fünf Jahren Ehrverlust verurteilt worden. Und dann bin ich auf Transport gegangen nach Aichach [Zuchthaus für Frauen in Bayern]. [...] Das war im 41er-Jahr. Und ich war vier Wochen in Einzelhaft. (weint) Das war eine kleine Zelle, nur mit einer Holzpritsche. Wir haben nur jeden dritten Tag etwas zu Essen gekriegt, sonst nur Wasser und Brot. Und nur alle drei Tage Strohsäcke. [...] Wie vier Jahre um waren, bin ich wieder nach Wien gekommen. Aber nicht in die Freiheit, sondern wieder auf Transport nach Ravensbrück. (Vogl 1999/1, 2–4)*

In diesen knappen Worten schildert Johanna Vogl ihre Widerstandstätigkeit, die Verhaftung und die Zeit der Haft und Deportation ins Frauenkonzentrationslager. Franz Danimann wurde bereits am 14. Februar 1939, kurz nach der Flugblattaktion, von der Gestapo verhaftet.[73] Auch er erzählt in einem Interview vom Essensentzug, aber ebenso von der Folter und dem psychischen Druck in der Gefängnishaft, um Geständnisse zu erzwingen bzw. GenossInnen zu verraten. Es sei ihm gelungen, dem Druck zu widerstehen. »Man hat aus mir doch nur das, was man wirklich beweisen konnte, herausgeprügelt. Ich habe also keine Komplizen preisgegeben. Ich war der letzte Verhaftete in meiner Widerstandsgruppe.« (Danimann 2003) Körperliche Misshandlung erfuhren auch Walter Annerl vom KJV Schwechat (vgl. Annerl 1994, 33f.) und Franz Kejmar vom KJV Landstraße. Bei einer Einvernahme im Zuge eines Strafverfahrens gegen ehemalige Angehörige der Gestapo schilderte er das Vorgehen einiger Beamten. Bei der Verhaftung wurde er geohrfeigt und »im Zuge mehrerer Verhöre durch Schläge ins Gesicht misshandelt«[74].

---

73 Vgl. DÖW 7431, Anklageschrift Danimann u. a., 1.
74 DÖW 19938, Strafverfahren des Volksgerichts Wien gegen Eduard Jorsko, Zeugenbefragung von Franz Kejmar, 1.

Körperliche, psychische und sexualisierte Gewalt waren häufig Bestandteil von Verhören während der Gefängnis- und KZ-Haft (vgl. Amesberger et al., 2004). Die Gerichtsakten der NS-Zeit erzählen nichts von derartigen Vorfällen. Dennoch kann davon ausgegangen werden, dass bei den drei oben Zitierten keine Ausnahme gemacht wurde und der Großteil der Jugendlichen während ihrer Inhaftierung derartige Gewalterfahrungen machte.

Bis zur Gerichtsverhandlung durchliefen die meisten Jugendlichen – so wie Johanna Vogl und Franz Danimann – mehrere Gefängnisse. Die Untersuchungshaft dauerte zwischen neun und 22 Monaten, durchschnittlich 16 Monate; nicht nur für Jugendliche eine lange Zeit der Ungewissheit, der Trennung von der Familie und von GenossInnen. Das Strafausmaß – wegen Hochverrats gemäß § 83 RStGB – war durchaus hoch, bedenkt man, dass einige der Angeklagten bis zum Schluss bestritten, Mitglied einer KJV-Gruppe gewesen zu sein und die Strafverfolgungsbehörden auch keinerlei Beweise – abgesehen von der Bekanntschaft/Freundschaft mit einem/einer Angeklagten – erbringen konnten. Das durchschnittliche Strafausmaß betrug 24 Monate Gefängnis oder Zuchthaus, wobei die Spanne von acht bis 54 Monaten reichte. Mindestens 17 der 41 Angeklagten[75] fassten eine Haftstrafe von zwei Jahren und mehr aus. Barbara Eibensteiner als Kreisleiterin erhielt mit 54 Monaten Zuchthaus die höchste Strafe, ihr Nachfolger Johann Hausl 48 Monate. Das Strafausmaß richtete sich nach der Einschätzung der Rolle der Person in der Widerstandsgruppe und nach der konkreten Strafhandlung. Strafmildernd wirkten das jugendliche Alter zum Tatbegehungszeitpunkt und Unbescholtenheit. Die BezirksleiterInnen und ihre Stellvertreter

---

75 Bei Karl Kühtreiber konnte das Strafausmaß aufgrund fehlender Akten nicht eruiert werden.

(siehe Schaubild 1) wurden zu Haftstrafen zwischen 36 und 48 Monaten verurteilt.[76] Josef Neugebauer, dem zwar keine offizielle Leitungsfunktion nachgewiesen werden konnte, wurde dennoch vom Gericht eine tragende Rolle im Rahmen des KJV zugeschrieben und er wurde ebenfalls zu vier Jahren Zuchthaus verurteilt. Bei den anderen FunktionärInnen (Orts-/Blockleitung, Kassier oder Gebietsführung) lag das Strafausmaß ebenfalls deutlich über dem Durchschnitt von zwei Jahren.[77] Überdurchschnittlich hart waren die Verurteilungen auch bei jenen Personen, die der Herstellung und Verbreitung von Flugblättern beschuldigt worden waren, und des Jugendlichen August Mayer, der in einem Brief an seinen Bruder, einen Wehrmachtsoldaten, das nationalsozialistische Regime kritisierte. Er wurde deswegen und wegen seiner Mitgliedschaft in einer Schwechater Bezirkszelle zu 42 Monaten Zuchthaus verurteilt.[78] 13 der 17 Verurteilten mit einem Strafausmaß von 24 Monaten und mehr wurden zudem die bürgerlichen Ehrenrechte für zwei bis fünf Jahre aberkannt. Die Betrachtung des Strafausmaßes nach Geschlecht ergibt keinen Unterschied. Die drei Frauen dieser Widerstandsgruppe wurden gleichermaßen hart verurteilt wie ihre männlichen Kollegen.

Über die weitere Verfolgung nach Verbüßung der Strafhaft liegen nur für neun Personen Informationen vor. Sieben Personen, darunter alle drei Frauen, sind nach der Haftentlassung mit einem Schutzhaftbefehl der Gestapo in ein Konzentrationslager deportiert worden. Mit Ausnahme von Johanna Vogl und Barbara Eibensteiner brachte man sie nach Auschwitz-Birke-

---

76 Johanna Vogl und Max Schernbrandtner: jeweils 48 Monate; Franz Danimann und Johann Huber: jeweils 36 Monate.
77 Betty Wentz wurde zu 28 Monaten Zuchthaus verurteilt, Franz Hausl zu 33 Monaten, Benedikt Bayer zu 26 Monaten und Josef Blazek zu 27 Monaten.
78 Vgl. DÖW 20900/2008, Urteil Mayer.

nau. Die beiden Frauen wurde nach ihrer Entlassung aus dem Zuchthaus Aichach im April bzw. November 1944 über das Polizeigefängnis Roßauer Lände in Wien ins Frauenkonzentrationslager Ravensbrück überstellt. Betty Wentz, die die Gestapo nach Auschwitz-Birkenau deportierte, wurde im Jänner 1945 auf den Todesmarsch nach Ravensbrück getrieben. Alle drei Frauen verblieben dort bis zur Befreiung des Lagers durch die Rote Armee. Schwer gezeichnet von der KZ-Haft kehrten sie nach Wien zurück; Betty Wentz und Johanna Vogl legten den Weg zum größten Teil zu Fuß zurück, Barbara Eibensteiner gelangte mit dem von Rosa Jochmann und Friederike Sinclair organisierten Krankentransport im Juli 1945 nach Hause. Der weitere Verfolgungsweg der vier Männer unterscheidet sich dahingehend von jenem der Frauen, dass zumindest zwei Männer vom Konzentrationslager in eine Strafeinheit der Wehrmacht (Franz Neuwerth) bzw. in ein Arbeitslager (Franz Danimann) versetzt wurden. Franz Kejmar war bis Kriegsende in Konzentrationslagern inhaftiert; zunächst in Auschwitz, von wo er flüchten konnte, und dann im KZ Flossenbürg. Über das weitere Schicksal von Max Schernbrandtner ist nur bekannt, dass er in Auschwitz inhaftiert war. Benedikt Bayer und Johann Huber wurden entsprechend der vorliegenden Akten nach der Haftentlassung in einer Strafeinheit der Wehrmacht zwangsverpflichtet.[79] Johann Huber fiel an der Front, Franz Neuwerth konnte von der SS-Brigade Dirlewanger 1945 desertieren. Es muss späteren Forschungen vorbehalten bleiben, dem weiteren Schicksal der anderen Verurteilten nach ihrer Entlassung

---

79 Bayer wurde drei Monate nach Haftentlassung zum Strafbataillon 999 eingezogen und geriet fünf Monate später in amerikanische Kriegsgefangenschaft. Huber musste ein gutes Jahr nach Haftverbüßung ins gleiche Strafbataillon einrücken. Er fiel am 23.4.1944 bei Wahlerscheid in der Nähe von Köln. Wir danken Astrid Tögel für diese Informationen.

aus dem Gefängnis und während der NS-Zeit nachzugehen. Es kann jedoch mit ziemlicher Sicherheit angenommen werden, dass die Mehrzahl jener Personen, denen auch die bürgerlichen Ehrenrechte gerichtlich aberkannt wurden, danach nicht auf freien Fuß gesetzt wurden.[80]

---

80 Nach der Wiedererlangung der staatlichen Souveränität erklärte die Provisorische Staatsregierung alle Verurteilungen von österreichischen StaatsbürgerInnen wegen Hoch- und Landesverrats als nicht erfolgt (vgl. Gesetz vom 3. Juli 1945 über die Aufhebung und die Einstellung von Strafverfahren, Staatsgesetzblatt, Jahrgang 1945, 13. Stück, ausgegeben am 9.7.1945). Entsprechende Urteile waren damit ex lege aufgehoben, noch laufende Verfahren wurden eingestellt.

IV. »WIR HABEN VON KLEIN AUF UNBEWUSST WIDERSTANDSARBEIT GELEISTET.«[81] DIE TSCHECHISCHE WIDERSTANDSKÄMPFERIN IRMA TRKSAK

Wenn es »kein richtiges Leben im falschen« (Adorno 1980, 34) gibt, wie kann es dann Widerstand im Totalitarismus geben? Vor dem Hintergrund dieser Frage werden im Verlauf dieses Kapitels beispielhaft die Struktur, die Art und Organisation des tschechischen Widerstands anhand der Widerstandstätigkeiten von Irma Trksak nachvollzogen.

Trksak kam in ärmlichen Umständen während des Ersten Weltkriegs im Jahre 1917 zur Welt. Sie war das zweite von vier Kindern einer aus der Slowakei immigrierten Arbeiterfamilie.[82] Ihr Vater arbeitete sich nach dem Ersten Weltkrieg vom Hilfsarbeiter zum Maschinisten in einer Eisfabrik empor, während ihre Mutter, die Trksak als die Strengere charakterisiert, sich um den Haushalt kümmerte.[83] Aufgewachsen und sozialisiert im Wien der Zwischenkriegszeit beendete Irma Trksak ihre Schulzeit am tschechischen Komenský-Realgymnasium mit

---

81 Irma Trksak in: Cordon 2007, 39f.
82 Trksaks Bruder Stephan starb an der Front, während ihr anderer Bruder Jan aus einem Nebenlager des KZ Mauthausen nicht mehr zurückkehrte. Einzig Irma und ihre ältere Schwester, die wegen eines Au-pair-Aufenthalts nach England und dann dort zum Militär gegangen war, überlebten von den vier Geschwistern.
83 Ihre beiden Eltern überlebten den Krieg, kehrten danach jedoch gemeinsam mit Trksaks Schwester in die Tschechoslowakei zurück.

Matura, was für ein Mädchen aus dem Arbeitermilieu außergewöhnlich war. Anschließend besuchte sie ein Jahr die pädagogische Akademie in Prag, kehrte danach allerdings nach Wien zurück, um dort eine Anstellung als Lehrerin an der tschechischen Volksschule anzunehmen. Daneben unterrichtete sie in einer slowakischen Sprachschule. Als beide Schulen 1940 geschlossen wurden, begann Irma ein Slawistik-Studium, für das sie bis zum Zeitpunkt ihrer Verhaftung eingeschrieben blieb.[84] Mit dem »Anschluss« begann auch ihr Engagement für den Widerstand. Was waren ihre Beweggründe? Und welche Umstände bedingten ihre Entwicklung? Schließlich folgten diesem Weg auch viele andere junge TschechInnen.

Entscheidenden Einfluss auf Trksaks frühe Politisierung übte ihr soziales Umfeld aus, das von der SDAP geprägt war. Sie berichtet davon, ihrem Vater, einem Mitglied und Funktionär der Metallarbeiter-Gewerkschaft, bei der Verbreitung einer illegalen sozialdemokratischen Zeitung während des Austrofaschismus geholfen zu haben (vgl. Cordon 2007, 39f.). »Aber auch politische Bildung, die bereits früh auf dem Lehrplan der Schulen des Komenský-Schulvereins stand, trug sicher zum politischen Bewusstsein vieler SchülerInnen bei.« (ebd., 36f.) In diesem Zusammenhang bildete der sozialdemokratische Turnverein der tschechoslowakischen Gemeinschaft den wohl relevantesten Faktor auf Trksaks Weg in den Widerstand. Ab ihrem fünften Lebensjahr bis zu ihrer Verhaftung im Jahre 1941 turnte sie dort. Zwar wurde der Turnverein während des Austrofaschismus ab 1934 verboten, die Mitglieder behalfen sich allerdings mit einer einfachen Namensänderung – so hieß er an-

---

84 Vgl. für eine ausführliche Darstellung ihrer Lebensgeschichte biografische Publikationen zu Irma Trksak (Cordon 2007; Mayrhofer 2005; Bollauf 2001). Biografische Daten und Gegebenheiten sind im Folgenden, wenn nicht anders ausgewiesen, diesen entnommen.

fangs DTJ (dìlnické tìlocviène jednoty – Arbeiter-Turnverein), später ČTS[85] (tschechoslowakischer Turnverein).[86] Der Verein fungierte als Katalysator ihrer Politisierung. Insbesondere der Kontakt zu Alois Houdek bestimmte dabei die Richtung. Houdek war ein circa zehn Jahre älterer Kommunist, mit dem Trksak gemeinsam turnte.[87] Im Rahmen von Ausflügen, die der Turnverein organisierte, verwickelte Houdek Interessierte in politische Diskussionen. Im Fortgang baute er diese Zusammenkünfte zu politisch-marxistischen Grundschulungen aus, wie sie auch in der Kommunistischen Partei durchgeführt wurden. Die systematischen Schulungen fallen vorwiegend in die »Nach-Anschluss-Zeit«, wobei der konkrete Moment des Übergangs rückwirkend nicht mehr genau bestimmt werden kann.[88] Der Turnverein und insbesondere die Schulungsabende über Marxismus-Leninismus bildeten den Boden für eine der aktivsten tschechoslowakischen Widerstandsgruppen (vgl. Cordon 2007, 54).

Die konkrete Motivation des widerständigen Handelns leitet sich im Falle des tschechischen Widerstands, ähnlich dem der Jüdischen Mischlingsliga, stark aus der konkreten Erfahrung der Diskriminierung ab. In einem Interview führt Trksak diesbezüglich aus, dass es nicht das Unrecht und die Gewalt (alleine) waren, die sie motivierten, sondern ein Gefühl nationaler Demütigung. Teile der tschechoslowakischen Minderheit in Wien fühlten sich als Menschen zweiter oder dritter Klasse (vgl. Trksak

---

85 Es ist uns nicht bekannt, wofür dieses Kürzel genau steht.
86 Vgl. Irma Trksak interviewt von Eva Egermann, »Ob sich heute jemand vorstellen kann, was Freiheit bedeutet?«, 2005, abrufbar unter: http://oesterreich-2005.at/projekte/1143303416/1143309939 [Zugriff: 23.5.2018] [kurz: Trksak 2005].
87 Vgl. Irma Trksak interviewt von Brigitte Halbmayr, 8.4.1999, IKF-Rav_35/2, 15 [kurz: Trksak 1999].
88 Vgl. Irma Trksak interviewt von Hans Schafranek, 13.3.1987 (I) und 26.3.1987 (II), I/21 [kurz: Trksak 1987a].

1987, I/ε), eine Einschätzung, die immer wieder auftaucht. So erläutert Irma Trksak an anderer Stelle, dass sie am meisten dadurch getroffen gewesen sei, »daß sie uns [die tschechoslowakische Minderheit] aufgelöst haben, [...] gleich an der dritten Stelle nach Juden und Sinti und Roma sind wir gekommen, die Slawen. Wir waren, wir hatten kein deutsches Blut in den Adern, wir waren minderwertig, wir waren verurteilt.«[89]

1. »KOMMUNISTISCHE TSCHECHEN-BEWEGUNG WIEN« – AMORPHIE ALS STRUKTUR

Eine Netzwerkanalyse des aus dem Turnverein entstandenen Widerstandsnetzwerks weist insbesondere ein Merkmal als besonders prägend aus: die aus der Konspiration resultierende Amorphie. Dies wird bereits beim Versuch, Informationen allgemeinerer Natur über das Netzwerk zusammenzutragen, deutlich. So bewegen sich die Angaben über die Gruppengröße zwischen 100 und 120 Personen, darunter sollen 20 Frauen gewesen sein. Diese Zahlen sind jedoch eher auf die lückenhaften polizeilichen und justiziellen Ermittlungsergebnisse zurückzuführen als auf ein faktisches Bestehen dieses Geschlechterverhältnisses. Etwas besser gesichert sind die Aussagen über die soziale Herkunft, die vermutlich mit der Rekrutierung aus dem Milieu der Sozialdemokratie zusammenhängt. Pauschalisierend können die meisten Jugendlichen (und Erwachsenen) dem Arbeitermilieu zugeordnet werden, obwohl auch hier einige Personen mit höherer Schul- und Berufsausbildung zu finden sind (vgl. Hermann 2001, 66f.). Innerhalb dieses Netzwerks wurde der jeweilige Widerstand

---

89 Irma Trksak interviewt von Brigitte Halbmayr, 27.11.1998, IKF-Rav_35/1, 14 [kurz: Trksak 1998].

in voneinander unabhängigen Zellen organisiert, die meistens nicht mehr als fünf Personen umfassten (vgl. Trksak 1999, 15). Auf diesem Weg sollte Kontakt und Kenntnis zu/von anderen Zellen vermieden werden. Trotzdem herrschte eine rege personelle Mobilität zwischen den einzelnen Zellen, wie das Beispiel Trksak illustrieren wird (siehe Schaubild 2). Bevor jedoch die Strukturen der Zellen, an denen Irma Trksak beteiligt war, genauer betrachtet werden, muss die Rolle der TschechInnen und SlowakInnen für den Widerstand im Allgemeinen gewürdigt werden. Nach Schätzungen von Überlebenden waren es insgesamt circa 400 Personen, die sich aktiv in Wien und Niederösterreich beteiligten.[90] Neben dem in diesem Buch betrachteten linken Lager bestand der Widerstand auch aus nationalen und katholischen Kräften: »Es haben die Pfarrer von der tschechischen Kirche Widerstand geleistet, […] es war eine breite Palette von verschiedensten Gruppen, die teilgenommen haben am Widerstand.« (Trksak 1998, 17) Der Widerstand wurde in Wien somit nicht unerheblich von der tschechoslowakischen Minderheit mitgetragen.

Die erste Zelle, der Irma angehörte und in der sie auch, wie wir gesehen haben, politisch sozialisiert wurde, war die um den Kommunisten Alois Houdek (vgl. Trksak 1987a, I/21). Die von ihm nach dem »Anschluss« organisierten marxistischen Schulungen und Ausflüge mündeten später in aktiv gegen das nationalsozialistische Regime gerichtete Widerstandstätigkeiten, deren konkrete Ausformung im nächsten Abschnitt dargestellt wird. Die hauptsächliche Handlungsinitiative ging dabei von Houdek und dem Mitbegründer des Widerstandsnetzes Alois Valach aus (vgl. ebd., I/41). Über Letzteren heißt es in einem

---

90 Vgl. DÖW-Akte 51.331/13, Bestand von Antonia Bruha zur tschechischen Widerstandsgruppe, hier: Bericht über die Widerstandstätigkeit.

gegen ihn angestrebten Feldurteil im Winter 1943: »Er [sammelte] Tschechen aus den Arbeiterkreisen, vor allem jüngere Arbeiter um sich, die er im kommunistischen Sinne schulte und aufforderte, auch ihrerseits für die kommunistische Bewegung zu werben.«[91]

Irma Trksaks Schulungsgruppe bestand aus Ludwig Stěpánik, ihrem Verlobten, Marianne Houdek, der Frau von Alois Houdek, Bohumil Nepozitek, dem Sohn des Schulwarts der Schule, an der Trksak als Lehrerin unterrichtet hatte, und natürlich Alois Houdek selbst, der als Schulungsleiter fungierte (vgl. Cordon 2007, 54).

Es besteht Anlass zu der Vermutung, dass Houdek auch anderen Zellen vorstand bzw. als Schulungsleiter in weiteren Zellen fungierte. Ferner reichten die Aktivitäten der Zellen zu einem späteren Zeitpunkt weit über reine Schulungen hinaus, wie die Beschreibung der Widerstandstätigkeiten erweisen wird.

In einem Bericht über die tschechischen Widerstandsgruppen bezeichnet Antonia Bruha, tschechische Widerstandskämpferin und Freundin von Irma Trksak, das Netzwerk um Alois Houdek als das größte unter den tschechischen Gruppierungen.[92] Offenkundig spricht sie dabei nicht von Trksaks Zelle allein, sondern nimmt auf die Organisationsstruktur bzw. die übergeordnete Struktur Bezug, in die die Zelle eingebettet war und in der Houdek auch eine führende Position einnahm. In der Selbstbezeichnung verstand sich diese Gruppe als »kommunistische Tschechen-Bewegung Wien«, daneben firmiert sie oft unter der – im Jargon der Gestapo vereinfachten – Bezeichnung: »Tschechische Sektion der KPÖ«.

---

91 DÖW-Akte 21.062/58, Feldurteil gegen Alois Valach vom 3.11.1943, 3.
92 Vgl. DÖW-Akte 51.331/13, Bestand von Antonia Bruha zur tschechischen Widerstandsgruppe, hier: Bericht über die Widerstandstätigkeit.

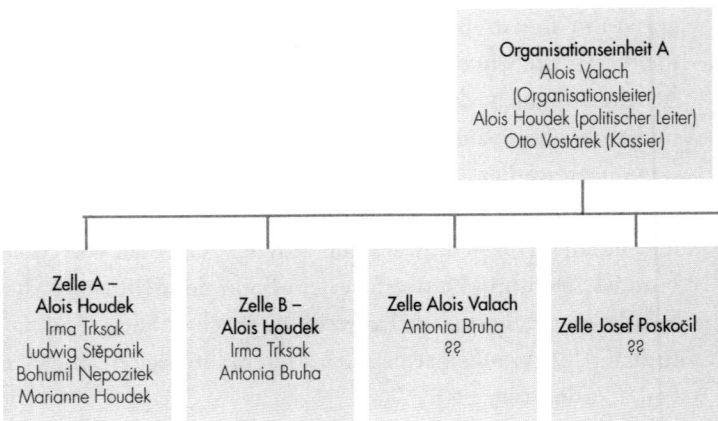

Schaubild 2: Mögliche Struktur und personelle Zusammensetzung der tschechischen Widerstandsgruppe

Entsprechend dem oben erwähnten Feldurteil hatte Houdek die Position des politischen Leiters, Valach die des Organisationsleiters inne und Otto Vostárek[93] übte die Funktion des Kassiers aus (vgl. DÖW 21.062/57, 3). Aus dem bereits zitierten Bericht von Bruha (DÖW 51.331/13) geht hervor, dass auch Valach Schulungen durchführte, die denen Houdeks strukturell und inhaltlich ähnelten. Ferner ist bekannt, dass eine Person namens Rudolf Fischer ebenfalls Schulungen durchführte. Insgesamt ergibt sich ein leider sehr unvollständiges Bild der Struktur.

---

93 Vostárek wird gelegentlich auch als Vorsitzender des Netzwerks bezeichnet. Da er jedoch in keinem direkten Kontakt zu Trksak stand, wird in der Folge auf eine genaue Erläuterung seiner Tätigkeiten verzichtet.

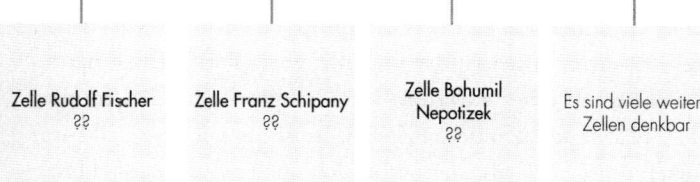

Obwohl es aus den Aussagen der Beteiligten nicht hervorgeht, scheint es dennoch plausibel zu sein, von einer hierarchischen Struktur auszugehen. Dies lässt sich dahingehend begründen, dass vor allem die Leitungsebene kommunistisch geprägt war. In den meisten anderen kommunistischen Widerstandsnetzwerken wie auch Zusammenschlüssen im Allgemeinen finden sich eindeutige Top-down-Strukturen, die den einzelnen Mitgliedern oft nicht ersichtlich waren. Das Faktum, dass sich später weitere KommunistInnen der Struktur anschlossen, verstärkt diese These. Auch dass die Rolle des Kassiers besetzt war, spricht dafür. Üblicherweise haben ZellenleiterInnen das Geld gesammelt und an den/die KassierIn weitergegeben, was den Eindruck einer von oben angeleiteten Struktur noch überzeugender macht.[94]

---

94 Gegen diese Annahme spricht, dass die illegale KPÖ bereits 1938 die Losung ausgegeben hat »Du bist die Partei« (Weinert 1987, 24), die aber, wie im Kapitel III.1 ausgeführt wurde, tatsächlich erst viel später befolgt worden zu sein scheint.

Die Gestapo führt in besagtem Feldurteil gegen Valach bezüglich des Aufbaus der Struktur aus: »Ende Januar 1940 hatte er sein Ziel erreicht. In der Wohnung des Hilfsarbeiters Otto Vostárek in Wien gründete er gemeinsam mit seinen tschechischen Gesinnungsgenossen die ›kommunistische Tschechen-Bewegung Wien‹.« (DÖW 21.062/58, 3)

Die einzelnen Zellen und Untergruppen darf man sich dabei nicht als strikt voneinander getrennt vorstellen. Trksak hatte, obwohl sie in einer Zelle um Houdek gearbeitet hat, immer wieder Kontakt zu anderen Zellen. In Bezug auf eine Zelle um Valach sagte sie: »Mit denen bin ich auch zusammengekommen, und da haben wir verschiedenes besprochen.« (Trksak 1987a, II/6) Ferner steht zu vermuten, dass gleichzeitig eine Vielzahl an Gruppen bestand, bei denen es personelle Schnittmengen gab. Toni Bruha meinte dazu in einem Interview:

Aber wir, mein Mann und ich, waren bei dieser großen Gruppe dabei und [...] da war auch die Irma Trksak [...]. Man hat sich gekannt und von dieser Gruppe, [da] war auch der Houdek, der war ein Kommunist [...]. Also wir haben hauptsächlich mit ihm [Valach] am Riederberg gearbeitet, und die Irma hat mehr mit dem Houdek gearbeitet. [...] Ich bin aber nur zu der Houdek-Gruppe dann gewechselt, weil ich von diesem Schipany und von dem Nakowitz, das war ein Schutzbündler, die haben in der Staatsfabrik gearbeitet, von denen habe ich immer für die Sabotagen, die wir gemacht haben, das Material geholt und habe das in den 20. Bezirk zu dem Houdek geführt mit dem Radl.[95]

Oft scheint prinzipielle Kenntnis darüber bestanden zu haben, dass es andere Zellen gibt sowie wer dort beteiligt war, jedoch nicht, was deren konkrete Handlungen und Strukturen waren.

---

95 Antonia Bruha interviewt von Helga Amesberger, 27.10.1998, IKF_20/1, 16 [kurz: Bruha 1998].

In diesem Sinne gibt Irma Trksak an, dass einem gewissen Josef Poskočil[96] eine führende Rolle innerhalb einer anderen Zelle zugekommen sei (vgl. Trksak 1987a, II/6), wobei jedoch keine direkte Zusammenarbeit mit ihr bestand. Interessant ist in diesem Kontext auch ihre Äußerung über Nepozitek, der eigentlich Mitglied ihrer Zelle, aber auch in einer anderen Gruppe aktiv war: »Wir wußten davon, dass sie arbeiten. Aber keiner, wie gesagt, hat genau gewußt, wer was macht.« (ebd. II/21) Aus den Verhörprotokollen der Gestapo mit Nepozitek[97] vom 22. Oktober 1941 geht hervor, dass er scheinbar in das Verfassen von Flugblättern involviert war. Ferner scheint er sogar ab Mai 1940 Leiter des Lit.-Apparates gewesen zu sein. Houdek sagte dazu im Kontext des Verfahrens[98], das gegen ihn geführt wurde, Folgendes aus: »Der inzwischen hinzugekommene Nepozitek war für die Propaganda vorgesehen und ich führte die theoretischen Schulungen der Mitarbeiter aus.« Aus den Akten ergibt sich, dass auch Nepozitek eine führende Rolle innerhalb der Struktur einnahm. Dass Trksak dies nicht bewusst war, spricht für stark ausgeprägte Regeln der Konspiration. Spannend ist auch, dass in der Person des Bohumil Nepozitek eine Rückbindung an das vorangegangene Kapitel vollzogen werden kann. Aus den Akten zu Anton Keller[99], einem Mitglied des Kommunistischen Jugendverbands, geht hervor, dass Nepozitek auch Kontakte zum Kreis VII des KJV pflegte. Dabei fällt in den Akten auch der Name Barbara Eibensteiner. Ob direkter Kontakt zwischen Eibensteiner und Nepczitek bestanden hat, lässt sich heute nicht mehr prüfen, es scheint allerdings nicht unwahrscheinlich zu sein.

---

96 Josef Poskočil, geboren am 7.4.1909, war Tischler. Er wurde am 6.11.1941 im KZ Mauthausen erschossen.
97 Vgl. BArch Berlin, R 3017/17264.
98 Vgl. BArch Berlin, R 3017/17172.
99 Vgl. BArch Berlin, R 3017/17111.

Die personellen Überlappungen und die Durchlässigkeit zwischen den Zellen sowie der Fakt, dass oft prinzipiell bekannt war, wer sich am Widerstand beteiligte, waren mit den Regeln der Konspiration eigentlich unvereinbar. Dieses Defizit in der Organisation des Widerstands lässt sich unseres Erachtens auf die zugrundeliegende Struktur des Turnvereins zurückführen. Für viele Mitglieder des Turnvereins war dieser ein selbstverständlicher Treffpunkt für Jugendliche einer Minderheit, die sich dort unter ihresgleichen trafen, wie auch der Ort der ersten politischen Sozialisation. Über Jahre (teilweise Jahrzehnte) hatten sich hier enge persönliche Beziehungen zwischen den Mitgliedern entwickelt, da oftmals auch die Freizeitgestaltung durch ihn bestimmt war. Eine solche gewachsene Sozialstruktur löst sich nicht einfach durch einen Regimewechsel über Nacht auf.

Der Ausbruch des Zweiten Weltkriegs forderte auch in Österreich seinen Tribut: Große Teile der männlichen Bevölkerung wurden an die Front beordert, darunter natürlich auch Widerstandskämpfer, wie z. B. Alois Houdek. Trksaks ursprüngliche Zelle löste sich somit auf, woraufhin sie sich einer anderen Zelle anschloss. Im Verhörprotokoll[100] der Gestapo vom 27. Oktober 1941 sagte sie dazu:

Ende 1940 wurde mir durch Alois Houdek bekannt gemacht, dass er zum Wehrmachtdienst einrücken muss und möchte er nicht haben, dass eine Unterbrechung der kommunistischen Flugschriftverteilung eintritt. Zu diesem Zweck führte er mich mit dem mir bereits bekannt gewesenen Franz Nakowitz zusammen.

Organisiert wurde ihre neue Gruppe von ebendiesem Nakowitz, Dr. Erich Halbkram und Ingenieur Edgard Diasek (vgl. Trksak 1987a, II/17). Dieser Personenkreis engagierte sich, obwohl im tschechischen Widerstand aktiv, vorher nicht innerhalb der tschechoslowakischen Minderheit. In einem Interview

---

100 Vgl. BArch Berlin, R 3017/17569.

erklärt Irma, dass sie keine Informationen darüber habe, wie sie zum tschechischen Widerstand gekommen sind (vgl. Trksak 1998, 15). Da es sich um Kommunisten handelte, kann vermutet werden, dass sie von Houdek, der auch als Kommunist galt, angeworben wurden. Ferner gehörte zu der Zelle auch Toni Bruha. Die beschriebenen Vorgänge und die Aussagen von Irma Trksak können als Evidenzen für die bisherige Interpretation des Widerstandsnetzwerks gelesen werden. Sie zeugen von einer starken personellen Durchlässigkeit/Überschneidung und einem amorphen Charakter (der wiederum der Konspiration geschuldet ist), die detaillierte Aussagen über Strukturen und Aufgabenverteilung kaum zulassen. Allgemein ist dies ein strukturelles Merkmal, das sich bei vielen Widerstandsnetzwerken findet. Die aus dem Turnverein erwachsenen vertraulichen Beziehungen stellten jedoch die Basis dar. In den anderen betrachteten Widerstandsnetzwerken rund um den KJV und die MLW waren dies stattdessen langjährige (Schul-)Freundschaften.

Neben einer einfachen Top-down-Struktur der Zelle bestand gleichzeitig eine davon abweichende operative Struktur. Die Widerstandshandlungen wurden immer paarweise ausgeführt. Jeweils ein männliches und ein weibliches Zellenmitglied waren gemeinsam aktiv. So bestand für den Fall einer etwaigen Kontrolle die Möglichkeit vorzugeben, ein verliebtes Paar zu sein, das sich auf einem Ausflug befinde. Irmas Partner war Diasek, während Nakowitz immer gemeinsam mit Bruha agierte (vgl. Bruha 1984, 35f.). Aus dem bereits zitierten Vernehmungsprotokoll mit Trksak geht hervor, dass auch Marianne Houdek an der Gruppe beteiligt war, es kann also vermutet werden, dass sie gemeinsam mit Dr. Halbkram agierte (vgl. BArch Berlin, R 3017/17569).

Daneben wurde auch innerhalb der Struktur stark auf Konspiration geachtet, wie eine Episode verdeutlicht, von der Bruha berichtet. So sei ihr während der Vernehmung durch die Gestapo folgende Aussage vorgelesen worden: »Ich habe Toni B. am Samstag angerufen, um ihr zu sagen, daß sie mit Franz N. einen Ausflug unternehmen soll, das genügte am Telefon. Sie war unterrichtet, sie arbeitete schon lange mit uns.« (Bruha 1984, 23) Dass das Bemühen um Konspiration in Teilen auch Erfolg hatte, belegen die Schilderungen von Diaseks Ehefrau über die Widerstandsgruppe, die in einem Brief nach dem Krieg der Gruppe ihres Mannes falsche Namen zuordnete.[101]

Zusammenfassend lassen sich an dieser Stelle bereits einige strukturelle Merkmale des tschechoslowakischen Widerstands feststellen, bevor im nächsten Abschnitt eine Darstellung der konkreten Widerstandshandlungen sowie eine Erläuterung der damit verbundenen Faktoren erfolgt. Zunächst wäre das bereits mehrfach angesprochene Faktum des Konspirativen zu nennen, das sich z. B. in der Unkenntnis vieler ProtagonistInnen des Widerstands über den strukturellen Aufbau der Gruppe niederschlug. Trksak bestätigt diesen Eindruck: »Unsere Gruppe setzte sich aus kleineren Zellen zusammen, wie es üblich war in Parteien, die Widerstand geleistet haben. Damit wenn jemand auffliegt, nur die eine Gruppe hochgeht und die anderen nicht.« (Trksak 2005)

Es finden sich verschiedene konkrete Beispiele für die vorgeschlagene Bestimmung: »Zu mir kam z. B. Franz Schipany. Er holte sich die Flugblätter ab für seine Fabrik. Ich wusste nur: Er war aus dem 11. Bezirk. Mehr sollten wir gar nicht wissen.« (Cordon 2007, 57) Dies hatte sogar zur Konsequenz, dass sich Mitglieder des gleichen Netzwerks nicht zwingend sofort erkannten, wie eine Passage aus Bruhas Biografie belegt:

Eines Tages führt man mich wieder aus der Zelle, wir stehen

---

101 Vgl. DÖW 4873, Schilderung über Widerstandsgruppe Diasek von Lisa Diasek.

> *in der Aufnahmekanzlei, sonderbarerweise nur Frauen aus unserer Gruppe: fünf, die wir uns kannten, und drei unbekannte gesellen sich dazu. Im Gespräch stellt sich heraus, daß sie mit Mitgliedern unserer Gruppe in Verbindung waren.* (Bruha 1984, 89)

Dieses Merkmal liegt quer zu den weiter oben angesprochenen Strukturen des Turnvereins, die eine strikte Einhaltung der Regeln der Konspiration erschweren. Trksak geht sogar so weit, darin Gründe für das Versagen des Widerstands auszumachen. »Ich sage immer, wir haben zu wenig die Regeln der Konspiration beachtet, weil wir uns zu sicher gefühlt haben durch den Verein.« (Trksak 1987a, II/5)

Zudem ist auffällig, dass es sich bei den leitenden Mitgliedern (zumindest bei den Fällen, die uns bekannt sind) um Mitglieder der Kommunistischen Partei handelte (vgl. ebd.).[102] Dies hängt vermutlich mit den im Hintergrund agierenden illegalen Parteien und deren ideologischer Ausrichtung zusammen (vgl. Kapitel II). Im Gegensatz zur SDAP, die eine inaktive und abwartende Haltung gegenüber dem Nationalsozialismus eingenommen hatte, forcierte die KPÖ einen aktiven nationalen Freiheitskampf.

2. FORMEN UND UMSTÄNDE DES WIDERSTANDS

Für das beschriebene Widerstandsnetz lassen sich idealtypisch drei Formen von Widerstand unterscheiden, wobei einzelne Zellen oft (wenn auch nicht immer) »nur« eine Form durch-

---

102 Relativ klar liegt der Fall bei Irmas Komplizen Diasek. Bei ihm handelte es sich um einen sogenannten »Internationalen«, also einen in der Sowjetunion geschulten Kommunisten, der zur Unterstützung des Widerstands entsandt worden war. Aber auch Nakowitz und Houdek waren schon seit Langem für die KP tätig.

führten, sich quasi spezialisierten. Zunächst kommt dabei die Produktion und Verbreitung illegaler Druckschriften in den Blick, was im engeren Sinne als politische Arbeit verstanden werden kann. Außerdem sind das Planen bzw. Durchführen von Anschlägen und, drittens, Spionageversuche zu nennen, also im weiten Sinne paramilitärische Aktivitäten. Bedingt durch den Wandel in den Gruppenkonstellationen wie auch durch das Changieren zwischen verschiedenen Gruppen war Irma Trksak an allen drei Formen beteiligt.

Der führende Kopf in Irma Trksaks erster Widerstandsgruppe war Alois Houdek. Die Widerstandsformen dieser Gruppe änderten sich im Verlaufe der nationalsozialistischen Herrschaft in Österreich. Solange noch kein Krieg herrschte, versuchten sie über die Verbreitung von Flugblättern Aufklärungsarbeit zu leisten. Dabei informierten sie darüber, dass das »Hitlerregime« Krieg bedeute. Schließlich sei es der nationalsozialistischen Ideologie inhärent, nach Expansion zu streben. Ferner verbreiteten sie Informationen darüber, wie die Nationalsozialisten mit politischen GegnerInnen umgingen und dass das Regime plane, die anderen Völker zu unterdrücken, auszurauben und auszunützen (vgl. Trksak 1998, 15). Mit Kriegsbeginn richtete sich das Druckwerk zunächst verstärkt an die tschechisch-slowakische Minderheit. Hitler hatte in einer Rede in Nürnberg proklamiert, den Krieg ausschließlich mit »deutschem Blut« gewinnen zu wollen. In diesem Sinne versuchte die Gruppe darüber aufzuklären, dass somit »Nicht-Deutsche« gesetzlich nicht gezwungen waren einzurücken (vgl. Cordon 2007, 58f.). Später verschickten sie auch »Kettenbriefe« an Frontsoldaten, in denen sie diese aufforderten zu desertieren bzw. nicht zu kämpfen. Die Soldaten »sollten nicht mehr in dieser Armee kämpfen, in die sie gezwungen wurden. Das sei nicht ihr Krieg«, gibt Trksak (2005) in einem Interview den sinngemäßen Inhalt eines Briefs wieder, »das sei der Krieg der Nationalsozialisten, die die Völker unterjochen und ausrotten und ganze Länder ausplündern«. Am Ende des Briefes wurde der Soldat dazu aufgefordert, den Brief weiterzugeben. Bezüglich des Erfolgs dieser Aufforderung erklärt sie weiter: »Wir haben dann später erfahren, dass diese Flugschriften tatsächlich weitergegeben und verbreitet wurden.« Organisatorisch war sie sowohl in die Produktion als auch die Verbreitung des Druckwerks eingebunden: »Wir haben irgendwie einen Abziehapparat gehabt, ich habe die Matrizen geschrieben.« (Trksak 1987a, I/22)

Die Gruppe um Houdek war auch an Spionageaktionen beteiligt.[103] Am Anfang stand jedoch der Versuch, Mittel für die Durchführung von Sabotageaktionen zu besorgen, wofür einzelne Mitglieder der Zelle Kontakt zum Untergrund in der Tschechoslowakei aufnahmen. Trksak und Bruha fuhren abwechselnd nach Prag, um über einen ehemaligen Offizier der tschechoslowakischen Armee die benötigten Sabotagemittel zu erhalten. Zwar lehnte der Offizier mit dem Decknamen »Julius« das eigentliche Gesuch der Gruppe ab – Houdek plante, Nutztiere zu vernichten, indem er sie durch Bakterien mit der Maul- und Klauenseuche ansteckt (vgl. BArch Berlin, R 3017/17569) –, sicherte aber anderweitige Hilfe zu, wie etwa eine Ausbildung im Morsen oder im Bauen von Funksendern etc. Im Gegenzug wurde versucht, ein Beobachtungsnetz um die Wehrmacht aufzubauen. Die von Houdek gesammelten

---

103 Wie im Folgenden zu lesen ist, wurden diese Aktionen jedoch in einer veränderten Personenkonstellation durchgeführt. Obwohl es zwar personelle Kontinuitäten gab, scheinen aus der eigentlichen Zelle nur Houdek und Trksak beteiligt gewesen zu sein. Des Weiteren ist noch bekannt, dass auch Antonia Bruha miteinbezogen wurde. Über weitere Mitglieder liegen keine Informationen vor, wenn sie auch denkbar sind. Trotzdem bleibt die anfängliche These, dass sich einzelne Zellen meistens einer Form des Widerstands widmeten, aufrecht.

Beobachtungsergebnisse[104] wurden von Trksak so zwischen den Zeilen harmloser Briefe verschriftlicht, dass sie nur durch besondere Kenntnisse sichtbar gemacht werden konnten, und an »Julius« (Jaromír Přecechtěl) verschickt (vgl. Cordon 2007, 62). Es entstand somit ein kleines Netzwerk innerhalb der Widerstandsgruppe, das den tschechoslowakischen Geheimdienst unterstützte:

> *Die Verbindung zu »Julius« brach aber plötzlich ab und sie hörten nichts mehr von ihm. Nach dem Krieg stellte sich heraus, dass er mit einer anderen Gruppe, die aber von der Gestapo entdeckt wurde, Kontakt aufgenommen hatte und hingerichtet worden war. (Cordon 2007, 62)*

Nachdem Houdek zur Wehrmacht eingezogen worden war, schloss sich Irma Trksak der »Zelle Diasek« an. Für sie bedeutete dies neben einer veränderten Personenkonstellation auch eine neue Form des Widerstands.[105] Die Gruppe führte vielerlei – als paramilitärisch zu bezeichnende – Sabotageakte durch. Ihr Bestreben war es, »alle militärischen Einrichtungen der Wehrmacht zu schädigen«, wie Trksak erläutert (1987a, II/23). Sie zündeten Depots mit Material oder Holz an, das die Wehrmacht für ihre Zwecke verwenden wollte. Hierfür deponierten sie kleine Zeitzünder in einem Holzstapel oder in einem Magazin, die sich in der Nacht entzündeten. Ferner führte die Gruppe auch Anschläge mit Sprengstoff durch (vgl. ebd.). Als Tarnung traten die WiderstandskämpferInnen, wie

---

104 Offenkundig muss Houdek beim Sammeln der Beobachtungsergebnisse durch eine andere Zelle des Widerstands unterstützt worden sein. Die AkteurInnen sind heute allerdings nicht mehr bekannt.

105 Allerdings steht zu vermuten, dass die anfänglich getroffene idealtypische Trennung der Widerstandsformen auch hier nicht in Gänze eingehalten wurde. Im Verhör vom 27.10.1941 (vgl. BArch Berlin, R 3017/17569) antwortet Trksak auf die Frage, wer die Flugblätter verfasst habe, dass dies Nakowitz und Halbkram getan hätten.

erwähnt, als verliebtes Paar auf, das einen Ausflug unternimmt. Trksak schildert die Vorgänge wie folgt:

Wir fuhren mit der Straßenbahn – als Liebespaar getarnt ins Grüne, und während wir einander küssten, versuchten wir den Zündapparat zu installieren. Wenn es nicht ein so ernstes Unterfangen gewesen wäre, hätten wir manchmal vor Lachen nicht agieren können, da wir schon einiges schauspielerisches Talent brauchten, um einerseits den Zündkörper heimlich anzubringen, dass er auch funktionierte, andererseits uns fröhlich und verliebt in die Arme zu sinken. (Cordon 2007, 61f.)

In der Anklageschrift[106] gegen Alois Houdek vom 19. Mai 1942 heißt es dazu:

Von 1938 bis 1941 verübte die tschechische Gruppe der KPÖ. in Wien und Umgebung eine Reihe von Brandstiftungen und Sprengstoffanschlägen. So fanden am 14. Oktober und 24. November 1940 sowie am 16. Februar und 12. Juli 1941 Sprengstoffanschläge auf die Hofburg, ein Geschäft in der Rotenturmstraße, das italienische Reisebüro sowie öffentliche Fernsprechzellen statt [...]. Ferner wurden vom Herbst 1938 bis zum 1. September 1941 insgesamt 23 Brandstiftungen versucht und ausgeführt [...]. In manchen Fällen sind erhebliche Schäden eingetreten.

Dr. Halbkram und Diasek, der gelernte Ingenieur, konstruierten die für diese Form des Widerstands notwendigen Zündapparate und Sprengsätze. Trksaks Aufgabe war es, das für den Sprengstoff benötigte Kaliumchlorat zu besorgen. Die Beschaffung von Kaliumchlorat war insofern unverdächtig, weil es als Gurgel- bzw. Mundwasser verwendet wurde. Dennoch mussten Vorsichtsmaßnahmen getroffen werden, um keinen Verdacht zu erregen: »Da sind wir halt gegangen und haben ein Packerl Kaliumchlorat gekauft. Nur immer ein Packerl in

---

106 Vgl. BArch R 3017/20529.

irgendeiner Drogerie.« (Trksak 1987a, II/23) Ferner ergibt sich durch die erhaltenen Protokolle der Gestapo das Bild, dass der Gruppe von etlichen weiteren AkteurInnen zugearbeitet wurde bzw. sich auch etliche andere Gruppen an den Anschlägen beteiligten (was Trksak allerdings nicht gewusst zu haben scheint). Im Verfahren gegen Houdek vom 3. November 1941 zeigt sich etwa, dass dieser von Nakowitz aufgefordert wurde, Glasröhrchen für die Herstellung von Brandsätzen zu beschaffen und dies auch getan hat. Im Durchsuchungsbericht vom 11. November 1941 heißt es weiterhin, dass in seiner Wohnung weitere 30 Glasröhrchen gefunden wurden (vgl. BArch Berlin, R 3017/17172). Auch Nepozitek gab im Verhör an, durch Nakowitz mit der Beschaffung von Kaliumchlorat beauftragt gewesen zu sein. Weiterhin sagt er aus:

Im Verlauf der dem 31.8.1941 folgenden Woche habe ich dann Nemec bei der Endstation bei der Linie 31 getroffen. Bei diesem Treffen war noch Poskocil und Sejbl dabei. Wir warteten vergeblich auf Hospodka, der nicht kam. Nemec machte mir die Mitteilung, dass sich alle Leute, mit Ausnahme meiner Gruppe, an den Brandaktionen [von Nakowitz] beteiligt hätten. (BArch Berlin, R 3017/17264)

Nach einer Unterbrechung des Verhörs, die möglicherweise auf Gewaltausübung durch die Gestapo hindeutet, gibt er weiter an:

Ich hatte, wie bereits in meinen früheren Angaben erwähnt ist, Ende Juli 1941 am Schottenring mit Nakowitz einen Treff. Bei diesem teilte er mir mit, dass in der ersten September Woche eine Brandaktion stattfinden solle. Er erklärte nun weiter, dass er Brandsätze verschaffen werde und mit diesem Strohschober und Scheunen angezündet werden sollten. Zu diesem Zweck sollte ich 10 Paar Burschen oder Mädel stellig machen. (ebd.)

Die Schwierigkeiten der Abgrenzung bzw. Einteilung von Widerstandsformen (vgl. Kapitel VI) zeigen sich auch an Irma

Trksaks Biografie. Neben den beschriebenen Widerstandsformen in einem organisierten Verband finden sich Formen individueller Widerstandstätigkeit. So arbeitete sie (gemeinsam mit ihrem Verlobten) nach dem »Anschluss« aufgrund ihrer Sprachkenntnisse für drei Monate in einer nationalsozialistischen Zensurstelle. Dort versuchte sie Personen zu warnen, die besonders scharf zensuriert wurden, und erstattete über auffällige Briefe keine Meldung (vgl. Cordon 2007, 63). Irma war diesbezüglich vermutlich keine Einzelerscheinung. Höchstwahrscheinlich setzten auch andere im organisierten Widerstand tätige Personen – unabhängig von ihrer Gruppe – in ihrem Alltag kleinere oder größere Handlungen, die den nationalsozialistischen Intentionen und Vorgaben zuwiderliefen.[107] Folgt man unserem breiten Widerstandsbegriff (siehe Kapitel VI), ist auch die Kontaktaufnahme mit zivilen ZwangsarbeiterInnen – wie von Irma Trksak geschildert – als widerständige Handlung zu begreifen. Eine solche war es auch in ihren Augen:

Wir [sie war gemeinsam mit Stěpánik unterwegs] radelten jede Woche hin und erzählten ihnen [zwei französischen Kriegsgefangenen, die auf einem Bauernhof arbeiteten], soweit wir es erfahren konnten, wie die Situation an der Front ist. Wir haben ihnen auch Zigaretten und sonstige Kleinigkeiten mitgebracht. (Cordon 2007, 66)

Das Geschlechterverhältnis betreffend lässt sich für den tschechisch-slowakischen Widerstand eine relative Gleichberechtigung konstatieren. Obwohl eine recht geringe Anzahl an Frauen vermutet werden muss, waren sie in die Vorbereitung und Ausführung von widerständigem Handeln gleichermaßen

---

107 Ähnlich der Strategie des illegalen KJV versuchten einzelne Mitglieder des tschechischen Widerstands gezielt, nationalsozialistische Verbände zu unterwandern bzw. dort Informationen zu sammeln oder agitatorisch in Erscheinung zu treten (vgl. Hermann 2001, 71).

eingebunden.»Sowohl bei den Anschlägen als auch bei der Flugblattherstellung, der Spionage [...] waren sie beteiligt.« (Hermann 2001, 73) Dementgegen muss eine Asymmetrie im Bereich der Führung und Organisation des Widerstands festgestellt werden. So berichtet Trksak, dass die Entscheidungsgewalt über die Organisation und Form von anstehenden Aktionen ausschließlich bei den männlichen Mitgliedern lag (vgl. Trksak 1999, 17), was sich unter anderem mit der damals herrschenden gesamtgesellschaftlichen Auffassung von Geschlechterrollen erklären lässt. In diesem Sinne erklärt Trksak:

Schau, diese Differenzierung zwischen Mann und Frau ist uns damals nicht aufgefallen, weil die ganze Erziehung ging ja darauf hin, daß die Männer dominierten damals, das war einwandfrei. Der Mann hat verdient, der Mann hat das Geld gebracht, und das war die Gesellschaft, wir haben's nicht [anders] mitbekommen. (ebd.)

Eng damit verknüpft ist, dass aufgrund der traditionellen geschlechtsspezifischen Arbeitsteilung die Fähigkeiten und Kompetenzen unterschiedlich ausgebildet waren. Die Männer verfügten über technische und handwerkliche Fertigkeiten, die sie quasi für bestimmte Widerstandsformen prädestinierten. Die trotzdem herrschende relative Gleichberechtigung kann unseres Erachtens in Teilen mit der besonderen Sozialstruktur erklärt werden, die aus dem Turnverein entstanden war. So bestand zwischen vielen (männlichen und weiblichen) AkteurInnen eine langjährige Bekanntschaft, die mancherorts wechselseitiges Vertrauen erleichtert haben könnte.

3. NACH DER »FREIHEIT« – KONSEQUENZ UND FOLGEN

Trotz aller Vorsichtsmaßnahmen wurde das Widerstandsnetz im Laufe der Jahre 1941 und 1942 enttarnt. Die folgenden beiden Abschnitte betrachten diese Vorgänge als solche sowie die Prozesse, die dabei im Hintergrund standen. Dabei gilt das besondere Augenmerk ProtagonistInnen, die in Verbindung zu Trksak standen, eine führende Rolle innerhalb des Widerstandsnetzwerks einnahmen oder für die Abläufe der Enttarnung relevant waren. Außerdem soll ein Blick auf die Bedingungen der Haft, die Methoden der Gestapo sowie die Gräuel der nationalsozialistischen Konzentrationslager geworfen werden, wobei insbesondere auf die Schicksale von Widerstandskämpferinnen eingegangen wird.

3.1 Verhaftung und Folter

Bereits im Sommer und Herbst des Jahres 1941 kam es zu Verhaftungen von Mitgliedern tschechischer Widerstandszellen. Insbesondere das Umfeld von Nakowitz und Diasek war betroffen. Kurze Zeit später, am 5. September 1941, wurde auch Nakowitz selbst wegen kommunistischer Betätigung festgenommen. Der Folter der Gestapo während der Verhöre hielt er nicht stand. Es gelang so, weitere Namen von an dem Widerstandsnetz Beteiligten aus ihm herauszupressen. Am 29. September 1941 folgten die Festnahmen von Erich Halbkram, Edgard Diasek und Irma Trksak sowie einen Tag später von Ludwig Stěpánik. Im Zuge der Hausdurchsuchung während der Festnahme von Stěpánik fand die Gestapo jene Schreibmaschine, mit der Trksak die Matrizen für die Flugblätter geschrieben hatte, und den im Garten vergrabenen Abziehapparat (vgl. Bollauf 2001; Trksak 1999). Circa zehn Tage später, am 9. Oktober 1941, folgte die Ergreifung von Bohumil Nepozitek sowie Leo Neměc, Jaroslav Hospodka, Eduard Vašourek u. v. m. (vgl. Cordon 2007, 68).[108] »Am 11.10.1941 wurde Alois Houdek bei seinem Truppenkörper festgenommen und am 31.10.1941 nach Wien überstellt. Er wurde als Kopf der Widerstandsgruppe erkannt.« (ebd., 68) Auch Valach wurde zu Beginn des folgenden Jahres, am 13. Jänner 1942, gefangengenommen. Neben den namentlich Erwähnten gelang es der Gestapo, Dutzende WiderstandskämpferInnen aus Trksaks Umfeld zu enttarnen und festzunehmen. Dem folgte zwischen Ende 1942 und Anfang 1943 eine weitere große Verhaftungswelle.[109] Der eigentliche Auslöser für die (ersten) Festnahmen war die Unterwanderung der Gruppe durch einen V-Mann der Gestapo namens Ossi Glaser (vgl. Trksak 1987a, II/8).[110] Die tschechischen Widerstandsgruppen waren nach diesen Maßnahmen weitestgehend enttarnt und ihre Mitglieder bis auf einzelne Ausnahmen verhaftet (vgl. Hermann 2001, 71). Die Gestapo ging bei den Verhaftungen und den darauf folgenden Verhören mit massiver Gewalt und der Anwendung von Foltermethoden vor: »Die Verhafteten wurden im Keller in Dunkelhaft gehalten, geschlagen und gequält.« (Cordon 2007, 70) Trksak hatte das Glück, während ihrer Haft keiner Folter ausgesetzt gewesen zu sein. In einem späteren Interview resümiert sie, dass ihr auch nicht klar sei, warum sie nicht geschlagen wurde.

---

108 Die Gestapo gibt Neměc, Vašourek und Hospodka als führende Funktionäre der »tschechischen Sektion der KPÖ« an.
109 Unter den bei der zweiten Welle Festgenommenen befand sich auch Irmas Bruder Jan, der aus einem Nebenlager des KZ Mauthausen nicht mehr zurückkehrte.
110 Sein tatsächlicher Name war Kurt Koppel. Über seine umtriebige »Karriere« als V-Mann vgl. Schafranek 2017, u. a. 417–427.

Schließlich habe es auch Frauen gegeben, die für weniger hingerichtet worden seien als das, was man ihr zur Last legte (vgl. ebd., 72). Allgemein wurden Frauen bei den Verhören von den Gestapo-Beamten nicht geschont (vgl. Amesberger et al. 2004; Amesberger/Halbmayr 2001a).[111]

Die besondere Grausamkeit zeigt sich etwa im Falle Antonia Bruhas. Sie hatte kurz vor ihrer Haft ein Kind geboren. Während sie ein Formular unterschreiben soll, wird ihr das Kind von einer Fürsorgerin entrissen. Sie beschreibt:

Naja, ich halte das Kind, gehe zu dem Tisch [...], die Frau reißt mir das Kind aus der Hand, und ich will ihr nach. In diesem Augenblick [...] stehen zwei SS-Leute mit Revolvern vor mir und hauen mich mit den Revolvern zurück. Das Kind hat zum Brüllen angefangen [...] also ich war verzweifelt. (Cezanne 2001, 35f.)

Im Verlaufe der folgenden Verhöre wird ihr Kind immer wieder als Druckmittel verwendet, während man sie misshandelt:

Ich habe gefroren, bei den Verhören habe ich geschwitzt. Ich habe das Kind noch gestillt, die Brust hat mir zum Wehtun angefangen. Mir ist die Brust eitrig geworden, und die haben mich in die eitrige Brust mit Revolvern geschlagen. [...] Ich habe gefragt: »Wo ist mein Kind?«, »Das ist fort«, hat einer geantwortet, »wenn Sie nicht aussagen, werden wir das Kind umbringen. Sie sind ohnedies eine Verbrecherin.« (ebd., 36)

Erst sehr viel später wird Bruha erfahren, dass ihr Kind bei Nachbarn wohlbehütet untergekommen ist.

Trksak verbrachte die gesamte Zeit bis zu ihrer Überstellung ins KZ Ravensbrück im Polizeigefängnis Roßauer Lände, in dem

---

111 In den Verhörprotokollen mit Irma taucht allerdings immer wieder das Kürzel »UZW« auf, dies könnte für »unmittelbaren Zwang« stehen und auf etwaige Gewalt hinweisen (vgl. BArch Berlin, R 3017/17569).

insbesondere politisch Verfolgte inhaftiert waren (vgl. Trksak 1999, 22). Gelegentlich gelang ihr dort der Kontakt zu anderen (meist kommunistischen) Gefangenen, wie z. B. zu Fritz [Bedlich] Štercl[112] oder Anna Hand[113]. Selbstverständlich war die Kommunikation unter diesen Bedingungen massiv erschwert. So behalfen sie sich beispielsweise mit Klopfsignalen, die durch die Wand übermittelt wurden (vgl. Cordon 2007, 77–79). Die Bedeutung dieses Kontakts kann nicht hoch genug eingeschätzt werden, da Trksak die meiste Zeit in Einzelhaft verbrachte und somit jede Art der Kommunikation überlebenswichtig wurde. In diesem Kontext ist darauf hinzuweisen, dass eine solche Form der Isolation als Folter bezeichnet werden muss. Insgesamt waren die Haftbedingungen menschenunwürdig: »Jeden Abend wurde die ganze Kleidung weggenommen und vor die Zelle gelegt. Damit man sich nicht umbringen kann. Denn umbringen wollten ja sie dich und nicht du dich selbst.« (ebd., 76)

Was es konkret bedeutete, im Nationalsozialismus Widerstand zu leisten, zeigt sich insbesondere anhand der Strafen, die über die WiderstandskämpferInnen verhängt wurden. So ließ der Reichsführer SS Heinrich Himmler an 20 Personen der tschechischen Widerstandsgruppe ein Exempel statuieren. Im Rahmen einer »Sonderbehandlung« wurden sie ohne Gerichtsverfahren ins KZ Mauthausen überstellt und dort erschossen. Unter den am 6. November 1941 Exekutierten befanden sich viele Personen aus dem näheren Umfeld von Irma Trksak, z. B. Poskočil, Schipany, Halbkram, Nakowitz und Diasek.[114] Wie hart die Haftbedingungen waren, zeigt sich unter anderem auch am Selbstmordversuch von Ludwig Stěpánik am 5. De-

---

112 1942 im KZ Mauthausen erschossen.
113 Wurde ins KZ Ravensbrück überstellt, überlebte und kehrte nach Wien zurück.
114 Dies geht aus der Untersuchungsakte in der Sache Alois Houdek hervor. Vgl. BArch Berlin, R 3017/37662.

zember 1941. Im September 1942 wurde er zunächst in das KZ Mauthausen und im November 1943 weiter in das Außenlager Klagenfurt-Lendorf überstellt, wo er schließlich im Juni 1944 Selbstmord beging (vgl. Cordon 2007, 108f.).
Wenngleich die Gerichtsverfahren während des nationalsozialistischen Regimes gerade in Hinblick auf politische Delikte lediglich den Anschein von Rechtsstaatlichkeit vermitteln sollten (vgl. hierzu Ostendorf 2005), erhielten die meisten Inhaftierten, die der tschechisch-slowakischen Minderheit zugeordnet werden konnten, nicht einmal ein solches. Sie waren damit außerhalb jeglicher Rechtsstaatlichkeit gestellt und ausschließlich der Willkür und Gewalt der Gestapo ausgeliefert.
Alois Valach zählte zu den wenigen der tschechischen Widerstandsgruppe, die ein Gerichtsverfahren erhielten. Eventuell hing dies mit seiner Führungsrolle innerhalb des Widerstandsnetzwerks zusammen. In der Anklageschrift wird er als Gründer und Kopf der kommunistischen Tschechen-Bewegung bezeichnet. Die Anklage wegen Hochverrats und Kriegsverrats begründete die Staatsanwaltschaft mit den nachgewiesenen Sabotageakten und der Absicht, das nationalsozialistische Regime stürzen zu wollen (vgl. DÖW 21.062/58). Er wurde am 7. Jänner 1944 hingerichtet. Auch Alois Houdek gelang es nicht, sich den Fängen des nationalsozialistischen Strafvollzugs und damit dem Tod zu entziehen (und auch gegen ihn wurde ein Gerichtsverfahren angestrebt). Er wurde nach seiner Festnahme im Oktober 1941 am 19. Mai 1942 zum Tode verurteilt und am 30. März 1943 enthauptet. Die Ausführung des Urteils verzögerte sich, da Houdeks Mutter noch auf eine Begnadigung ihres Sohnes drängte. In einem internen Schreiben an den Reichssicherheitshauptmann heißt es dazu:

Gründe für eine Begnadigung erscheinen bei Houdek nicht gegeben. Gegen die Überlassung der Leiche des zum Tode Ver-

urteilten habe ich Bedenken, da den kommunistischen Parteigängern jede Gelegenheit, die Bestattung eines ihrer Anhänger propagandistisch auszuwerten, genommen werden muss.[115]

Im Zuge der weiter oben beschriebenen Vorgänge der Aufdeckung und Festnahme der tschechischen Widerstandsgruppe nahm aus bisheriger Forschungsperspektive der Selbstmord von Marianne Houdek eine zentrale Rolle ein. Der Darstellung von Bruha folgend hatte Marianne unter Folter die Gruppe verraten, was zu weiteren Festnahmen führte. Marianne Houdek konnte – folgt man der Erinnerung von Antonia Bruha – offensichtlich mit diesem »Verrat« nicht weiterleben. Sie erhängte sich in ihrer Gefängniszelle. Bruha meint den Beweis hierfür in ihrer Zelle, in der sie auf Houdek folgte, gefunden zu haben. Sie schreibt in ihrer Biografie:

Auf einmal entdecke ich an der Wand einen Namen: Marianne. Es ist unverkennbar Mariannes Handschrift, obwohl die Worte mit einem Nagel oder mit einer Spange an die Wand gekritzelt wurden: »Sie haben mich so geschlagen, ich habe es nicht mehr ausgehalten, es war mir egal, was ich tat, was ich sagte, nur geschlagen wollte ich nicht mehr werden. Da habe ich alles gesagt.« Darunter ein Datum und dann: »Ich bin so verzweifelt, warum habe ich alles gesagt? Ich hätte mich weiter schlagen lassen sollen. Jetzt haben sie so viele verhaftet, und es ist meine Schuld, die Schuld meiner Schwäche. Ich kann ohnehin nicht liegen, weil mein Körper so zerschlagen ist, es wäre auf ein bißchen mehr oder weniger nicht mehr angekommen. Warum habe ich gesprochen?« Weiter unten wird die Schrift ganz zerfahren, man sieht, wie aufgeregt und nervös sie gewesen sein mußte. »Ich werde erschossen, haben sie gesagt. Jetzt soll ich noch warten, bis sie mich erschießen, wo ich doch so schwach war und so viel gesprochen habe, wo mich

---

115 BArch Berlin, R 3017/37664.

die Selbstvorwürfe so quälen. Jetzt soll ich noch warten, bis sie mir den Gnadenschuß geben? Nein! Wenn ich schon sterben muß, dann jetzt gleich, durch meine eigene Hand. Marianne.« (Bruha 1984, 49)

Diese Darstellung hat über die Jahre hinweg Aufnahme in die meisten wissenschaftlichen Publikationen zu der Thematik sowie in Trksaks Biografie gefunden (z. B. Krist/Lichtblau 2017, 317; Cordon 2007, 85f.). Erstmals wurden von Cathrin Hermann Zweifel an dieser Darstellung aufgeworfen. Sie verweist dabei auf die Protokolle der Gestapo-Verhöre, die sich ursprünglich im ehemaligen NS-Bestand des Ministeriums für Staatssicherheit der DDR befanden.[116] Aus diesen Protokollen ergibt sich kein Anlass zu dieser Deutung. Es weist innerhalb der Protokolle nichts darauf hin, dass Marianne Houdek ihre MitkämpferInnen in irgendeiner Form belastet hätte. Es muss eher konstatiert werden, dass Marianne Houdek leugnete oder Verwirrung stiftete:

Ich habe mich niemals für die Kommunistische Partei betätigt, habe niemals Manuskripte oder Matrizen übernommen und auch niemals Matrizen geschrieben. Wenn dies von irgendjemand behauptet wird, so lügt er. Ich bin obwohl mit Nekowitz und mit der Trksak [beide hatten Houdek belastet] in Verbindung gestanden und habe ich niemals gewußt, daß sich diese Leute politisch in verbotener Weise betätigen. (BArch Berlin, R 3017/17171)

Oder:

Auf den Vorhalt der Folgen, die durch mein␣zweckloses Leugnen für mich entstehen, habe ich zu erklären, dass ich mir keiner weiteren Schuld als der bisher einbekannten, bewusst bin. Ich leugne, mich in irgendeiner anderen Form als der bisher einbekannten, für die kommunistische Idee eingesetzt zu

---
116 Vgl. BArch Berlin, R 3017/17171.

haben. Ich war auch niemals Zeuge von Unterredungen oder Besprechungen, bei denen Tathandlungen verabredet oder geplant wurden, die geeignet waren, die Regierung zu stürzen und eine Revolution im Reich herbeizuführen. (ebd.)[117]
Bezüglich ihrer Wahl für den Freitod mutmaßt Hermann: »Ob ihr Selbstmord ein Versuch war, eine Aussage vor der Gestapo zu verhindern, ist aus der Aktenlage heraus nicht mehr zu klären, jedoch sehr wahrscheinlich.« (Hermann 2011, 73) Auch ist vorstellbar, dass sie eine ihrer Aussagen gegenüber der Gestapo subjektiv als Verrat bewertet hat, wobei ein De-facto-Verrat aus aktueller Forschungsperspektive als unwahrscheinlich bewertet werden muss.

Diejenigen WiderstandskämpferInnen, die die Folter im Zuge der Verhöre überlebten und denen kein Todesurteil beschieden war, wurden ohne Urteil in die Konzentrationslager Mauthausen und Ravensbrück überstellt. So konnte im Falle von als »slawische Untermenschen« klassifizierten Personen vermutlich auf ein Verfahren verzichtet werden, insgesamt wurden von den genannten Personen nur Valach und Houdek vor Gericht gestellt und verurteilt. Die weiblichen Mitglieder des Widerstandsnetzwerks kamen nach Ravensbrück im Norden Brandenburgs, während die Männer ins KZ Mauthausen deportiert wurden (vgl. Trksak 1998, 17).

Insgesamt liegen für eine zusammenfassende Bilanz nicht

---

117 Zu dem Zeitpunkt dieser Aussage (9.10.1941), deren Inhalt einen Verrat bis dahin als äußerst unwahrscheinlich zeigt, sind bereits Vašourek, Nepozitek, Hospodka, Neměc, Nakowitz, Stěpánik, Trksak, Halbkram und Schipany festgenommen. Für den Fall, dass sie andere Teile der Gruppe später belastet hat, dies jedoch nicht von der Gestapo protokolliert wurde, kommen also von den uns bekannten AkteurInnen lediglich Bruha, Valach und Alois Houdek infrage. Aus anderen Verhörprotokollen (vgl. z. B. BArch Berlin, R 3017/17569) ist allerdings ersichtlich, dass zumindest die beiden Letzteren bereits durch andere ZeugInnen (vor ihrer Festnahme) belastet wurden.

ausreichend verlässliche Informationen vor. Für das nähere Arbeitsumfeld von Trksak lässt sich allerdings konstatieren, dass männliche Widerstandskämpfer öfters härtere Strafen, im schlimmsten Fall den Tod, zu erwarten hatten. So wurden Valach und Houdek nach einem Verfahren zum Tode verurteilt. Diasek, Halbkram, Nakowitz, Hospodka, Poskočil, Vašourek und Schipany wurden im Rahmen der »Sonderbehandlung« am 6. November 1941 in Mauthausen erschossen.[118] Keiner der Männer aus Trksaks Widerstandsnetz überlebte den Nationalsozialismus.

3.2 Das KZ Ravensbrück: Demütigung und Entmenschlichung

Die Betrachtung eines Gegenstands, der in irgendeiner Weise mit dem Nationalsozialismus zusammenhängt, kommt nicht umhin, sich die wohl grausamste Dimension dieses Regimes vor Augen zu führen: den als singulär zu verstehenden industriellen Massenmord. Das Konzentrationslager steht dabei als Überbegriff für die Arbeits- und Vernichtungslager des NS-Regimes, die das menschenverachtende Verbrechen exekutierten.

Am 26. September 1942 beginnt für Irma Trksak und zwölf weitere Frauen der beschwerliche Weg der Deportation nach Ravensbrück. Unter ihnen auch einige aktive Mitglieder des tschechischen Widerstands (vgl. Cordon 2007, 88): Anna Vavak, geboren am 4. März 1919, verbüßte ihre Haft ab dem 28. September 1941 bis zur Deportation im LG I Wien. Sie war wegen illegaler Tätigkeiten und Betätigung für die KPÖ inhaftiert. Außerdem Trksaks Freundin Antonia Bruha (ge-

---

118 Leo Neměc kam laut Datenbank der Shoah-Opfer des DÖW am 17.12.1942 in Mauthausen um.

boren 1. März 1915), festgenommen wegen Vorbereitung zum Hochverrat und ab dem 5. Oktober 1941 inhaftiert im Haus der Gestapo sowie dem Gefängnis auf der Roßauer Lände. Und selbstverständlich Irma Trksak selbst, die ab dem Zeitpunkt ihrer Verhaftung ebenfalls in der Roßauer Lände festgehalten wurde – auch sie wegen Vorbereitung zum Hochverrat. In Bezug auf die anderen sagte Trksak: »Die zehn anderen Frauen wurden nur verhaftet und ins Lager deportiert, weil ihre Männer in dieser Widerstandsgruppe aktiv waren.« (Cordon 2007, 88) Plausibel erscheint diese Annahme Trksaks in Bezug auf Antonia Valach (geb. Rouca, Jahrgang 1913), Ludmilla Vostárek, Anna Poskočil (geb. Kouba, Jahrgang 1914) sowie Elisabeth Diasek (geb. Schatzkaja, Jahrgang 1904). Alle vier waren teilweise in der Roßauer Lände inhaftiert und wurden (sofern verlässliche Daten vorliegen) unmittelbar nach ihren Ehemännern festgenommen. Dabei bewegten sich die Haftgründe zwischen hochverräterischer Tätigkeit, Betätigung für die KPÖ und Vorbereitung zum Hochverrat, wobei keine der Genannten in den von uns untersuchten Verhörprotokollen der Gestapo auftaucht. Mit dem gleichen Transport wurden auch Katharina Lugstein (geb. Nowak, Jahrgang 1901)[119], Marie Oliva[120] und Marie Waller[121] deportiert: Bei diesen Frauen lässt sich Irmas These nicht verifizieren. Uns liegen keine Informationen über männliche Widerstandskämpfer vor, deren Namen Lugstein, Oliva oder Waller lauteten. Die Gründe für

---

119 Katharina Lugstein war ab dem 15.6.1942 in Marchegg und im Polizeigefangenenhaus Roßauer Lände aufgrund eines Verhältnisses zu einem Zwangsarbeiter inhaftiert.
120 Inhaftiert ab dem 15.10.1941 im Polizeigefängnis (Roßauer Lände) sowie im Landesgericht II, Wien, da ihr Hoch- und Landesverrat vorgeworfen wurde.
121 Geboren am 8.12.1901, aufgrund von Vorbereitung zum Hochverrat ab dem 21.1.1941 auf der Roßauer Lände in »Schutzhaft«.

die Festnahme dieser drei Frauen lassen sich also nicht abschließend ermitteln. Die zwei letzten Frauen, die die Reihe der dreizehn gemeinsam deportieren Frauen komplementieren, stechen etwas hervor: Auf der einen Seite die am 14. August 1904 geborene Karoline Hummel (Mädchenname: Fischer), die ab dem 12. Jänner 1942 in der Roßauer Lände und im LG II Wien inhaftiert war. Sie betätigte sich bereits seit 1934 für die KPÖ. Es scheint somit unplausibel zu sein, dass sie nicht selbst politisch tätig gewesen sein soll. Unklar ist auch, ob sie von Beginn an Teil des tschechischen Widerstands gewesen ist, handelte es sich doch (zumindest bis 1938) dabei um eine klassisch sozialdemokratische Bewegung. Ähnliches gilt für Bertha Wandl, die am 2. Mai 1908 als Bertha Steiner geboren wurde. Im Gegensatz zu allen anderen zwölf Frauen wurde sie aufgrund des Vorwurfs der Kriminalität (und keines politischen Vergehens) ab dem 21. Jänner 1942 auf der Roßauer Lände in »befristete Vorbeugehaft« genommen. Außer Bertha Wandl kehrten alle Frauen aus dem KZ nach Wien zurück, über Wandls Verbleib ist nichts Genaueres bekannt.[122]

Der erste Halt des Transports war in Linz, von wo die Frauen weiter nach Prag deportiert wurden. Dort kamen sie am 27. September 1942 an. Ihre genaue Aufenthaltsdauer ist unbekannt, allerdings erreichten sie am 2. Oktober das KZ Ravensbrück, wo sie mit Ausnahme von Maria Waller bis Ende des Krieges durchgehend inhaftiert blieben.[123] Nach Ankunft wurden sie und die Frauen, die während des Transports noch dazugekom-

---

122 Die Haftstationen und Zeiträume können unter www.ravensbrueckerinnen.at eingesehen werden.
123 Maria Waller wurde gegen Ende Oktober 1943 kurzzeitig wieder nach Wien rücküberstellt; der Grund hierfür ist unbekannt. In der Ankunftsliste des KZ Ravensbrück ist lediglich vermerkt: »8.11.43 vom Transport zurück«. Auch sie bleibt bis Ende April 1945 im Frauenkonzentrationslager inhaftiert.

men sind, von SS-Aufseherinnen in das Frauenkonzentrationslager Ravensbrück getrieben. Dort wurden sie aufgefordert, sich zu entkleiden. Trksak schildert diesen Vorgang, bei dem ihr auch die wenigen Besitztümer abgenommen wurden, wie folgt: »Jetzt hast du nichts mehr gehabt, was dich an draußen bindet, erinnert, gar nichts, was dir gehört. Du warst nicht nur nackt, du warst – ich weiß nicht, wie ich das ausdrücken soll – alles haben sie dir genommen.« (Bollauf 2001, 231) In den meisten Schilderungen von Konzentrationslagern kommt diesem Motiv der Entmenschlichung besondere Zentralität zu (vgl. Amesberger et al. 2004). Paradigmatisch für das dehumanisierende Vorgehen der Nazis ist die Reduzierung des Häftlings auf eine Nummer: »Und von dem Moment war ich nicht mehr Irma Trksak, von dem Moment an war ich die Nummer 14177.«[124]

Viele Menschen, die in ein Konzentrationslager deportiert wurden, verweisen, wenn sie auf die Lebensumstände und Zustände vor Ort angesprochen werden, auf die Undarstellbarkeit bzw. Unsagbarkeit der Verhältnisse. In ihrer Biografie verdeutlicht Bruha die Problematik einer beschreibenden Darstellung noch einmal:

Es gibt viele Broschüren und Dokumentationen über die Konzentrationslager, auch über Ravensbrück. Sie bringen die Zahlen der erschlagenen, erschossenen, zu Tode getrampelten Menschen; die Opfer gehen in die Millionen. Menschen, die diese Zeit nicht erlebt haben und nur darüber lesen, sehen die Statistik, und Zahlen schmerzen nicht. Aber für uns, die wir mit diesen Toten gelebt und gelitten haben, bleiben es immer Menschenschicksale, Tragödien ganzer Familien, Leid und

---

[124] Irma Trksak interviewt von Nadine Kral und Sarah Gandar, 2004, abrufbar unter: https://www.mediathek.at/portaltreffer/atom/193 F1160-1B4-00291-000008AC-193E0B55/pool/BWEB/ [Zugriff: 23.5.2018] [kurz: Trksak 2004].

Schmerz von Müttern und Kindern. Diese Schicksale sind für uns ein Trauma geblieben. (Bruha 1984, 114)
Auch Trksak schließt sich dieser Aussage an:
Keine Schilderung, keine Erzählung, keine Darstellung kann jemals begreiflich machen, wie das war. Ich hab viele Filme gesehen und viele Bücher gelesen. Es ist schon gut, wenn die Menschen versuchen, das zu vermitteln. Aber nie, nie, nie kann man es begreifen. (Trksak 1987b, 120)
Obwohl also eine Beschreibung dem wirklichen Grauen der Konzentrationslager niemals gerecht werden kann, hilft sie doch, zumindest ein Teil des Leides zu verdeutlichen: Irma berichtet von dem Schlafsaal, in dem sie untergebracht war, dass dort in dreistöckigen Betten immer mindestens drei Personen pro Bett schliefen. Ständig aufgeweckt von den menschlichen Ausdünstungen, den Tränen, dem Blut, dem Schweiß, dem Stöhnen der anderen Inhaftierten, war nicht an Schlaf zu denken. Schlaflos und gequält durch ihre Ängste (und die Ängste der anderen) wurde die Nacht in der Früh durch unmenschliche Appelle durchbrochen. Die Überfüllung, die ohnehin jegliche Privatsphäre verunmöglichte, trug auch bei der Verrichtung alltäglicher Dinge zur Entwürdigung bei: »Du mußtest im Stehen deine Rüben löffeln aus einer Schüssel wie ein Schwein.« (Trksak 1999, 33) Dabei hatten die Wiener Tschechinnen noch Glück. Nach einigen Tagen am Zugangsblock kamen sie in den »Musterblock« für politische Häftlinge, in dem Rosa Jochmann die Blockälteste war. Dort herrschten im Vergleich zu den anderen Baracken etwas günstigere Bedingungen (vgl. Bollauf 2001, 231). Die Liste der Umstände, mit denen die Dehumanisierung immer weiter befördert werden sollte, ist unermesslich lang.[125] Dabei wurden Erniedrigungen

---

125 Eine Darstellung der Erniedrigungen kann – beispielhaft – etwa in Bernhard Strebels »Das KZ Ravensbrück. Geschichte eines Lagerkom-

unter Häftlingen – dort, wo es sie gab – insbesondere durch die Lagerhierarchie verstärkt.[126]

Eine Vermeidung jeglicher Kennwerte würde für die Überlebenden jedoch Hohn bedeuten. So müssen bei einer Nennung der Opferzahlen Überlegungen, wie sie aus den oben zitierten Statements hervorgehen, immer hintergründig mitgedacht werden: Die Anzahl der Todesopfer in Ravensbrück kann auf circa 28.000 Menschen, vorwiegend Frauen, beziffert werden (wobei die Opfer der Todesmärsche nicht berücksichtigt wurden). Bei einer Gesamtzahl weiblicher Häftlinge von 123.000 entspricht dies 23 Prozent der Inhaftierten (vgl. Strebel 2003, 505ff.). Neben dem durch die Umstände des Konzentrationslagers bedingten Sterben gab es im KZ Ravensbrück auch industrielle Massenvernichtung. Trksak schildert dies wie folgt:

Die Frauen wurden verbrannt. Tag und Nacht stieg Rauch aus dem Krematorium. Das Krematorium steht noch. Es ist dort eine Tafel angebracht, auf der steht: Hier stand die Gaskammer. Sie liegt tief im Gras vergraben. Man hat einen Teil der Frauen erstickt und einen Teil vergiftet mit Pulver und Giftspritze. Außerdem starben laufend Frauen in den Baracken und im Revier. Damit es ja keine unnützen Fresser gab, half man eben noch nach. (Cordon 2007, 114)

Entgegen der Absicht der Nationalsozialisten versuchte Trksak

---

plex«, Paderborn/München/Wien/Zürich, 2003, nachgelesen werden (269–283). Vgl. auch Amesberger et al. 2004 sowie Amesberger/Halbmayr 2001a.

126 Eine umfassende Analyse der Umstände und strukturellen Gegebenheiten des Konzentrationslagers gibt Wolfgang Sofksy in »Die Ordnung des Terrors: Das Konzentrationslager«, Frankfurt/Main, 1993. Sofsky versteht das Lager dabei als ein System der absoluten Macht, das zu einer weitreichenden Entmenschlichung führt und so die Grausamkeiten der einzelnen Protagonisten des Lagers erst möglich macht. Vgl. zu diesem Thema auch den Sammelband Christ/Suderland 2014 sowie Suderland 2009.

ein Mensch zu bleiben und nicht zum Tier zu werden (vgl. Trksak 2004, 44:07). Sie ließ sich nicht brechen; sie setzte auch in Ravensbrück – im Rahmen der begrenzten Möglichkeiten – ihre Widerstandstätigkeit fort. Sie beging Sabotage bei der Zwangsarbeit in der neben dem Lager errichteten Produktionsstätte für Relaisbau für die V2-Rakete der Firma Siemens und Halske, indem sie einen Teil der Relais unbrauchbar machte. Außerdem fälschte sie Statistiken, um jene Häftlinge zu schützen, die das Leistungssoll nicht erfüllten: »Ich musste Leistungsdiagramme zeichnen und da habe ich eben versucht, für die schwächeren Frauen eine bessere Leistungskurve einzutragen.« Sie berichtet, dass sie das Gefühl gehabt habe, dass fast jede Frau versuchte zu sabotieren (Cordon 2007, 102).

Zu Beginn eines Interviews sagte Irma Trksak, dass sie trotzdem ein schönes Leben gehabt habe, jedoch eine Zeit nie wieder erleben wolle, »und das ist jene Zeit zwischen dem Jahr 1938 bis 1945« (Trksak 1998, 1).

V. »WIR WOLLTEN NICHT EINFACH ABWARTEN, WAS MIT UNS GESCHIEHT.« GERTRUDE HORN UND DIE MISCHLINGSLIGA WIEN

Opposition gegen den Nationalsozialismus wurde nicht einheitlich geahndet. Auch hier stellte die rassistische Ideologie als übergeordnete Richtinstanz einen wesentlichen Differenzierungsfaktor dar. Besonders deutlich wird dies bei den Widerständigkeiten jener Personen, die nach nationalsozialistischer Definition Juden bzw. Jüdinnen waren oder solche zu ihren direkten Vorfahren zählten. Für sie war die Gefährdung wesentlich höher, da geringfügige Gesetzesverstöße bereits die Bedrohung ihrer physischen Existenz bedeuteten und insbesondere mit Fortschreiten des Krieges jegliche Normabweichung bzw. regimekritische Handlung einem Todesurteil gleichkommen konnte. Hinsichtlich der jüdischen Bevölkerung strebten die nationalsozialistischen Machthaber nicht deren Unterwerfung, sondern deren Vernichtung an. Vor diesem Hintergrund, den Doron Rabinovici (2000) verdeutlicht hat, stellt sich die Frage nach dem Widerstand bei der jüdischen Bevölkerung gänzlich anders.

Im Unterschied zum nichtjüdischen Widerstand bestand der jüdische Widerstand im Wesentlichen aus einer Nichtbefolgung bestimmter antijüdischer Weisungen, in der Verweigerung, bestimmten Ordern nachzukommen sowie in einer Flucht in den Untergrund oder über die Grenze nach Ungarn. Ein solcher Schritt war für Juden eine Frage von Leben und Tod. Nur wer diesen Weg einschlug, hatte eine mögliche Chance zu überleben. (Moser 2007, 125).

1. DIE GESCHICHTE GERTRUDE HORNS VOR DEM HINTERGRUND ANTIJÜDISCHER GESETZE

Antijüdische Gesetze bedeuteten für die Juden und Jüdinnen Österreichs sofort nach dem »Anschluss« im März 1938 massive Einschränkungen. Von den zahlreichen Schikanen während des sogenannten »Anschlusspogroms«, bei denen es sich um spontane, nicht angeordnete Gewalt des faschistisch-nationalsozialistischen Mobs handelte, ganz zu schweigen. Als am 1. April 1938 die ersten 151 Männer aus Österreich ins KZ Dachau deportiert wurden, waren weit über ein Drittel von ihnen jüdischer Religion oder Abstammung (vgl. Neugebauer/Schwarz 2008, 24).

Ab 27. April galt für Juden und Jüdinnen ein Schulverbot für höhere Schulen, ab 16. Mai auch für die Grundschulen. Ab Sommer 1938 waren für sie jüdische Kennkarten sowie die Zusatznamen »Sara« bzw. »Israel« verpflichtend. In weiterer Folge war ihnen das Betreten von Parkanlagen, Kinos, Theatern und Lokalen untersagt. Bereits ab 1938 zwang man die jüdische Bevölkerung, in Sammelwohnungen bzw. -häuser zu übersiedeln, ab April 1939 wurde diese Politik stark forciert. Mit Kriegsbeginn erhielt die jüdische Bevölkerung keine Bezugsscheine mehr für Kleidung und Schuhe, mit September 1942 war ihr der Bezug von Fleisch- und Weizenmehlprodukten sowie von Milch und Eiern versagt. Die ihr zugestandenen Lebensmittelmengen verkamen zunehmend zu Hungerrationen. Am 1. September 1941 trat die Polizeiverordnung über die »Kennzeichnung der Juden« in Kraft, die besagte, dass Juden und

Jüdinnen ab dem sechsten Lebensjahr sichtbar einen gelben »Judenstern« auf ihrer Kleidung tragen mussten. So weit nur ein Auszug der diskriminierenden Maßnahmen in den ersten Jahren Österreichs unter dem NS-Regime, die die Beraubung, Vertreibung und Vernichtung der jüdischen Bevölkerung einleiteten, sie in ihrem Ausmaß jedoch noch nicht erahnen ließen (vgl. Benz 1997, 34–37).

Kompliziert und ambivalent stellte sich die Situation für jene Menschen dar, die zum Teil »arische«, zum Teil »jüdische« Vorfahren hatten. So galten Personen mit einem jüdischen Elternteil gemäß den rassistischen »Nürnberger Gesetzen« aus 1935 als »Halbjuden«[127]. Damit waren sie weder »Arier« noch »Juden«. Und vor allem: Die schiere Existenz dieser Kinder stellte die Reinheitsdoktrin nationalsozialistischer Rassenideologie infrage (vgl. Raggam-Blesch 2016, 292). Doch auch dieser »unentschiedene Zwischenstatus« (ebd.) kannte noch Abstufungen: Gehörten sie mit Stichtag 15. September 1935, dem Tag der Einführung der »Nürnberger Gesetze« – in Österreich nach dem »Anschluss« rückwirkend übernommen –, einer Israelitischen Kultusgemeinde an, galten sie nicht als »Mischlinge 1. Grades«, sondern waren als sogenannte »Geltungsjuden« denselben Diskriminierungen ausgesetzt wie »Volljuden«. »Die Tatsache, dass letztendlich auf konfessionelle Kriterien zurückgegriffen werden musste, um rassenideologische Prämissen festmachen zu können, unterstreicht die immanenten Widersprüchlichkeiten nationalsozialistischer Ideologie.« (ebd., 292)

Mit der Einführung der »Nürnberger Gesetze« war auch die »Eheschließung zwischen Juden und Staatsangehörigen deutschen oder artverwandten Blutes« verboten. Bestehende

---

127 Bei diskriminierenden Begriffen der NS-Terminologie wird auf geschlechtersensible Schreibweise verzichtet, um die Stigmatisierung in den Zuschreibungen nicht zu beschönigen.

»Mischehen« wurden bis Kriegsende nicht angetastet, wenngleich die nichtjüdischen EhepartnerInnen immer wieder unter massiven Druck gesetzt wurden, sich von ihren jüdischen PartnerInnen zu trennen. Für diese (wie auch deren gemeinsame Kinder) bedeutete die Verbindung einen gewissen Schutz vor Verfolgung. Die NS-Ideologie stufte »Mischehen« als gelebte »Rassenschande« ein, sie war dem NS-Regime somit ein steter Dorn im Auge.[128] Auch hier setzten die Nationalsozialisten eine weitere Differenzierung, diesmal intervenierte das Geschlecht: War der Mann »arisch« und die Frau »jüdisch«, galt die Ehe als »privilegierte Mischehe«. Nur in diesem Falle konnte die Familie in ihrer Wohnung bleiben und das Vermögen auf den »arischen« Teil überschrieben werden. Sie war auch von den nach dem Novemberpogrom der jüdischen Bevölkerung aufgebürdeten »Sühnezahlungen« ausgenommen (vgl. Raggam-Blesch 2016, 296; Walk 1981, 255).[129] Und abermals sollte die Religionszugehörigkeit – diesmal der gemeinsamen Kinder – für eine weitere Differenzierung entscheidend sein: Waren sie in der

---

128 Ging eine »arische« Person mit einer jüdischen eine geschlechtliche Beziehung ein (ohne Eheschließung, die ja bereits verboten war), wurde der nichtjüdische Teil strafrechtlich belangt, die jüdische Person ohne Verfahren in ein Konzentrationslager überstellt. Angesichts dieser drakonischen Maßnahmen wertet Neugebauer (2015, 213) derartige Beziehungen denn auch als Widerstand.

129 In »nicht privilegierten Mischehen«, wenn also die Frau »arisch« war, waren die jüdischen Familienmitglieder (Ehepartnerin, »geltungsjüdische« Kinder) de facto jüdischen Personen gleichgestellt, außer dass sie in der Regel nicht deportiert wurden. Der Schutz durch »arische« EhepartnerInnen galt nur bei aufrechter Ehe- und Wohngemeinschaft. So meinte Martin Vogel (DÖW 1993, 295) etwa: »Ich sage immer wieder, meine Mutter hat mich zweimal zur Welt gebracht. Das eine Mal, wie sie mich geboren hat, und das zweite Mal, als sie bei uns geblieben ist. Wenn sie weggegangen wäre, sich hätte scheiden lassen, wären mein Vater und ich wahrscheinlich dort gelandet, wo so viele andere geendet haben.«

Israelitischen Kultusgemeinde (IKG) registriert, verlor die Familie ihren »privilegierten« Status. Umgekehrt schützten nicht jüdisch erzogene Kinder die Eltern/Familie vor der Zwangsumsiedlung in eine Sammelwohnung. Durch dieses »Privileg« sollte der Einfluss von Juden und Jüdinnen auf die Kinder unterbunden werden (vgl. Raggam-Blesch 2016, 296).

Lebten im März 1938 Schätzungen zufolge etwa 201.000 Personen in Österreich, die nach NS-Definition als Juden und Jüdinnen galten, so reduzierte sich diese Zahl nach der ersten großen Fluchtwelle laut Volkszählung 1939 auf 94.530 Personen.[130] Davon lebten 91.530 in Wien. Miterhoben wurden bei dieser Volkszählung erstmals auch »Mischehen« und »Mischlinge«. Demnach lebten 14.858 »Mischlinge« in Wien, wovon 1.373 als Mitglieder der IKG und damit als »Geltungsjuden« galten.[131]

Für die Jugendlichen unter den »Mischlingen« bzw. »Geltungsjuden« bedeutete diese Uneindeutigkeit im »rassischen Status« vor allem die Zerstörung des bisher gewohnten sozialen Umfelds und Unsicherheit: Unsicherheit in Bezug auf das, was nun erlaubt war und was nicht, zumal die antijüdischen Maßnahmen weiterhin zunahmen und Gesetze verschärft wurden. So kam es etwa dazu, dass manche von ihnen zu nationalsozialistischen Jugendorganisationen verpflichtet – und später ausgeschlossen wurden.[132]

---

130 Vgl. zu den Zahlen Raggam-Blesch 2016, Moser 1999.
131 Raggam-Blesch (2016, 293) vermutet eine höhere Zahl an noch in Wien lebenden »Geltungsjuden« unter der Annahme, dass viele Juden und Jüdinnen in der Hoffnung auf Verbesserung ihrer Lage zwischenzeitlich aus der IKG ausgetreten, zum Stichtag im September 1935 jedoch noch Mitglied waren. Dies trifft etwa auch für Gertrude Horn zu, deren Lebensgeschichte im Folgenden näher beleuchtet wird.
132 Raggam-Blesch (2016, 294) schildert den Fall des jungen Kurt Glattauer, der als Elfjähriger in die HJ eingetreten war. Als SA-Männer die elterliche Wohnung stürmten und den Jungen in HJ-Uniform antrafen, zogen sie überrascht und tatenlos wieder ab. Bald darauf

Am Beispiel von Gertrude Horn, geborene Fanto, lässt sich die zunehmende Einschränkung des Lebensraums auch für »Halbjuden« nachzeichnen:

Gertrude Horn hatte nach nationalsozialistischen Regeln eine »Arierin« als Mutter und einen Juden als Vater, ihre Eltern lebten somit in einer »nicht-privilegierten Mischehe«. Die Mutter war, um heiraten zu können, zum jüdischen Glauben übergetreten.[133] Die 1924 in Wien Geborene ging »wie alle anderen Kinder, die der jüdischen Religion angehörten, zum Religionsunterricht außerhalb der Schule. [...] Ich war nicht religiös. Ich habe zwar im Religionsunterricht gelernt, was ich lernen musste, aber das war alles« (DÖW 1993, 221). Damit galt sie als »Geltungsjüdin«. Ihr erster Gedanke nach dem »Anschluss« war, aus der jüdischen Religion auszutreten, weil sie nichts mit ihr verband, doch die Sinnlosigkeit eines solchen Unterfangens stellte sich alsbald heraus. Im Zuge des Novemberpogroms wurde ihr Vater verhaftet und nach Dachau geschickt, von wo er Ende Jänner 1939 völlig abgemagert zurückkehrte. Er arbeitete später in einer Tischlerei, wohin er dienstverpflichtet wurde.

Gertrude selbst interessierte sich für Mode und wollte eine Schneiderlehre machen, was ihr nach den politischen Umwälzungen nicht mehr möglich war. Das bedeutete für sie als »Geltungsjüdin« Benachteiligung bei der Lebensmittel- und Kleiderzuteilung, das Tragen des »Judensterns« und auch erzwungenen Wohnungswechsel (vgl. Horn G. 1989, 17). Noch im Herbst 1938, unmittelbar nach der Verhaftung des Vaters, mussten Gertrude und ihre Mutter aus ihrer Wohnung ausziehen; es wurde ihnen eine Kellerwohnung in einer Villa im

---

wurde er gemäß einer Verordnung vom Oktober 1941 aus der HJ ausgeschlossen.
133 Vgl. DÖW 554, Interview mit Gertrude Horn, Wien, 13./14.1.1989, 2. Der Name der interviewenden Person ist nicht angeführt [kurz: Horn G. 1989].

18. Bezirk zugewiesen, die noch in jüdischem Besitz war. Nach zwei Jahren erfolgte die Zwangsumsiedlung in den 2. Bezirk. Dort wurde Gertrude in der Wäscherei Habsburg dienstverpflichtet, wo sie schwere Arbeit an den großen Wasch- und Bügelmaschinen verrichten musste. Mit einer Bekannten von der Wäscherei und deren Tochter ging sie eines Sonntags ohne die geforderte Kennzeichnung nach Schönbrunn, wo sie auch in ein Gasthaus einkehrten. Dieser Ausflug hatte eine Vorladung bei der Zentralstelle für jüdische Auswanderung in der Prinz-Eugen-Straße und die erste Verhaftung zur Folge. Ein Schnellrichter verurteilte sie, laut ihren Angaben im Interview, zu vier Wochen Arrest wegen Nichttragens des »Judensterns« und zu vierzehn Tagen Arrest wegen des verbotenen Lokalbesuchs. Laut Angaben im Ansuchen um Opferfürsorge (OF-Akt) war sie deutlich kürzer in Haft, nämlich vom 6. bis 28. Juni 1942.[134] Danach wurde sie ins Sammellager Sperlgasse geschickt – für viele der letzte Ort vor der Deportation. Doch Gertrude hatte Glück: Nach Überprüfung ihrer Papiere bei einer sogenannten »Kommissionierung« ließ man sie wieder frei.

Wenngleich die Einschränkungen für sogenannte »Geltungsjuden« stärker waren, litten auch die »Mischlinge 1. Grades« sehr unter den Diskriminierungen und der Vereinsamung. »Die Israelitische Kultusgemeinde hat sich um die ›Mischlinge‹ überhaupt nicht gekümmert, was auch verständlich ist, sie waren ja nicht mosaisch«, so Otto Horn (DÖW 1993, 329). Auch ihnen war wie den »Geltungsjuden« und Juden ein Studium an der Hochschule verwehrt (zum Schulbesuch, auch im Gymnasium, waren »Mischlinge« jedoch zugelassen[135]). An-

---

134 Vgl. WStLA, M.Abt. 208, A36, OF-Akt Gertrude Horn.
135 Oft als Einzige in der Klasse waren sie auch hier weiteren Diskriminierungen und sozialer Isolation ausgesetzt, vgl. Beispiele in Raggam-Blesch 2016, 301.

fangs zum Wehrdienst verpflichtet, wurden sie – nach einem Erlass vom 8. April 1940 – ab September 1942 endgültig aus der deutschen Wehrmacht ausgeschlossen.[136] Vor allem aber stellten die Ehegesetze eine massive Einschränkung für sie dar: Die Heirat mit »arischen« Gleichaltrigen war verboten, durch eine Hochzeit mit einer jüdischen Person wäre man selbst zum »Geltungsjuden« geworden. Da sie meist einzeln in Betrieben zwangsverpflichtet waren (und nicht wie die »Geltungsjuden« oft in Gruppen, vgl. Lappin 2017, 144), fühlten sie die Vereinzelung sehr stark.

Dazu kamen die zahlreichen diskriminierenden Ereignisse, denen sie direkt oder indirekt ausgesetzt waren: eigenes Sterntragen oder Verpflichtung eines Elternteils dazu, Zwangsübersiedlung in andere Wohnungen, Schikanen jeglicher Art, Verhaftung der Eltern etc.

Aber de facto wurden auch die meisten sogenannten »privilegierten Mischehen« aus ihren Wohnungen vertrieben, und die Kinder mussten miterleben, wie die Eltern ihre Posten verloren, der jüdische Elternteil konnte höchstens in einer Fabrik oder beim Straßenbau unterkommen, der arische Elternteil wurde, wenn er z. B. Beamter war oder in irgendeinem öffentlichen Dienstverhältnis stand, zwangspensioniert. Alle diese erheblichen Einbußen des Lebensstandards mussten natürlich die »Mischlinge« miterleben. Daneben gab es natürlich auch gegenüber »Mischlingen« Ausschreitungen. Wenn beispielsweise ein »Mischling« irgendwem unsympathisch war, konnte man ihm auch ein paar Ohrfeigen geben, ohne dabei etwas zu riskieren. (Otto Horn in DÖW 1993, 329f.)

---

136 Dies war auch bei vier der später elf männlichen Angeklagten der Mischlingsliga Wien der Fall.

2. JÜDISCHE WIDERSTANDSGRUPPEN

Vor diesem Hintergrund sind die Widerstandshandlungen der Mischlingsliga Wien (MLW) zu analysieren. Deren Zusammensetzung, Vorhaben und Tätigkeiten sollen im Folgenden im Zentrum stehen. Die MLW wurde als Beispiel für den jüdischen Widerstand gewählt, da ihre Einstellungen, Haltungen und Handlungen großteils in ihrer neuen Lebenssituation als »Halbjuden« begründet lagen.[137] Der Isolation und Einsamkeit zu entkommen, war eine wesentliche Motivation, sich der Gruppe anzuschließen, wie auch durch die Teilnahme den anhaltenden Diskriminierungen etwas entgegenzusetzen. »Wir wollten nicht einfach abwarten, was mit uns geschieht«, so Gertrude Horn rückblickend (DÖW 1993, 223).

Ein Gerichtsverfahren, das gegen leitende Mitglieder der Gruppe im Jahr 1944 geführt wurde, stellt die zentrale Quelle aus der NS-Zeit dar.[138] Zudem sind drei Schriftstücke der Organisation aus 1943 erhalten geblieben.[139] Opferfürsorgeakten

---

137 Zu weiteren Formen jüdischen Widerstands vgl. im Überblick Neugebauer 2015, 211ff.
138 Verfahren beim Volksgerichtshof wegen Aufbaus des Freicorps MLW (Mischlingslegion), Hochverrats – Gz. 7 J 72/44 gegen Otto Ernst Andreasch, Otto Franz Max Horn, Hans Wewerka, Robert Pollak, Kurt Bauer, Egon Schlesinger, Adolf Hübner, Otto Zorn, Kurt Schulhof, Kurt Pollak, Herta Zorn, Hildegard Grünholz und Ernst Komaretho, Anklageschrift (5.6.1944) und Urteil (September 1944) als Kopie in: DÖW 40896 [kurz: DÖW 40896, Anklageschrift bzw. Urteil Andreasch u. a.]. Zu diesem Gerichtsverfahren wurden zudem die (Vor-)Erhebungen der Gestapo, soweit vorhanden, im Bundesarchiv Berlin eingesehen.
139 Einmal ist dies »Prädikat aktiv«, ein Beschluss über die Kenntlichmachung der Mitglieder durch Abzeichen, enthalten in der Anklageschrift Andreasch u. a., DÖW 40896, 11f.; des Weiteren ein Aufruf des Repräsentationssekretärs der Liga, Wewerka, vom 13.3.1943, ebenfalls Bestandteil der Anklageschrift Andreasch u. a., DÖW 40896, 14; schließlich ist in dem »Festschrift« genannten Dokument

einzelner Mitglieder, Informationen des KZ-Verbands, eine »Festschrift« der Liga[140] sowie Interviews mit Otto Horn und Gertrude Horn, geb. Fanto, gelten als weitere Primärquellen.[141] Eine erste gründliche Aufarbeitung dieser Widerstandsgruppe hat erst 2017 Eleonore Lappin-Eppel durchgeführt. Dies erlaubt uns, die Rollen/Möglichkeiten und Leistungen der Frauen im Widerstand hier besonders hervorzuheben.

2.1 Die Sonderabteilung »NN«, die Mischlingsliga Wien (MLW) und die Antifaschistische Partei Österreichs (APÖ)

Die besondere Gefährdung der jüdischen Bevölkerung, erst recht im Kontext Widerstand, war rasch deutlich. Daher entschloss sich der KJV bereits 1938 dazu, eine Sonderabteilung »NN« zu gründen – NN steht hier für »Nach Nürnberger Gesetz« (vgl. DÖW 7162, Festschrift, 1). Diese Sonderabteilung des KJV war gedacht für jene Menschen, die nach den Nürnberger Gesetzen als »Nichtarier« galten, also für als Juden/Jüdinnen

---

der Liga vom November 1945 der Tagesbefehl Nr. 1 des Generalsekretärs der Liga, Andreasch, ebenfalls vom 13.3.1943, abgedruckt.

140 Festschrift der Sonderabteilung »NN«, der »Mischlingsliga in Wien« und der »Antifaschistischen Partei Österreichs« vom November 1945, als Kopie in DÖW 7162 [kurz: DÖW 7162, Festschrift].

141 Das Interview mit Otto Horn wurde 1988, jenes mit Gertrude Horn 1989 geführt, vgl. DÖW 23150/36a und DÖW 554. Otto Horn war in der Nachkriegszeit sehr bemüht, die Leistungen der Widerstandsorganisationen, in denen er tätig war, bekannt zu machen und ihnen Anerkennung zu verschaffen. Dies tat er als nahezu Einziger ihrer Gruppe, sodass sein Zugang die Darstellung und das Wissen über die Liga stark prägte. Otto Horn war zudem als Schriftsteller tätig und verfasste 1967 mit »Die Frage des Pilatus« einen autobiografischen Roman über die Widerstandstätigkeit im Nationalsozialismus. Zur Veranschaulichung der Dynamik in der Widerstandsgruppe erlauben wir uns, auch daraus zu zitieren.

oder »Halbjuden« klassifizierte Menschen. Die Sonderabteilung »NN«, aufgebaut von Otto Ernst Andreasch[142], verstand sich als antifaschistische Kampforganisation mit dem Ziel, erträgliche Lebensverhältnisse für ihre Mitglieder und Schutzangehörigen zu erkämpfen und »in Zukunft jede antisemitische Strömung von vorne herein auszuschalten« (ebd.). Juden und Jüdinnen, »Mischlinge« sowie »jüdisch versippte« ÖsterreicherInnen sollten nach Möglichkeit in einer eigenen Gruppe separiert werden, damit sie, die bereits rassistisch verfolgt wurden, nicht die anderen AntifaschistInnen zusätzlich gefährdeten.[143] Die ab 1938 bestehenden drei Gruppen der Sonderabteilung »NN« in Wien sollen gute Fortschritte und Erfolge vor allem in der propagandistischen Arbeit gegen den Nationalsozialismus erzielt haben (vgl. ebd.). Sie konnte auf eine große Anzahl von Mitgliedern verweisen:

Im Jahr 1942 hatte die Sonderabteilung »NN« einen Stand von 250 bis 300 Aktivmitgliedern, das heißt also mehr als Kompaniestärke. Da man bei illegalen Kampforganisationen immer für den Einsatz im Ernstfall (Situation des offenen Kampfes) mit einem drei- bis vierfachen Zustrom der illegalen Kampfstärke rechnet, wurde die Leitung der Abteilung als Bataillonskommando eingerichtet.[144]

---

142 Otto Ernst Andreasch, Jahrgang 1921, Bautechniker, »Mischling 1. Grades«, war vor dem Anschluss im KJV Schwechat aktiv (vgl. Kapitel III) und ab 1940 annähernd ein Jahr wegen Verdachts kommunistischer Betätigung in Haft. Eine neuerliche Verhaftung erfolgte im Februar 1944. Daraufhin wurde auch seine jüdische Mutter Emilie verhaftet und nach Auschwitz deportiert, sie überlebte. Andreasch fand Ende 1944 durch einen Fliegerangriff den Tod.
143 Vgl. Gedächtnisprotokoll der Befragung von Otto Horn durch Wolfgang Neugebauer, 10.3.1971, in DÖW 7162, Materialien des W-Kämpfers Otto Horn [kurz: DÖW 7162, Gedächtnisprotokoll Befragung Horn].
144 Bericht über die Tätigkeit des österreichischen Freikorps MLW-APÖ

Mit den »Polentransporten«[145] wurden allerdings zahlreiche aktive Mitglieder und FunktionärInnen verschleppt, was die Reihen der Widerständigen stark lichtete. Gertrude Horn (1989, 16) dazu:

Verschärft hat sich die Situation dadurch, dass man also alle unsere jüdischen Bekannten verschleppt hatte, die also nicht irgendwo eine Bindung zu einem Arier gehabt haben. Und meine Freundinnen und alles, die waren alle –, jeden Tag hat wer anderer gefehlt, nicht?

Die verbleibenden AktivistInnen setzten dennoch ihr Engagement fort. Hier ist insbesondere die Bildung einer eigenen Gruppe unter den jüdischen Ordnern und Hilfsorganen im Sammellager Sperlgasse zu erwähnen, die den Kontakt zu ihren Mitgliedern bis zum Abtransport, zum Teil auch noch nach der Deportation nach Polen, aufrechterhielten. Einigen Mitgliedern gelang es, im KZ Theresienstadt ihren Widerstand fortzusetzen, andere nahmen am Aufstand im Warschauer Ghetto als Offiziere teil (vgl. DÖW 988, Bericht, 1). In Wien entschloss sich der Funktionärsstock der Organisation, der vorwiegend aus »Mischlingen« bestand, die Restbestände der Sonderabteilung »NN« in die im Frühjahr 1943 neu gegründete Mischlingsliga Wien (MLW*)* zu überführen. Otto Ernst Andreasch (sein Deckname war »Monti«) führte als Generalsekretär die Organisation an, Otto Franz Max Horn (Deckname »Max«)[146]

---

an das Bundeskanzleramt – Amt für Landesverteidigung (Sektion 6), von Otto Horn und Hans Wewerka, o.J., DÖW 988, 1 [kurz: DÖW 988, Bericht].

145 Der Begriff »Polentransporte« meint die Verschickung der jüdischen Bevölkerung zur Vernichtung in Ghettos und Konzentrationslager ins »Generalgouvernement«, so der Name der vom Deutschen Reich ab 1939 besetzten polnischen Gebiete.

146 Otto Franz Max Horn, Jahrgang 1923, nach der Matura als Bauzeichner tätig; der Vater war jüdischer Herkunft, vor 1938 Bankangestellter und dann Hilfsarbeiter, die Mutter Lehrerin und dann, als »jüdisch

übernahm die Funktionen Oberstabsleiter und Generalsekretärstellvertreter, Hans Wewerka[147] war der Repräsentationssekretär, der die Organisation nach außen vertrat.

Aus dem Tagesbefehl Nr. 1 des Generalsekretärs vom 13. März 1943 (vgl. ebd.) wird die militärische Ausrichtung der Liga erkennbar.[148] Als einzige Interessensvertretung der »Mischlinge« in Wien sah sie alle »Mischlinge« als Angehörige ihrer Organisation an. Daraus leitete sie das Recht ab, die »Mischlinge« zum Dienst in der MLW einzuberufen – ähnlich einem Staat, der seine Staatsbürger zur Ableistung des Wehrdienstes verpflichtet (vgl. ebd.). Für die Erfüllung der organisatorischen und politischen Aufgaben der Liga waren ein starker aktiver

> Versippte«, zwangspensioniert. Dass sein aus dem Großbürgertum stammender Vater nach den Nürnberger Gesetzen »Volljude« war, erfuhr Sohn Otto erst in der Nacht des »Anschlusses«. Otto war anfangs in einer katholischen Widerstandsbewegung aktiv, über seinen Arbeitskollegen Andreasch stieß er zum KJV und wurde zum überzeugten Kommunisten.
> 147 Hans Wewerka, 1920 in Wien geboren, Sohn eines Musikalienhändlers und später bei ihm angestellt. Seine Mutter, Riza Wewerka, war am 21.1.1943 wegen »Versteckens von Juden« festgenommen und ins KZ Auschwitz deportiert worden, wo sie am 20.7.1943 umkam (vgl. DÖW, Datenbank der Shoah-Opfer, www.doew.at [Zugriff: 19.5.2018]). In Horns autobiografischem Roman aus 1967 tritt Wewerka als »Santo« auf, was möglicherweise auch sein Deckname in der NS-Zeit war (in Anlehnung daran, dass er Andreasch und sich selbst mit den Decknamen der Illegalität, Monti und Max, nennt).
> 148 Diese Ausrichtung sichtbar zu machen war jedenfalls ein großes Anliegen der ehemaligen Führungsspitze, die damit auch die Anerkennung des »jahrelangen patriotischen Ehrendienstes als Wehrdienstleistung für die Republik Österreich« sowie die »Bestätigung der im Rahmen des Freikorps innegehabten militärischen Ränge« erreichen wollte (vgl. DÖW 988, Bericht, 4). Tatsächlich wurden die Ränge der Angehörigen des Freikorps nach den Bestimmungen des § 52 des Wehrgesetzes als Reservedienstgrad anerkannt (vgl. DÖW 7162, Gedächtnisprotokoll Befragung Horn, 9). Wie weit diese militärische Ausrichtung auch von den anderen Mitgliedern wahrgenommen und angestrebt wurde, muss dahingestellt bleiben.

Kerntrupp und ein gut geschulter Funktionärskader notwendig. Für diesen Apparat wollte die Liga zunächst um freiwillige Mitglieder werben. Der damals 22-jährige Andreasch schrieb im Tagesbefehl 1 vom 13. März 1943 an seine (zukünftigen) MitstreiterInnen:

Ich will euch neben einem guten Führer ein guter Kamerad sein. Ich erwarte von euch Vertrauen, Einsatzbereitschaft, Opferwillen und bedingungslose Hingabe an die Gemeinschaft; mit einem Wort: den schlagenden Gegenbeweis gegen die wahnsinnige Lüge des Faschismus von unserer Minderwertigkeit. Unsere Feinde behaupten, wir Mischlinge wären nicht fähig, eine Gemeinschaft zu bilden, wir hätten kein Heldentum in uns. Lasst sie die heldische Kraft unserer Gemeinschaft fühlen! (ebd.)

Bereits damals stand die Führung der Liga mit anderen antifaschistischen Gruppierungen in Verbindung, wobei insbesondere über Partisanenverbände in Jugoslawien Kontakt zu den Alliierten gesucht wurde. Ende August 1943 kam eine Verbindung zu den Alliierten Mächten über die jugoslawische Volksarmee zustande. Gleichzeitig bestand Uneinigkeit in der Führung der MLW (bezüglich militärischer Ausrichtung, Bewaffnung, Vorschläge gefährlicher Aktionen, die misstrauisch machten), sodass die Leitung für einige von ihnen – darunter auch der spätere »Verräter« – eine Überwachung anordnete und sie »kaltstellte«. Dazu kam, dass die Freundin von Andreasch ins Visier der Gestapo geriet, was wiederum auch Andreasch und die gesamte Gruppe gefährdete.[149] Daraufhin wurde Andreasch im Herbst 1943 für mehrere Wochen »beurlaubt« und Horn übernahm vorübergehend die Leitung. Ins-

---

149 Andreaschs Verlobte war denn auch verhaftet und nach Ravensbrück deportiert worden, vgl. Horn G. 1989, 39. Der Name der jungen Frau ist leider nicht bekannt.

besondere der Kontakt zu Jugoslawien durfte nicht abreißen.[150] All diese Schwierigkeiten führten dazu, dass die Widerstandstätigkeiten zwar weitergeführt wurden, die MLW selbst jedoch aufgelöst wurde und gleichzeitig der Kader der Organisation die Antifaschistische Partei Österreichs (APÖ) gründete, die als Partisanenbewegung nach jugoslawischem Vorbild aufgebaut werden sollte.[151] Mehr noch als in der MLW sollten sich nun politische und militärische Funktionen verbinden. Die Leitung hatten Otto Horn und Wilhelm Herlinger inne, die unter den Decknamen »Münichreiter« und »Messenhauser«[152]

---

150 »Durch Montis Urlaub wurde der Kampf nicht unterbrochen. Regelmäßig liefen die Transporte nach Marburg. Männer gingen an die Front. Als in den Bergen Malaria ausbrach, schickten wir Chinin. Wir brauchen Sender zur Funkverbindung zwischen den kämpfenden Einheiten, sagte Peter zu Willi. Harry, der Mulatte, beschaffte alles, auch die seltensten Röhren. Und Willi baute die Funkgeräte zusammen«, so Otto Horn in seinem autobiografischen Roman (Horn 1967, 144).

151 Vgl. zu den Umständen der APÖ-Gründung auch die Darstellungen in DÖW 7162, Festschrift, 3 und DÖW 7162, Gedächtnisprotokoll Befragung Horn, 7, die jeweils leicht voneinander abweichen. So nannte Horn im Interview 1988 (28f.) sowohl die Möglichkeit der internationalen Anbindung als auch die Gefährdungsmomente als zentrale Gründe für die Neuausrichtung der Organisation. »Aber es war jedenfalls das Entscheidende, wir wollten umstellen auf eine richtige österreichische Widerstandsfront. Der Gedanke war die österreichische Freiheitsfront. Eine alle Parteien umfassende antifaschistische Organisation.« Damit schloss sich die MLW der politischen Linie der KP bzw. des KJV an. Horn 1967, 112: »›Max hat recht. Ab heute tragen wir die Verantwortung für kämpfende Einheiten in Slowenien und bereiten uns selbst auf den Einsatz an dieser Front vor. Der Weg nach Jugoslawien darf nicht gefährdet werden. Die Auflösung der MLW ist das wirksamste Mittel, um diesen Weg zu sichern.‹ In Montis Mund wurde der Gedanke zum Beschluss. Dann kamen die genauen Anweisungen: ›Die Verlässlichsten werden umgruppiert, die anderen ausgeschieden, die Wichtigsten drei Monate lang überwacht.‹«

152 Karl Münichreiter (1891–1934) wurde als führendes Mitglied des Republikanischen Schutzbundes am 14. Februar 1934 zum Tode

zeichneten. In Flugblättern unter den Titeln »Wehrlos – Ehrlos – Rechtlos« und »Neujahrsbotschaft« wurde zum bewaffneten Widerstand und zum Partisanenkampf aufgefordert.[153] Die APÖ gliederte sich in drei Fraktionen: in die österreichische Freiheitsbewegung, die aus katholischen und monarchistischen Bewegungen entstand, in die sozialistische und in die kommunistische Fraktion. Neben der Versorgung der Titotruppen mit Sendeanlagen, Radiomaterial und Arzneimitteln über Marburg war in Wien selbst der Aufbau und die Aufrechterhaltung der Verbindung zu den Lagerorganisationen der jugoslawischen Zwangsarbeiter ein Schwerpunkt der illegalen Arbeit. Für die Zukunft war eine noch weitaus engere Zusammenarbeit mit den Partisanengruppen in Jugoslawien geplant.

Andreasch, Horn und Herlinger verhandelten in Marburg mit den Partisanenoffizieren und erreichten als Gegenleistung für Nachschub und Transporte die Zusicherung der Unterstützung von Seiten Jugoslawiens und der Aufnahme der Spitzenfunktionäre zu einem späteren Zeitpunkt. Nach der Errichtung einer leistungsfähigen Landesgruppe Wien sollte die Führung der APÖ nach Jugoslawien übersiedeln und über die Landesgruppen Kärnten und Steiermark die Verbindung

---

verurteilt und hingerichtet. Wenzel Messenhauser (1813–1848) beteiligte sich als Oberkommandant der revoltierenden Nationalgarde am Wiener Oktoberaufstand und wurde am 16. November 1848 standrechtlich erschossen.

153 Hier entschied sich die Leitung im Grunde gegen die KP/KJV-Linie, gemäß der der bewaffnete Widerstand als zu gefährlich und angesichts des fehlenden Zugangs zu Waffen als wenig aussichtsreich erachtet wurde (vgl. Göhring 1971, Garscha/Weinert 1987). Der hier eingeschlagene Kurs war auch innerhalb der Gruppe umstritten, vgl. Horn 1967, 135: »Natürlich mußten wir ein überparteiliches Österreichisches Befreiungskomitee bilden. Darüber waren wir einig. Aber Monti wollte zuerst einen schlagkräftigen Kern, und ich träumte von Massen.«

Aufbau des Freikorps

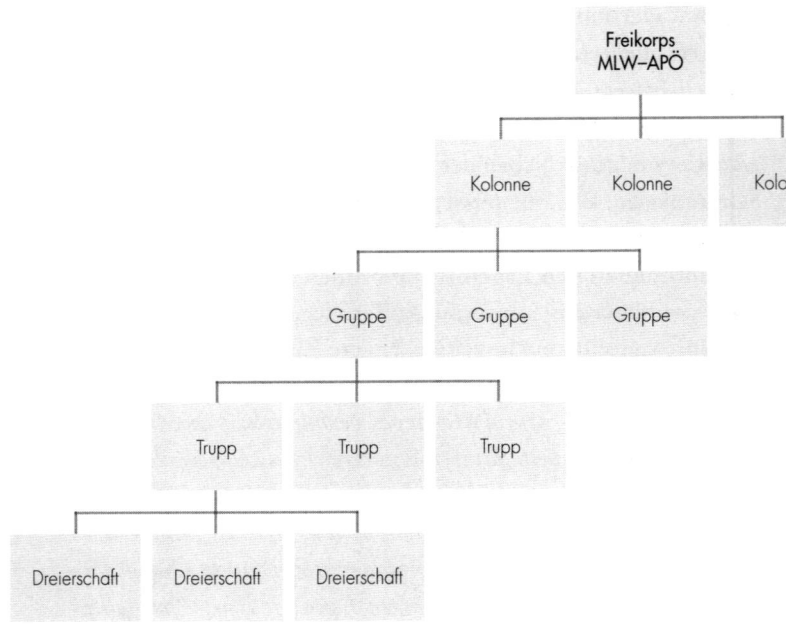

aufrechterhalten. Herlinger wurde von den Partisanen als Verbindungsmann legitimiert. Zu seiner Unterstützung wurde später Britta Herz als Kurierin eingesetzt. Die Propaganda- und Sabotagetätigkeit wurde in Wien vor allem durch die Betriebszellen gefördert. (DÖW 7162, Festschrift, 3f.)

Nach der Verhaftung der Führung der MLW-APÖ Ende Februar 1944 – darauf wird im Folgenden noch ausführlich eingegangen – wurde abermals versucht, die Verbindung nach Jugoslawien zu stärken. Die Leitung der APÖ setzte sich neu aus Hans Kratky, Otto Priefer, Hans Chum, Edith Koritschoner und Britta Herz zusammen. Eine einheitliche Partisanen-

Ränge

Kommandeur

Oberstabsleiter

Stabsleiter

Kolonnenführer

Unterkolonnenführer

Gruppenführer

Untergruppenführer

Obertruppführer

Truppführer

Dreischaftsführer

Schaubild 3: Ränge und Aufbau des Freikorps MLW-APÖ

bewegung in Österreich, so der Plan der APÖ, konnte zwar nicht geschaffen werden, allerdings wurden die Tätigkeiten der APÖ und der MLW wieder zusammengelegt, was »beträchtliche Erfolge« zeitigte.[154]

Die drei Organisationen Sonderabteilung »NN«, Mischlingsliga Wien und Antifaschistische Partei Österreichs sind also zusammen zu betrachten, da Letztere in direkter Folge der beiden ersten entstanden ist bzw. die MLW und die APÖ zum Teil parallel bestanden hatten. Zudem sind starke personelle Kon-

---

154 So in der Festschrift, DÖW 7162, 4. Welcher Art diese Erfolge waren, wird nicht ausgeführt.

tinuitäten und Überschneidungen gegeben. So lässt sich nachträglich oft nicht sagen, wie lange die Teilnahme einer Person in welcher Organisation dauerte, da oft auch die Zeitangaben, insbesondere in den Interviews, fehlen.

Auch in den Angaben zum »Dienstplan der Leitung der Sonderabteilung ›NN‹« bzw. »Dienstpostenplan des Freikorps MLW-APÖ, Stand von 1943/44«[155] zeigen sich zum einen die personellen Kontinuitäten, zum anderen die (angestrebte) militärische Gliederung – zumindest nach der Vorstellung der Führung der Gruppe. Andreasch war demnach zur Zeit der Sonderabteilung »NN« deren Abteilungsleiter, anschließend in der Zeit von MLW und APÖ Befehlshaber (und Generalsekretär). Sein Stellvertreter über den gesamten Zeitraum war Otto Horn. Hans Wewerka war ab MLW-Gründung Stabschef (und Repräsentationssekretär).[156] Den Verbindungsoffizier zu den alliierten Armeen stellte Stabsleiter Wilhelm Herlinger, Stadtadjutant war damals Unterkolonnenführer Robert Pollak.[157] Die MLW/APÖ wies eine hierarchische Gliederung auf (siehe Schaubild 3), die von der kleinsten Einheit »Dreierschaft« über »Trupp« (zwei bis fünf »Dreierschaften«),

---

155 Als Teil des Berichts an das Bundeskanzleramt – Amt für Landesverteidigung (Sektion 6), vgl. DÖW 988, Bericht.
156 Vgl. ebd., 6.
157 Robert Pollak, geboren 1919 in Wien, gelernter Friseur, zum Zeitpunkt der Verhaftung als Hilfsschlosser dienstverpflichtet, »Mischling 1. Grades«, Mitglied des internen Stabs der MLW, Gruppenführer, militärischer Ausbilder, laut Otto Horn im Herbst 1943 unter Verdacht geraten und »kaltgestellt« (Interview Otto Horn, 28), nach Darstellung Pollaks selbst Austritt aus der MLW nach heftigem Streit mit Andreasch, nachdem ihm klargeworden sei, dass die MLW gegen Hitlerdeutschland zu schwach sei und er keine weiteren jungen Menschenleben für einen aussichtslosen Kampf opfern wolle (DÖW 40896, Anklageschrift Andreasch u. a., 20). Pollaks Verhaftung und seine Aussagen bei der Gestapo führten zur Verhaftung der erweiterten Führungsgruppe, er galt daraufhin als »Verräter«.

»Gruppe« (zwei bis fünf »Trupps«) und »Kolonne« (zwei bis fünf »Gruppen«) reichte. Im besagten Schreiben an das Amt für Landesverteidigung Wien werden drei Kolonnen genannt: eine soll Otto Horn (als Oberstabsleiter), eine Hans Wewerka (ebenfalls als Oberstabsleiter) und eine Herlinger (als Stabsleiter) befehligt haben (vgl. DÖW 988, Bericht, 6).

Die möglichen Orden und Auszeichnungen, die durch illegale Einsätze erworben werden konnten, wurden tatsächlich verliehen, in ihrer Form aber entsprechend unauffällig gewählt, damit sie auch unter den Bedingungen des illegalen Widerstandskampfs getragen werden konnten. Gemäß den Angaben von Otto Horn umfasste die illegale Gruppe etwa 200 Mann, wobei der Kader der AktivistInnen etwa die Hälfte ausmachte (vgl. DÖW 7162, Gedächtnisprotokoll Befragung Horn, 5).[158] Die militärische Betätigung selbst habe jedoch primär in der Vorbereitung auf sie bestanden. Wichtige Aktionen seien die Sabotageakte (gegenüber Verkehrseinrichtungen sowie innerbetriebliche Sabotage) und die Fluchthilfe für jugoslawische Zwangsarbeiter in ihre Heimat gewesen (vgl. ebd., 5f.).

2.2 Das Netzwerk der Mischlingsliga Wien

Die Mitglieder der Mischlingsliga Wien waren durchwegs junge Menschen. Zum Zeitpunkt ihrer Verhaftung waren sie zwischen 17 und 27 Jahren alt. Das jüngste bekannte Mitglied war

---

158 Ähnlich die Angaben in seinem autobiografischen Roman: »Es waren schon mehr als zweihundert. Sie waren in zwei Abteilungen und in einem Dutzend Gruppen organisiert. An ihrer Spitze standen erprobte Kämpfer und ausgebildete Soldaten. Alle wußten, daß wir für die Rechte der Mischlinge kämpfen wollten, gemeinsam mit allen antifaschistischen Kräften. Durften sie mehr wissen?« (Horn 1967, 105)

Kurt Schulhof[159], das älteste Rudolf Miniböck[160]. Da manche von ihnen bereits in der Sonderabteilung »NN« organisiert waren, schlossen sie sich also mit relativ jungen Jahren der Gruppe an. Mehrheitlich waren sie bereits zuvor freundschaftlich verbunden, was auch die kongruente Alterskohorte erklärt.[161] Alle waren sie von den rassistischen nationalsozialistischen Gesetzen betroffen. Das Bedürfnis, mit anderen jungen Leuten

---

159 Kurt Schulhof, Jahrgang 1927, Rastrierlehrling (als Rastrieren bezeichnete man das Linieren bzw. Karieren von Papierbögen), eigentlich »Geltungsjude«, jedoch mithilfe eines Gnadengesuchs an den Führer als »Mischling 1. Grades« anerkannt (vgl. DÖW 40896, Anklageschrift Andreasch u. a., 7). Wie Lappin-Eppel (2017, 161) ausführt, lebte er vordergründig ein regimekonformes Verhalten (so war er etwa Mitglied der HJ in Wien XVIII, Paulinengasse), gleichzeitig war er bereits ab Winter 1942/43 Mitglied des KJV im 17. Bezirk gewesen, den damals Otto Horn leitete. Gemeinsam mit seinem Freund Kurt Vodicka, den er für den KJV anwerben konnte, verteilte er heimlich politische Flugblätter, stahl Lebensmittelkarten aus dem NSDAP-Parteilokal in Hernals, um diese Versteckten zukommen zu lassen etc.

160 Rudolf Miniböck, 1917 geboren, leitete die sozialistische Fraktion der APÖ. Lappin-Eppel (2017, 158) führt zu ihm aus: »Obwohl Rudolf Miniböck ›Mischling 1. Grades‹ war, kam auch er ohne formale Anklage im Juni 1944 ins KZ Auschwitz und später in die Konzentrationslager Groß-Rosen und Flossenbürg; er überlebte. Ihm war illegale Betätigung für die KPÖ nachgewiesen worden. Dies wog offenbar schwerer als die Tätigkeit in der ›Mischlingsliga‹.« Laut Schreiben der Gestapo an den Oberreichsanwalt beim Volksgerichtshof am 12.4.1944 wurde Miniböck jedoch als »Volljude« klassifiziert, sie nahm daher – wie bei den »Geltungsjuden« Küri, Fanto und Kohn – aufgrund der 13. Verordnung zum Reichsbürgergesetz vom 1.7.1943 von einer Anzeige wegen Vorbereitung zum Hochverrat Abstand. Stattdessen beantragte sie für die genannten Personen beim Reichssicherheitshauptamt in Berlin Schutzhaft und Einweisung in ein Konzentrationslager (vgl. BArch Berlin, R 3017 22496). Zu den Auswirkungen der 13. Verordnung zum Reichsbürgergesetz vgl. die Ausführungen in Abschnitt 3.3 dieses Kapitels.

161 Durchschnittlich waren die 21 AktivistInnen, von denen das Geburtsjahr bekannt ist, im Jahr der Gründung der MLW 21 Jahre alt. Vgl. dazu die Rekrutierung im KJV (Göhring 1971, 260).

zusammenzukommen und sich einander mitzuteilen, war daher eine starke Motivation, sich der Sonderabteilung »NN«/MLW/APÖ anzuschließen, die oft der politischen vorgelagert war.[162] Die zahlreichen Diskriminierungserfahrungen stärkten den Mut und den Willen, sich gegen das Regime, das sie in diese zum Teil als aussichtslos empfundene Lage gebracht hatte, aufzulehnen und auch politisch tätig zu werden. In den Jugendgruppen erlebten sie ein Gefühl der Zugehörigkeit und der Solidarität. Die Teilnahme am Widerstand ist als individuelle Bewältigungsstrategie angesichts der wachsenden Bedrohung durch das NS-Regime zu sehen. Dafür waren sie bereit, ein hohes Risiko einzugehen, mussten sie doch aufgrund ihrer Aktivitäten mit dem Tod rechnen, würden sie auffliegen (vgl. DÖW 1993, 223). Zur Erhaltung der Würde wurde dies offenbar in Kauf genommen.

Über die Gefährlichkeit ihrer Unternehmungen waren sich die Mitglieder durchaus bewusst, so auch Gertrude Horn. Die Angst war immer und überall dabei.

Alle hatten Angst, meinte sie daher, *nur Dumme haben keine Angst. Aber wenn man jung ist, ist man zu solchen Aktivitäten entschlossen. Außerdem arbeitete die »Mischlingsliga« zu einer Zeit, als der Krieg schon fortgeschritten war, und die Chancen zu überleben waren so gering für alle, dass man wenig zu verlieren hatte. (DÖW 1993, 223)*

Sowohl für die Sonderabteilung »NN« als auch später für die APÖ werden von ehemaligen AktivistInnen eine Mitglieder-

---

[162] Die Leitung der Gruppe versuchte, dem Austauschbedürfnis der Mitglieder entsprechend den Verein offiziell als Kulturverein registrieren zu lassen, was allerdings nicht gelang. »Santo [Deckname/Schlüsselname für Wewerka] hielt uns schon Monate lang hin mit der versprochenen Bewilligung für einen Mischlingsverein. Was sollten wir den Leuten erzählen? Dass die Liga eigentlich ein militärisches Freikorps war, einstweilen noch im Untergrund? Das konnte man doch nicht Hunderten Menschen auf die Nase binden. Nur die Besten durften es wissen.« (Horn 1967, 105)

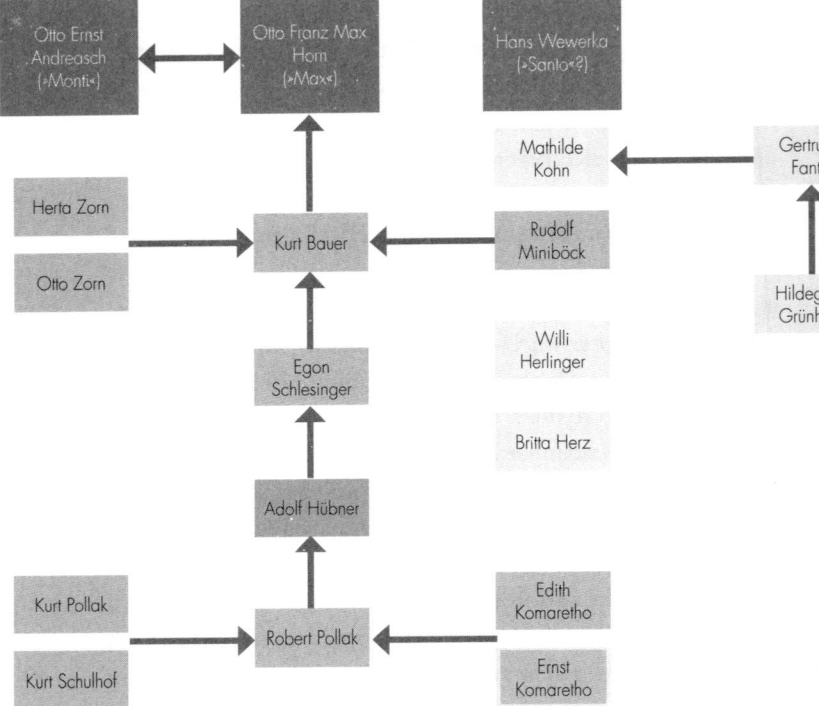

*Schaubild 4: Wer kam durch wen in die MLW?
Bei den heller unterlegten Namen ließ sich der Weg in die Gruppe
nicht klären.*

stärke von 200 bis 300 Personen genannt (vgl. Otto Horn in DÖW 1993, 328). Von einer ähnlich hohen Zahl kann bei der MLW ausgegangen werden (vgl. Horn 1967, 105), wenngleich diese in einer Übergangsphase bestand, in der einerseits viele junge Menschen, die der Sonderabteilung »NN« angehört hatten, bereits deportiert waren, und andererseits der Zulauf möglicherweise aufgrund des erhöhten Gefahrenpotenzials gehemmt war. Noch nach der Verhaftungswelle im Februar und März 1944, die rund 20 führende Mitglieder betraf, blieben 60 bis 80 Personen unentdeckt (die aber keinen Kontakt untereinander hatten), wie Otto Horn erinnerte (DÖW 1993, 331).

Namentlich bekannt sind heute nur mehr 28 Personen, die großteils zum inneren Kern der Organisation (MLW bzw. APÖ) zählten.[163] Wie die Gruppe zusammenfand, lässt sich in erster Linie anhand der Anklage- und Urteilsschrift gegen Andreasch u. a. nachzeichnen.

Kopf der Gruppe war Otto Ernst Andreasch, mit Decknamen Monti. Seine engsten Mitstreiter und Mitgründer der MLW waren Otto Franz Max Horn, genannt Max, und Hans Wewerka. Andreasch und Horn hatten sich bei der Arbeit in einem Rüstungsbetrieb kennengelernt. Andreasch war zum Zeitpunkt des Aufeinandertreffens mit Horn bereits einmal wegen Hochverrats verhaftet gewesen, aber mangels Beweisen freigesprochen worden.[164] Er erzählte Horn von seinem Auftrag seitens des Zentralkomitees der illegalen KPÖ, »vor allem junge österreichische Bürger, die von den ›Nürnberger Gesetzen‹ betroffen waren, in einer eigenen Organisation zu sammeln« (Otto Horn in DÖW 1993, 328). Dem Auftrag war er bereits vor seiner Verhaftung nachgekommen, diese Gruppe hatte sich aber während seiner fast einjährigen Haft 1940 zerschlagen. Gemeinsam gingen sie nun ans Werk, die Sonderabteilung »NN« wieder aufzubauen. Wie Hans Wewerka zu den beiden stieß, ist nicht überliefert.

---

163 Otto Horn nennt in seinem autobiografischen Roman noch weitere Namen, die hier nicht mitgezählt sind.
164 Vgl. Tagesrapport Nr. 2 vom 3.–4. Mai 1940, der die Festnahme von Otto Andreasch wegen Verdachts, in führender Funktion für den KJV tätig zu sein, anführt. Andreasch gab zwar zu, von 1935 bis 1938 Mitglied des KJV gewesen zu sein, bestritt jedoch jegliche politische Betätigung seit dem »Umbruch« 1938 (vgl. DÖW 1557 zugeordnet zu Rapport Nr. 30502).

Die Kontaktaufnahme von Robert Pollak zur Gruppe lässt sich nur mithilfe von Horns autobiografischem Roman nachzeichnen. Demnach brachte Egon Schlesinger Adolf Hübner in die Gruppe und dieser Robert Pollak.[165] Laut Anklageschrift hatte er eifrig für die Liga geworben:

Auf Grund reger Werbetätigkeit gelang es Robert Pollak als neue Mitglieder seinen Bruder Kurt Pollak, Schulhof und die Geschwister Komaretho der Liga zuzuführen: er machte sie mit Andreasch und Horn bekannt. (DÖW 40896, Anklageschrift Andreasch u. a., 17)

Kurt Bauer kam als Freund von Horn dazu, dieser machte ihn mit Andreasch bekannt. Laut Anklage unterstützte er alle Ziele der Liga und trat ihr daher bei. Als weitere Mitglieder wurden von ihm Rudolf Miniböck, Egon Schlesinger und die Geschwister Herta und Otto Rudolf Zorn geworben (vgl. DÖW 40896, Anklageschrift Andreasch u. a., 17).

Wer das Mädchen im Gefangenenhaus Roßauer Lände war, durch die Gertrude Fanto, spätere Horn, zur Gruppe stieß, ist

---

165 »Egon [Schlesinger] hatte uns Pühringer [Adolf Hübner] zugeführt, den illegalen Nazi mit dem goldenen HJ-Zeichen, der nach 1938 als Halbjude aus der NSDAP ausgestoßen worden war. Und Pühringer hatte uns Robert Lewi [Robert Pollak] gebracht, der so abstoßend wirkte und sich so aktiv gebärdete. So aktiv, dass ihn Monti als Adjutant in den Stab holte. Damit hatte es begonnen. Mit Roberts blindem Eifer. Er wollte in den Ältestenrat der Wiener Juden einbrechen, um die Kartei der Mischlinge herauszuholen. Als ob es nicht andere Wege gegeben hätte! Da war Roberts eigener Bruder [Kurt Pollak], der in der Landesleitung der Technischen Nothilfe die Liste von Hunderten Mischlingen kontrollierte. Und Kurtl IV [nicht entschlüsselt, eventuell Kurt Bauer], der Ministrant aus Hernals, der Dutzende in den Matrikelbüchern fand. Er hatte Freunde in vier anderen Pfarren. Dabei stieß jeder von uns bei der Musterung auf Schicksalsgenossen. Wir wussten ja gar nicht, wohin mit den neuen Leuten!« (Horn 1967, 104)

nicht überliefert.[166] Gertrude wiederum warb ihre Freundin, die Textilzeichnerin Hilde Grünholz, Jahrgang 1921, für die Organisation (vgl. DÖW 40896, Anklageschrift Andreasch u. a., 23). Es spricht also vieles dafür, dass sich auch bei der MLW die Organisation in erster Linie durch Zuwachs aus dem Bekannten- und Freundeskreis vergrößerte, wie dies auch beim KJV der Fall war (vgl. Göhring 1971, 260). Das brachte auch Otto Horn (1988, 114) zum Ausdruck:

Für uns hat die Welt so ausgeschaut wie unsere Organisation. Das war alles, das war der Inhalt, und natürlich, wenn jemand ein Mädchen gehabt hat, oder ein Mädchen einen Burschen gehabt hat, dann hat er sie mitgebracht oder sie hat ihn mitgebracht oder dort kennen gelernt.

2.3 Die Rolle der Frauen

Die militärische Ausrichtung der Organisationen (bzw. die Betonung dieses Vorhabens) mag zum Schluss verleiten, dass Frauen darin keine Rolle gespielt hätten. Zudem werden nur wenige von ihnen explizit genannt. Dennoch waren sie aktiv und stellten wichtige Verbindungsglieder/Vertrauensleute der Gruppe dar. Die einzige Frau der Gruppe, mit der ein Interview geführt wurde, ist Gertrude Horn, geborene Fanto. Sie erzählte im Jänner 1989 von ihrem Elternhaus und ihrem Aufwachsen, ihren Diskriminierungserfahrungen ab März 1938 sowie über die Zeit in der MLW. Auf ihr Leben, bevor sie zur MLW stieß, wurde bereits eingegangen, stellvertretend für die vielen anderen, großteils namentlich nicht bekannten Frauen (vgl. Horn G. 1989).[167]

---

156 Möglicherweise handelt es sich um Mathilde Kohn, die später Gertrudes beste Freundin wurde.
167 Die wesentlichsten Aussagen sind in der DÖW-Publikation »Jüdische

In der Haft im Polizeigefängnis auf der Roßauer Lände, wohin Gertrude nach ihrem unerlaubten Ausflug ohne Tragen des »Judensterns« kam, lernte sie, wie schon erwähnt, ein Mädchen kennen, das sie zu sich nach Hause einlud. Nach einigen Treffen, bei denen man sich gegenseitig »abtastete«, kam Otto Horn, Gertrudes späterer Ehemann, und hielt einen Vortrag. Diesem war zu entnehmen, dass es um die Mischlingsliga Wien ging, so Gertrude im Rückblick. Ihre eigene Motivation, sich der MLW anzuschließen, schilderte sie so:

Uns war klar, dass man irgendwas gegen das Nazi-Regime tun muss, man konnte doch nicht nur warten, in der Zwischenzeit hatten ja schon die Deportationen nach Polen begonnen. Es wurden Menschen weggeschickt, die keine Möglichkeit gehabt hatten, sich zu wehren, also musste man solche Organisationen aufbauen. (DÖW 1993, 223)

Die Vorhaben der Gruppe fanden bei ihr entsprechende Resonanz und so beteiligte sie sich am Aufbau der Organisation. »Wir waren ja alle ganz jung, also niemand hatte wirklich schon eine politische Erfahrung; ich mein, ich hab zwar eine politische Vorstellung gehabt, aber keine politische Erfahrung.« (Horn G. 1989, 21)

Wann genau Gertrude Fanto zu dieser Gruppe stieß, lässt sich anhand ihres Opferfürsorgeakts zeitlich näher bestimmen, in der die Haftzeit auf der Roßauer Lände vom 6. bis 28. Juni 1942 bescheinigt ist.[168] Die KPÖ bestätigte ihr zudem einen Einsatz für ein freies demokratisches Österreich seit dem Jahre 1943.[169] Gertrude verkehrte demnach spätestens ab der zweiten Jahreshälfte 1942 in diesem Freundeskreis.

Schicksale« (1993) auf den Seiten 221–224 wiedergegeben. Soweit möglich wird daraus zitiert, bei dort nicht enthaltenen Erzählpassagen auf das Interview zurückgegriffen.
168 Vgl. WStLA, M.Abt. 208, A36, OF-Akt Gertrude Horn.
169 Bestätigung der KPÖ vom 16.2.1947 in: WStLA, M.Abt. 208, A36, OF-Akt Gertrude Horn.

Die MLW zählte zu ihren wichtigsten Aufgaben[170] die antifaschistische Aufklärungstätigkeit unter der österreichischen Bevölkerung, militärische Vorbereitungen für den aktiven (Kampf-)Einsatz, die Durchführung zahlreicher schriftlicher Propagandaaktionen und Sabotageakte, die vorwiegend Störmaßnahmen gegen den Verkehr darstellten (Telefon, Bahnlinien usw.), sowie Werkssabotage in der Rüstungsindustrie, dies insbesondere in Zusammenarbeit mit ausländischen Arbeitern bzw. Kriegsgefangenen.[171] Doch die Widerständigkeit begann bereits mit den zahlreichen Zusammenkünften, die nicht nur in Wohnungen, sondern auch in der Lobau und im Wienerwald stattgefunden haben – Gegenden, in denen Jüdinnen und Juden und damit auch »Geltungsjuden« sich gar nicht aufhalten durften. Hinsichtlich ihrer Aufklärungs- wie auch Störaktionen meinte Gertrude Horn, sie hätten Telefonhörer abmontiert, Flugblätter verteilt oder an Wohnungstüren gesteckt, Losungen auf Wände geschrieben – dies vor allem im zweiten Bezirk, wohin die jüdische Bevölkerung umgesiedelt wurde.

Rasch bekleidete Gertrude Horn eine Funktion und wirkte als »Gruppenführerin« (Horn G. 1989, 21), zudem war sie für das Einholen der Beiträge bei den weiblichen Mitgliedern der Liga zuständig[172], die Festschrift listet sie außerdem als für den »Apparat« Verantwortliche auf (vgl. DÖW 7162, Festschrift, 6). Als weitere damalige Tätigkeiten benennt sie »andere ausbilden, Vorträge halten, Sabotageakte betreiben etc.« (Horn G. 1989, 23f.).

Die Gruppen trafen sich einmal pro Woche, der engere Kreis öfter. »Unser Hauptquartier war am Rande der Stadt auf einem

---
170 Vgl. DÖW 7162, Festschrift, 3; Horn G. 1989, 29f; DÖW 1993, 223; DÖW 40896, Gerichtsakt Andreasch u. a.
171 Vgl. DÖW 7162, Gedächtnisprotokoll Befragung Horn, 6; DÖW 7162, Festschrift, 3, DÖW 1993, 330.
172 Vgl. DÖW 40896, Anklageschrift Andreasch u. a., 13 und 22.

Berg in einer Höhle. Und dort haben wir die Zusammenkünfte gemacht, die [Höhle] also nur für einen bestimmten Teil der Leute wichtig war, [ein Ort,] den niemand anderer gekannt hat.« (ebd., 27) Dass die Mischlingsliga eine kommunistische Organisation war, habe nur der innere Kreis, der Funktionärskreis gewusst. »Allen hat man das nicht gleich erzählt. Da waren ja sehr viel Bürgerliche auch dabei, nicht? […] Es gab ja sonst nichts, wo man dabei sein konnte.« (ebd., 22)

Hilde Grünholz verfasste in den Jahren 2008–2010 handschriftlich Lebenserinnerungen (vgl. DÖW 51684). Leider widmet sie darin ihrer Widerstandstätigkeit keine einzige Zeile. In der Gerichtsverhandlung gab sie an, von ihrer Freundin Gertrude Fanto (im Akt: Gertrude Sara Fanto) für die Gruppe geworben worden zu sein und im Laufe der Zeit alle Angeklagten kennengelernt zu haben. Sie habe an ungefähr 15 bis 20 Ausflügen in die Lobau teilgenommen, dies allerdings aus rein sportlichen Gründen. Das Gericht glaubte ihr nicht, da sie, zu ihrer Ausbildung zur Krankenpflegerin befragt, als Grund mögliche Sportunfälle anführte, dabei aber von der Pflege »Verwundeter« sprach. Die Betreuung von Sportverletzten nenne man aber nicht so. Das Gericht hegte zwar Bedenken, dass sie die »hochverräterischen Ziele der WML[173] zu fördern sich bewusst war«. Allerdings hätte alleine die Kenntnis von den Zielen der MLW sie zur Anzeige verpflichtet. Hilde Grünholz wurde daher nach § 139 RStGB[174] bestraft und zu einem

---

173 In den Prozessakten wird die Gruppe (auch) Wiener Mischlingsliga genannt und die Abkürzung WML verwendet.

174 § 139 RStGB: »Wer von dem Vorhaben eines Hochverraths, Landesverraths, Münzverbrechens, Mordes, Raubes, Menschenraubes oder eines gemeingefährlichen Verbrechens zu einer Zeit, in welcher die Verhütung des Verbrechens möglich ist, glaubhafte Kenntniß erhält und es unterläßt, hiervon der Behörde oder der durch das Verbrechen bedrohten Person zur rechten Zeit Anzeige zu machen, ist, wenn das Verbrechen oder ein strafbarer Versuch desselben began-

Jahr und sechs Monaten Gefängnis verurteilt. Sie kam in die Haftanstalt Krems.[175]

Herta Zorn wurde laut Anklageschrift im Frühjahr 1943 von Kurt Bauer für die Liga geworben (vgl. DÖW 40896). Das Gericht konnte ihr nur eine einmalige Beitragszahlung an die Kassierin für die weiblichen Mitglieder, Gertrude (Sara) Fanto, nachweisen. Sie habe bei Ausflügen mitgemacht, zudem stellte sie der Liga zur Abhaltung von Zusammenkünften ihre Wohnung zur Verfügung. In ihrem Beisein hätten Andreasch, Horn, Wewerka und die Gebrüder Pollak in eingehender Weise die politischen Bestrebungen der Liga erörtert (eigene politische Debattenbeiträge traute ihr das Gericht anscheinend nicht zu). Dabei habe sie auch erfahren, dass die jüngeren Jahrgänge militärisch ausgebildet werden sollten. Schließlich wurde Herta Zorn vorgehalten, im März 1943 nach Diktat von Horn den »Aufruf an alle Mitglieder der Liga« auf der Schreibmaschine geschrieben zu haben. Eine Abschrift des Aufrufs wie auch eine des Beschlusses »Prädikat aktiv« wurden bei ihr gefunden.

Die Jugendliche Herta Zorn konnte während der Verhöre anscheinend glaubhaft vermitteln, dass sie sich Ende Sommer 1943 von der MLW zurückgezogen habe. Vor Gericht bestritt sie, vom Vorhaben der Gruppe gewusst zu haben, ihre Ziele auch mithilfe anderer illegaler Parteien oder mit Waffengewalt durchzusetzen. Sie wurde allerdings aufgrund der Kenntnisse über die »hochverräterischen Vorhaben des Angeklagten Horn und der Wiener Mischlingsliga« und dass sie diese nicht zur Anzeige gebracht habe, zu einem Jahr und sechs Monaten

---

gen worden ist, mit Gefängniß zu bestrafen.« (https://de.wikisource.org/wiki/Strafgesetzbuch_f%C3%BCr_das_Deutsche_Reich_(1871)#%C2%A7._139 [Zugriff: 23.5.2018])

175 Vgl. DÖW 40896, Anklageschrift und Urteil Andreasch u. a.

Gefängnis verurteilt (vgl. DÖW 40896, Urteil Andreasch u. a.). Wie Hilde Grünholz wurde sie nach Krems überstellt.

Neben den bereits genannten Frauen war dem Gericht auch Mathilde (Sara) Kohn bekannt. In ihrer Wohnung und in ihrem Beisein trafen sich im Februar 1944 Otto Horn, Egon Schlesinger und Otto Zorn und berieten laut Anklage über die Weiterarbeit der Liga trotz ihrer Auflösung. Wie auch Gertrude (Sara) Fanto, wie Gertrude Horn damals noch hieß, wurde sie als »Geltungsjüdin« eines Gerichtsprozesses für nicht würdig befunden. Die beiden Freundinnen wurden allerdings erst kurz nach der Gerichtsverhandlung ihrer Freundin Anfang Oktober nach Auschwitz deportiert, sie sollten für eine eventuell notwendige Einvernahme zur Verfügung stehen. Von Auschwitz kamen beide Frauen nach wenigen Wochen nach Ravensbrück. Auch Mathilde Kohn überlebte. Nach Aufzeichnungen über die »Orden und Auszeichnungen des Freikorps MLW-APÖ« hatte Kohn den Rang einer Obertruppführerin inne und trug das »Stoßtruppabzeichen« (in der unauffälligen Form eines Wappens der Stadt Wien), das man nach zehn illegalen Einsätzen verliehen bekam (vgl. DÖW 988). Gertrude Fanto, im Rang einer Gruppenführerin, war ebenfalls Trägerin dieses Abzeichens. Auch war am 29. Februar 1944 Edith (Sara) Komaretho verhaftet worden. Die Gestapo konnte ihr jedoch nicht nachweisen, vom Bestehen der Mischlingsliga gewusst zu haben, und entließ sie am 6. April 1944 aus der Haft (vgl. BArch Berlin, R 3017/22496).

Nicht bekannt war dem Gericht die Untergruppenführerin Britta Herz. Den Angeklagten war es gelungen, ihre tatsächlich bestehenden Verbindungen zu den jugoslawischen PartisanInnen zu verheimlichen. Nach der Festnahme des Kerns der Gruppe setzte sich Herlinger wie vereinbart nach Jugoslawien ab, Britta Herz hielt als Kurierin so lange wie möglich die Verbindung zu ihm aufrecht.

Laut Gertrude Horn hätten sich die Frauen besonders gewieft verteidigt. Ihnen sei wohl auch zu Hilfe gekommen, dass die nationalsozialistischen Verfolger und Ankläger Frauen gefährliche Widerstandsleistungen, gar in führender Verantwortung, nicht zugetraut hätten. Im Gerichtsurteil hieß es daher auch hinsichtlich der Strafzumessungsgründe: »Die Angeklagten Herta Zorn und Grünholz, die einen geistig unselbständigen Eindruck beim Senat hinterließen, waren demgegenüber etwas milder zu bestrafen.« (DÖW 40896, Urteil Andreasch u. a., 18) Gertrude sieht in der Formulierung den Beleg dafür, dass »die Mädchen besser waren als die Burschen« (Horn G. 1989, 35) und so ihre Tätigkeiten weitaus glaubwürdiger verharmlosen konnten.

3. STRAFVERFOLGUNG UND RECHTLOSIGKEIT

Für den Großteil der Mitglieder der MLW-APÖ hatte ihre Teilnahme an den Treffen und Freizeitaktivitäten – soweit bekannt – keine polizei- oder strafrechtlichen Konsequenzen. In die Fänge der Wiener Gestapo gingen im Februar und März 1944 nach unserem Kenntnisstand mindestens 23 Personen. Gegen 13 von ihnen wurde am 5. Juni 1944 Anklage erhoben.

3.1 Verrat und seine Konsequenzen

Der Verrat nahm mit einer Unachtsamkeit seinen Anfang. Robert Pollak schrieb an einen Freund an die Front, er habe eine Gruppe kennengelernt, der er sich angeschlossen habe. Der Brief fiel der Zensur in die Hände und Pollak wurde verhaftet.[176] Er habe »alles freiwillig verraten«, wie Gertrude Horn

---

176 Aus Sicht der Gestapo verhielt es sich so: »Am 24.1.1944 wurde im

später formulierte (DÖW 1993, 224), nur unter der Androhung von Folter sei er bereits rundum geständig gewesen. Da er zum inneren Kreis der MLW gehörte, kannte er viele Namen, die Unterkünfte der Freunde, die Treffpunkte im Wienerwald und in der Lobau. Andreasch kannte er namentlich nicht, aber der bereits am 24. Jänner 1944 verhaftete Pollak führte am 29. Februar 1944 die Gestapo zu seiner Wohnung. An diesem Tag verhaftete sie mindestens 16 Personen, die der MLW angehörten, unter ihnen sämtliche bislang genannte Personen, denen vom Volksgerichtshof im Herbst darauf der Prozess gemacht wurde. Egon Schlesinger kam am 1. März 1944 in Haft. Durch Verbindungen bis hinein in die Gestapo wusste der innerste Kreis jedoch, dass ihre Verhaftung bevorstand und traf entsprechende Vorkehrungen. Allerdings kannten sie die durchlässige Stelle in ihrer Gruppe nicht, sodass Flucht ausgeschlossen war. »Wir überlegten, nach Jugoslawien zu gehen. Das war aber nicht möglich, weil wir ja nicht wussten, wer der Verräter war, und womöglich hätten wir ihn mitgenommen.« (Gertrude Horn in DÖW 1993, 223)

> Zuge einer Amtshandlung meiner Dienststelle [wer genau da spricht, geht aus dem Akt nicht hervor] gegen einen Wehrmachtsangehörigen, der sich einer Urkundenfälschung schuldig machte und mit Hilfe eines gefälschten Soldbuches [und] eines gefälschten Urlaubsscheines bei der Wehrmachtskommandantur in Wien Lebensmittelkarten und das Führerpaket zu erlangen trachtete, der Mischling I. Grades Robert Pollak festgenommen. Durch die Vernehmung des Robert Pollak wurde bekannt, dass in Wien von Mischlingen eine Organisation gegründet wurde, die sich ›Wiener Mischlingsliga‹ nannte und der nur Mischlinge angehören konnten.« (Schreiben der Gestapo an den Oberreichsanwalt beim Volksgerichtshof vom 12.4.1944, BArch Berlin, R 3017/22496) Pollak selbst erzählte später in den 1990er Jahren eine gänzlich andere Version, in der nicht er, sondern ein Mitstreiter der Liga den unvorsichtigen Brief verfasst habe. Dabei dürfte es sich um eine Schutzbehauptung handeln, die den Darstellungen der anderen Mitglieder widerspricht (vgl. Lappin-Eppel 2017, 156).

Alle Verhafteten kamen auf die Roßauer Lände, von wo sie in den ersten Wochen zu Verhören durch die Gestapo auf den Morzinplatz geholt wurden. Entscheidend war dabei, dass die Befragungen nicht vom politischen Referat (Referat II, Marxistenbekämpfung), sondern vom Judenreferat (Referat IVb4, Juden) geführt wurden, das im Vernehmen von »Hochverrätern« weniger Erfahrung hatte und nur einen Bruchteil der tatsächlich begangenen Delikte aufdecken konnte (vgl. DÖW 7162, Gedächtnisprotokoll Befragung Horn, 7). So blieben etwa die von der Führung der Liga erstellten Flugblätter großteils unentdeckt und die zahlreichen Kontakte zu den jugoslawischen Partisaneneinheiten konnten verschwiegen werden. Zudem scheint die Gestapo den Erklärungen der Angeklagten Glauben geschenkt zu haben, dass eine offizielle Anerkennung des Vereins ursprüngliches Ziel gewesen sei.

Andreasch und sein Freund Horn (»Max«) und Wewerka beabsichtigten zunächst auf legale Weise eine alle in Wien lebenden Mischlinge zu erfassende Organisation mit dem Ziele, eine bessere rechtliche und wirtschaftliche Stellung der Mischlinge zu erreichen, ins Leben zu rufen. Wegen Nichteinhaltung der von Wewerka zugesagten Versprechungen, durch Aufnahme von Verbindungen [...] diesem Ziel näher zu kommen, entschlossen sich Andreasch, Wewerka und Horn im Frühjahr 1943 eine illegale Organisation unter der Bezeichnung »Wiener Mischlingsliga« zu gründen. [...] Die Wiener Mischlingsliga war militärisch ausgerichtet; ihre weiblichen Mitglieder wurden zu Krankenpflegerinnen ausgebildet. Es wurden zum Kaufe von Sportartikeln und Waffen Mitgliedsbeiträge erhoben, in Besprechungen und Ausflügen die Mitglieder politisch geschult, Aufrufe und Beschlüsse verfasst und den Mitgliedern zur Kenntnis gebracht und Abzeichen getragen. (BArch Berlin, R 3017/20924)

Erst nachdem die staatliche Anerkennung misslang, sei der Gang in die Illegalität erfolgt, und damit habe eine Militarisierung eingesetzt, so die Gestapo. Dies sei nach Mai 1943 geschehen, nachdem Robert Pollak zur Gruppe gestoßen war:

Hand in Hand mit der Wahl des illegalen Weges zur Erreichung der Ziele der Wiener Mischlingsliga ging die militärische Organisation der WML. Der Generalsekretär Andreasch nannte sich fortab Kommandeur und Oberstabsleiter, Horn wurde Stabsleiter und alsbald zum Oberstabsleiter befördert, Wewerka Kolonnenführer und Oberstabsleiter [...] Die weiblichen Mitglieder sollten zu Krankenpflegerinnen ausgebildet werden, damit sie Verwundete pflegen könnten. (BArch Berlin, R 3001/165158)

Insgesamt bot die Organisation laut den Erhebungen der Gestapo

das Bild einer begrenzten Motiven erwachsenen gleich einem Strohfeuer aufgeflammten und schnell wieder erloschenen illegalen Bewegung. Die der Vorbereitung zum Hochverrat schuldigen Angeklagten haben ihre Tätigkeit bis auf Horn nach kurzer Zeit wieder aufgegeben, teils aus Angst, teils mangels eigener Initiative, teils aus ehrlicher Abkehr wie Robert Pollak. (BArch Berlin, R 3001/165158)

Denn der Gestapo blieben vor allem auch die umfassenden Tätigkeiten und internationalen Verbindungen von Horn verborgen: »Aufgrund des im Hebst 1943 von Andreasch gemachten Vorschlags, die WML aufzulösen, stellte Horn seine illegale Arbeit ein. Erst Mitte Februar 1944 wurde er wieder für die Liga tätig.« (BArch Berlin, R 3017/20924) Sie anerkannte jedoch Pollaks Aussage, sich aus eigener Überlegung heraus von der Gruppe getrennt zu haben:

Schon im August 1943 erkannte der Angeklagte Robert Pollak, dass der illegale Weg auch nicht zu dem Ziele einer Besser-

stellung der Mischlinge führen könne. Er legte deswegen die Führung seiner Gruppe nieder, die von dem Angeklagten Horn übernommen wurde. Ende September 1943 kam es dann zu einer heftigen Auseinandersetzung zwischen Robert Pollak und Andreasch, in deren Verlauf Robert Pollak seinen Austritt erklärte. Andreasch warf dem Pollak Fahnenflucht vor. Pollak verblieb jedoch auf seinem Standpunkt, dass er wegen der Feigheit der Mitglieder der WML nicht daran glauben könne, dass die Ziele der WML verwirklicht werden würden, und dass er auch nicht an dem Tod zahlreicher junger Menschen schuldig werden wolle, wenn es zu einem Kampf mit Waffen gegen den Nationalsozialismus kommen sollte. (BArch Berlin, R 3001/165158)

Die Mitglieder der Gruppe versuchten in den Verhören, die belegten Aktivitäten wie etwa die Treffen als gemeinsame Freizeitaktivität von gleichaltrigen, aufgrund der geltenden Gesetze vereinsamten Jugendlichen darzustellen, wie sich Gertrude Horn erinnert:

Die Mädchen unserer Gruppe, bürgerliche Mädchen, sagten: »Ja, wir waren eine Gruppe, eine Mischlingsgruppe. Wir dürfen ja nirgendwo hingehen, wir haben uns getroffen und unterhalten, haben Ausflüge gemacht, und wir haben Geld gesammelt; da haben wir einen Hut hingelegt, jeder hat hineingegeben, was er gehabt hat, und dann haben wir uns gemeinsam etwas gekauft.« (DÖW 1993, 224)

Die Gestapo habe ihnen das zwar nicht abgenommen, aber sie hatte auch keine Gegenbeweise. Da unter den Verhafteten mit der Zeit der Name des Verräters ihrer Gruppe zirkulierte, konnten sie sich untereinander über ihre Verteidigungsstrategie etwas verständigen.

Wir waren x-mal in Jugoslawien, so erzählte Otto Horn später, und haben für die jugoslawischen Partisanen Nachschub geschickt, wenn sie davon auch nur das Geringste beweisen hätten können, wäre keiner von uns mit dem Kopf davongekommen, aber das konnten sie nicht. Sie hielten uns zugute, dass wir unter uns geblieben sind, also im Kreise der »Mischlinge«, obwohl das natürlich nicht gestimmt hat. (DÖW 1993, 331)

Im Gegenteil: Von den Verhaftungen im Februar und März 1944 blieb ein führendes Mitglied der Widerstandsgruppe verschont, ihn hatte Robert Pollak, vor dem die Auslandskontakte der Gruppe verschwiegen wurden, nicht gekannt. Diesem, es war Wilhelm Herlinger, gelang es, sich wie vereinbart nach Jugoslawien abzusetzen und der Kontaktperson bei den PartisanInnen über das Geschehene Meldung zu erstatten (Ziel war, mit vereinten Kräften die Verhafteten aus dem Gefängnis zu befreien). Allerdings war nahezu zeitgleich die Verbindungsgruppe in Maribor/Marburg hochgegangen, sodass Herlinger nicht mehr zurückkommen konnte. Die ihn begleitende Kurierin Britta Herz wartete eine Woche vergeblich an der Grenze auf seine Rückkehr. Herlinger fiel später bei einem Partisaneneinsatz (vgl. ebd., 332).

Nach einigen Wochen Haft im Polizeigefangenenhaus wurden jene, denen eine Verhandlung vor dem Volksgerichtshof drohte – es waren dreizehn der insgesamt mindestens 20 verhafteten Personen –, ins Landesgericht überstellt. Die Anklageschrift vom 5. Juni 1944 beschuldigte sie des Vorhabens, »in Wien in den Jahren 1943 und 1944 als Funktionäre oder Mitglieder der ›Wiener Mischlingsliga‹ den organisatorischen Verfassungshochverrat vorbereitet und dadurch den Feind begünstigt zu haben«. Sämtliche Angeklagte hätten es übernommen, »eine geheime, militärisch ausgerichtete Organisation zu gründen, deren Ziel es gewesen ist, mit Hilfe anderer illegaler Organisationen und der Feindmächte die Verfassung des Reichs zu stürzen« (DÖW 40896, Anklageschrift Andreasch u. a., 3).

In der Hauptverhandlung vom 20./21. September 1944 sah sich selbst der Reichsanwalt bemüßigt, den Vorwurf der Feindbegünstigung aus der Anklage zu nehmen und diese auf organisatorischen Verfassungshochverrat zu reduzieren, da zu wenig Beweismaterial vorlag. Das Gericht verurteilte die Angeklagten wegen »Vorbereitung zum Hochverrat« (DÖW 40896, Urteil Andreasch u. a., 1), wodurch sie der Todesstrafe entgingen.
Der 5. Senat des Volksgerichtshofs setzte folgende Strafen fest: Otto Ernst Andreasch, Otto Franz Max Horn, Hans Wewerka und Robert Pollak erhielten als federführende Beteiligte bei den Vorbereitungen zum »gewaltsamen Umsturz« jeweils sechs Jahre Zuchthaus und sechs Jahre Ehrenrechtsverlust. Kurt Bauer wurde als Mittäter zu drei Jahren Zuchthaus und zu drei Jahren Ehrenrechtsverlust verurteilt. Bei Kurt Pollak kam als Milderungsgrund der Einfluss seines Bruders Robert, als erschwerend sein »sinnloses Leugnen« in Betracht. Da er sich zudem nur kurze Zeit in der MLW betätigt habe, fiel seine Strafe mit zwei Jahren und sechs Monaten Zuchthaus sowie zwei Jahren Ehrenrechtsverlust geringer aus. Zu den Mittätern wurde auch Schulhof gezählt, der zur Tatzeit noch jugendlich war und so zu einem Jahr Jugendgefängnis verurteilt wurde. Auch Egon Schlesinger erhielt eine geringere Strafe von zwei Jahren Zuchthaus. Die beiden Frauen, Herta Zorn und Hildegard Grünholz, fassten jeweils ein Jahr und sechs Monate Gefängnis aus. Schlesinger, Herta Zorn und Grünholz galten dem Gericht als Mitwissende. Adolf Hübner und Ernst Komaretho wurden mangels Beweisen freigesprochen. Kein Urteil wurde über Otto Zorn gefällt – er war im September 1944 flüchtig.[177]

[177] Otto Zorn gelang am 26.7.1944 die Flucht. Er überlebte als »U-Boot« die NS-Zeit. Otto Horn dazu: »Otto Wolf [Zorn] hatte etwas Außerordentliches getan. Er hatte sich nach dem Rezept eines Mithäftlings eine Krankheit angezüchtet und war den Wächtern im Spital entkommen. Im Schlafanzug war er über Dächer geklettert mit seinem

3.2 Verteidigungsstrategien

Somit fielen die Urteile insgesamt relativ glimpflich aus – gemessen an den tatsächlichen Aktivitäten und Vorhaben der jungen Menschen. Dies hatte mehrere Gründe: Dass die Führung der Gruppe über die bevorstehenden Verhaftungen informiert war, wurde bereits erwähnt. So gelang es ihnen, gewisse Absprachen in den Verteidigungsstrategien zu treffen und Pläne für die Folgezeit zu schmieden. Der Prozessakt zeigt, dass das Führungstrio Andreasch, Horn und Wewerka grundsätzlich alles leugnete und den vernehmenden Organen somit keinerlei Angriffspunkte lieferte. Vermutlich reduzierten sie dadurch nicht nur ihre eigenen Strafen, sie schützten damit auch ihre MitstreiterInnen. Erfolgreich erwies sich die Strategie, die MLW als Jugendtreff für »Mischlinge«, die unter gesellschaftlicher Vereinsamung und Diskriminierung litten, zu verharmlosen und damit vom politischen Impetus abzulenken. So gelang es, »alle schwer belastenden Momente – wie die Beziehungen zu breiteren Kreisen, KP-Kontakte, Zusammenarbeit mit Partisanen und dergleichen – in den Hintergrund zu drängen und die ›rassische‹ Ausrichtung der Organisation hervorzukehren«, so Otto Horn rückblickend (DÖW 7162, Gedächtnisprotokoll Befragung Horn, 8). Es wurde ihnen vom Gericht gewissermaßen zugutegehalten, nicht über ihren Kreis (der »Halbjuden«) hinausgegangen zu sein (vgl. Otto Horn in DÖW 1993, 330f.). Die Angeklagten konnten anscheinend auch glaubhaft vermitteln, dass sich die Liga im Herbst 1943 – nach Unstimmigkeiten, sagten die einen; wegen Aussichtslosigkeit

---

steifen Bein, und sie hatten ihn bis heute nicht gefunden. Er hatte die kühnste Tat seines Lebens vollbracht.« (Horn 1967, 189) Gemäß Horn (ebd.) habe Zorn dessen Angst vor seinem eigenen Geständnis, das Horn mehr belastet hätte als die Aussagen des Verräters, derart beflügelt.

ihrer Vorhaben, sagten die anderen – aufgelöst habe und sie erst wieder im Februar 1944 einen Neubeginn versuchten. Dabei waren sie gerade in dieser Phase international hoch aktiv.

Die Führungsgruppe versuchte auch nach der Verhaftung und späteren Verurteilung, ihren Widerstand fortzusetzen. So konnte etwa dank der Bestechlichkeit eines Justizbeamten die Anklageschrift aus der U-Haft herausgeschmuggelt werden. Otto Horn war weiterhin über Mittelsmänner zur Rumpforganisation außerhalb des Gefängnisses in Verbindung und konnte durch Anweisungen zu deren Neuaufbau beitragen.[178] Ohne Absprache untereinander meldeten sich Andreasch und Horn nach ihrer Verurteilung zur Arbeit in der Strafeinheit für Entschärfungs- und Minenräumungsaufgaben. Damit wollten sie einer Überstellung ins Zuchthaus Straubing in Niederbayern entgehen, weil sie die Absicht hatten, so rasch wie möglich von einer Arbeitsstelle zu fliehen und sich nach Jugoslawien abzusetzen. Otto Ernst Andreasch verlor jedoch während eines Arbeitseinsatzes durch einen Fliegerangriff am 6. November 1944 das Leben. Otto Horn kam am 6. April 1945 über Unterstützung eines österreichisch gesinnten Beamten der Justizverwaltung frei und nahm umgehend mit früheren GesinnungsgenossInnen Kontakt auf, konkret zur Hernalser Widerstandsgruppe der Österreichischen Freiheitsfront und der Kreisleitung West der kommunistischen Stadtorganisation.

Der Verdienst dieser Gruppe war die kampflose Übergabe des 16. und 17. Bezirks infolge der Abrüstung der dort eingesetzten Einheiten der Wehrmacht und des Volkssturmes. Außerdem haben Trupps von Aktivisten bis zum Einmarsch der Roten Armee gegen die SS gekämpft. (DÖW 7162, Festschrift, 4f.; vgl. auch Garscha 2007, 58)

---

178 Vgl. DÖW 7162, Gedächtnisprotokoll Befragung Horn, 8; Horn 1967, 159.

3.3 Kein Volksgerichtsverfahren für »Geltungsjuden«

Vom Recht auf ein Gerichtsverfahren, in dem die Schuld der/ des Angeklagten bewiesen werden musste, waren Menschen, die gemäß NS-Ideologie als »Geltungsjuden« galten, ausgeschlossen.

Das Entscheidende war, so Gertrude Horn, *dass man uns dort in zwei Gruppen einteilte, in die »Mischlinge ersten Grades«, die später vor den Volksgerichtshof gekommen sind, und in die »Geltungsjuden«, die nicht »würdig« waren, vor den Volksgerichtshof zu kommen. Letztere wurden ins Konzentrationslager geschickt. (DÖW 1993, 224)*

Dies hängt mit der 13. Verordnung zum Reichsbürgergesetz vom 1. Juli 1943 zusammen, gemäß der Juden nicht mehr der Justiz, sondern der Polizei unterstanden, sodass Vorschriften Zuwiderhandelnde ohne jedes Verfahren in Konzentrationslager, meist in das Vernichtungslager Auschwitz, eingeliefert wurden (vgl. Neugebauer 2015, 212). Essenzielle rechtsstaatliche Grundsätze galten demnach für diese Bevölkerungsgruppe nicht mehr. Die betroffenen Angehörigen der MLW wurden denn auch nicht ins Gefangenenhaus des Landesgerichts verlegt, sondern verblieben im Polizeigefangenenhaus Roßauer Lände. Über Kontakte erfuhren sie von den Urteilen und den verhängten Haftstrafen. Kurz darauf mussten sie ihre Schutzhaftbefehle unterschreiben: Zu fünft – zwei Männer und drei Frauen aus der Gruppe – wurden sie im Oktober 1944 in einem vergitterten Zug nach Auschwitz deportiert (vgl. Gertrude Horn in DÖW 1993, 224).[179]

---

179 Ebenso deportiert wurden Familienangehörige von Verhafteten: Der Vater von Robert und Kurt Pollak, der nach der Scheidung von seiner »arischen« Frau durch seine »Mischlingskinder« geschützt in Wien lebte, kam nach deren Verhaftung im März 1944 nach Theresienstadt und wurde von dort am 1.10.1944 ins KZ Auschwitz überstellt

Das weitere Schicksal der damals engen Freundinnen Gertrude Fanto und Mathilde Kohn (später verehelichte Lewit) lässt sich bis Kriegsende rekonstruieren:[180] In Auschwitz-Birkenau – beide bekamen eine Häftlingsnummer tätowiert – gelang es ihnen, in einer Baracke zusammenzubleiben. Am 3. November 1944 wurden sie weiter nach Ravensbrück und von dort nach wenigen Tagen in das zum KZ Sachsenhausen gehörende Außenlager Genshagen[181] transportiert, wo sie Zwangsarbeit

> und ermordet (vgl. Lappin-Eppel 2017, 160; DÖW, Datenbank der Shoah-Opfer, www.doew.at [Zugriff: 20.5.2018]). Auch die verwitwete Mutter von Otto Ernst Andreasch, Emilie Andreasch, wurde inhaftiert und nach Theresienstadt deportiert, sie überlebte (vgl. KZV-Akt Emilie Andreasch, DÖW 20100/160).
>
> 180 Die dritte Frau beim gemeinsamen Transport nach Auschwitz war mit hoher Wahrscheinlichkeit Sidonie Lackner. Ihr Transportdatum nach Auschwitz ist wie jenes von Fanto und Kohn der 10.10.1944. Nach Angaben ihrer Tochter war der Haftgrund von Sidonie Lackner deren Betätigung für die KPÖ. Ihre Verhaftung erfolgte am 26.9.1944. Lackner wurde ebenfalls am 3.11.1944 nach Ravensbrück überstellt, danach verliert sich ihre Spur. 1954 wurde sie für tot erklärt (Auskunft Gerhard Ungar, DÖW, E-Mail vom 30.5.2018). Die beiden Männer aus der MLW-Gruppe am Transport nach Auschwitz im Oktober 1944 waren wohl Erich Lazar (Israel) Küri und Heinz (Israel) Schmissrauter, beide am 29.2.1944 verhaftet und Monate später in Konzentrationslager überstellt. Beide kamen während der Verfolgung um: Küri starb am 18.3.1945 im KZ Flossenbürg (sein Leidensweg führte über Auschwitz und Groß-Rosen nach Flossenbürg), Schmissrauter am 30.4.1945 in Ebensee (zuvor war er in Auschwitz und Mauthausen), siehe DÖW, Datenbank der Shoah-Opfer, www.doew.at [Zugriff: 20.5.2018]. Laut einem Schreiben der Gestapo an den Oberreichsanwalt beim Volksgerichtshof vom 12.4.1944 konnte dem »Geltungsjuden Heinz Israel Schmissrauter […] eine Betätigung innerhalb der Mischlingsliga nicht nachgewiesen werden. Da er aber der Dokumentenfälschung und des Nichttragens des Judensterns überführt ist«, wurde gegen ihn ein Schutzhaftbefehl und die Einweisung in ein KZ beantragt (vgl. BArch Berlin, R 3017/22496).
>
> 181 So beide Frauen im OF-Akt Gertrude Horn, WStLA, M.Abt. 208, A36. Genshagen war ein Außenlager des KZ Sachsenhausen für Frauen, die zur Industriearbeit herangezogen wurden, und bestand vom

bei den dortigen Flugmotorenwerken leisten mussten. Dabei versuchten sie, die Arbeit nach Möglichkeit zu sabotieren (Schrauben nicht fest genug anziehen, Drähte an falschen Stellen einhängen etc.). Nach Auflösung des Lagers im Frühjahr 1945 wurden die Insassinnen über Oranienburg-Sachsenhausen nach Ravensbrück zurückgebracht. Ende April stellte die SS aufgrund des Herannahens der Roten Armee sogenannte »Evakuierungsmärsche« zusammen. Am zweiten Tag gelang den beiden Wienerinnen die Flucht.

4. BESONDERHEITEN DER MISCHLINGSLIGA WIEN

Für die MLW lassen sich gleich mehrere spezifische Aspekte anführen. Ihre AktivistInnen hatten zumeist einen bürgerlichen Background: Ihre Eltern waren – zumindest vor deren beruflichen Degradierung als »Juden«, »Geltungsjuden« oder »jüdisch Versippte« – mehrheitlich Angestellte, BeamtInnen oder selbständig.[182] Die Mitglieder selbst hatten oft Matura oder zumindest vor ihrem Schulverweis ein Gymnasium besucht. Damit unterschieden sie sich als linksgerichtete, über weite Strecken den Idealen des KJV folgende Jugendgruppe signifikant von den KJV- und anderen Widerstandsgruppen, deren Mitglieder überwiegend aus der Arbeiterschaft kamen (vgl. Göhring 1971; Garscha 1987; Garscha/Weinert 1987).

1.9.1944 bis zum 20.4.1945 (vgl. Schwarz 1996, 225). Im Interview nannte Gertrude Horn (1989, 39) das KZ Ludwigsfelde, ebenfalls Außenlager des KZ Sachsenhausen und für Frauen aus Ravensbrück bestimmt, als ihren letzten Haftort. Die beiden Außenlager befanden sich in unmittelbarer Nähe zueinander.

182 Der Gerichtsakt (DÖW 40896) führt lediglich die Berufe der Väter, nicht aber jene der Mütter der Angeklagten an, sodass wir nur von wenigen Müttern aus anderen Quellen deren Erwerbsstatus wissen.

In der Sonderabteilung »NN« bereits aktiv sowie später in der APÖ, können mehrere Mitglieder auf einen außergewöhnlich langen Zeitraum der Widerstandstätigkeit verweisen. Zu einem Zeitpunkt, als die Gestapo die meisten kommunistischen Gruppen zerschlug (vgl. Neugebauer 2007, 30), war die MLW 1943 hochaktiv. Sie konnte auch nach der kritischen Phase im Herbst desselben Jahres, teilweise als APÖ neu aufgestellt, ihr Engagement fortsetzen. Bewusst vom KJV als »Sonderabteilung« deklariert und so mit anderen kommunistischen Gruppierungen wenig vernetzt, waren sie für eine Unterwanderung durch Spitzel weniger anfällig (vgl. Garscha 2007, 58). Dies traf erst recht für die MLW zu. Schon bald nach Gründung war der Kontakt zur Partei abgerissen.[183] Damit lässt sich die Langlebigkeit dieser Gruppe erklären, die schlussendlich durch eine Unachtsamkeit bzw. Unzufriedenheit von Mitgliedern aus den eigenen Reihen – schenkt man den Gestapo-Protokollen Glauben – aufflog.

Beeindruckend ist auch die Größe des Netzwerks. Zwar zum Teil sehr lose miteinander verbunden, fühlten sich dennoch mehrere Hundert der gleichen Idee verpflichtet, wenn man von der kommunistischen Orientierung und den militärischen Vorhaben absieht, die nur einem kleinen Teil der Gruppe bekannt waren. Sicherlich war die Erfahrung der Gemeinschaft und Solidarität unter Gleichgesinnten in einer feindlichen Umgebung, aus der sie ausgeschlossen waren, ein wesentlicher Kitt der Gruppe. Dieser hielt auch während der Verfolgung an, wie sich Gertrude Horn erinnerte:

---

183 »Schon im März 1943 war unsere Verbindung zum Zentralkomitee abgerissen. ›Jetzt sind wir selbst die Partei‹, hatte Monti gesagt. ›Wir müssen allein die Verantwortung für den Kampf tragen. Auch für den bewaffneten Kampf.‹« (Horn 1967, 105) Die Gefährdung mag in der APÖ durch das Vorhaben, sich mit anderen Widerstandsgruppen zu vernetzen, allerdings wieder gestiegen sein.

Ich mein, so eine Gemeinschaft – das bezieht sich auch jetzt auf's Gefängnis und auf's Lager und auf alles – wie es damals gegeben hat, wo niemand gefragt hat, wie der andere denkt oder was er ist, das hat's ja nie mehr gegeben. Nein. [...] Das war unmittelbar nach dem Kriegsende, war das wie weggeblasen, wie wenn's das nie gegeben hätte. Aber diese Gemeinschaft und dieses Zusammengehörigkeitsgefühl, das damals war, das war bewundernswert. (Horn G. 1989, 26)

Vermutlich mehr als bei anderen Gruppen war anfänglich das Bedürfnis nach Kontakt ausschlaggebender, sich einer Jugendorganisation anzuschließen, als der Wille zum Widerstand und das Ziel, den Sturz des Regimes aktiv mitzugestalten.[184] Dadurch wurden die Konspirationsregeln vielfach missachtet (insbesondere hinsichtlich der Gruppengröße, die bis zu zwölf Leute betrug), wie Otto Horn später mit Bedauern feststellte (vgl. DÖW 1993, 331).[185] Die Sehnsucht nach Zugehörigkeit und Austausch mit Gleichgesinnten war wohl für die »Halbjuden« besonders hoch – die immer wieder in ihrer jüdischen Verwandtschaft schmerzliche Verluste erleiden mussten.

Alleinstellungsmerkmal für die MLW war sicherlich die Zusammensetzung der Gruppe nach dem damals dominanten Kriterium der »rassischen« Zugehörigkeit nach NS-Ideologie: »Mischlinge 1. Grades« und »Geltungsjuden«, in der Sonderabteilung »NN« anfänglich auch noch »Juden«, stellten die Mehrzahl der Beteiligten. Die Stigmatisierung nach »rassischer«

---

184 Hier zeigt sich eine starke Parallele zur Jugendorganisation »Young Austria« in Großbritannien: Auch dort war für die Mehrzahl der Mitglieder das Bedürfnis nach Gemeinschaft die primäre Motivation, mitzumachen. Ähnlich wie bei der MLW wusste auch nur der innerste Kreis von der engen Verbindung der Organisation zum KJV (vgl. Halbmayr 2015, Kapitel 3).

185 Auch darauf nimmt Horn im Roman Bezug: »Es war der verdammte Zwiespalt zwischen Vereinsidee und dem Freikorps.« (Horn 1967, 106)

Herkunft war Movens und Gefahrenträger in einem. Das weitere Schicksal der Jugendlichen führt zudem die Widersprüchlichkeit der NS-Ideologie vor Augen: Ausgerechnet die Zugehörigkeit zu einer Glaubensgemeinschaft gab bei »Halbjuden« den Ausschlag, ob man ausreichend »arisch« oder doch zu sehr »jüdisch« geprägt war. »Religion« fungierte somit stark intervenierend in »Rasse«: Sie verschlechterte die Lebensbedingungen enorm und wesentliche BürgerInnenrechte wurden vorenthalten; die Chancen, die Verfolgung zu überleben, waren deutlich geringer. Von jenen sieben aus der Gruppe, die deportiert wurden, fanden drei den Tod, ein weiterer »Geltungsjude«, Alexander Pick, starb noch in der Haft in Wien (vgl. Lappin-Eppel 2017, 157). Dieser Umstand setzt auch eine bedeutende Differenz, über ihr Schicksal berichten und reflektieren zu können: Hinsichtlich der »Mischlinge« waren die Ergebnisse der polizeilichen bzw. gerichtlichen Ermittlungen eine wesentliche Auskunftsquelle. Über die deportierten Opfer ließ sich nachträglich sehr wenig in Erfahrung bringen, sofern sie nicht wie Gertrude Horn doch interviewt wurden oder, wie im Fall von Hildegard Grünholz, schriftliche Aufzeichnungen hinterließen.

Der Beitrag von Frauen im jüdischen Widerstand war vielfältig. Für die Sonderabteilung »NN« hob Otto Horn die »Literaturarbeit« jener jungen Frauen hervor, die in der sogenannten »Leergutsammelstelle« der Wehrmacht arbeiten mussten. Die dort gesammelten Bücher, die verboten und konfisziert worden waren, durchsuchten sie nach politischem Lesestoff für die Gruppe: »Die Mädchen haben die besten politischen Bücher, die wir für unseren Kampf brauchen konnten, aussortiert und haben sie uns gebracht, und wir ließen sie in unserer illegalen Organisation zirkulieren.« (DÖW 1993, 330) Davon abgesehen wirkten sie bei zahlreichen Sabotageaktionen mit, beteiligten sich an der antinazistischen Propaganda, kümmerten sich um die Aus- und Weiterbildung der Gruppenmitglieder, hoben Mitgliedsbeiträge ein etc. So nahmen einige von ihnen auch Funktionen (als Gruppenführerin bzw. Obertruppführerin) ein – wenngleich nicht in den obersten Rängen, die alle männlich und ausschließlich von »Mischlingen«, also keinen »Geltungsjuden«, besetzt waren. Zudem gelang es ihnen, das vorherrschende Bild der unpolitischen und passiven Frau durch ihre Verteidigungsstrategie zu ihren Gunsten zu nutzen. Dies muss angesichts der allgegenwärtigen Todesdrohung für Jüdinnen und Juden, wie Moser (2007) zu Recht in Zusammenhang mit der Bewertung von Widerstandsleistungen durch Jüdinnen und Juden feststellte, als widerständige Handlung gesehen werden.

VI. EINORDNUNG UND REZEPTION DES WIDERSTANDS (VON FRAUEN) IN NACHKRIEGSÖSTERREICH

Die drei in den vorangegangenen Kapiteln behandelten Widerstandsnetzwerke sind eindeutig dem organisierten politischen Widerstand zuzuordnen. Aufgrund der lange Zeit in der Widerstandsforschung nicht beachteten widerständigen Handlungen von Frauen (vgl. Amesberger 2006; Gugglberger 2007) ist es trotzdem wichtig, den unterschiedlichen Fassungen von Widerstand und den damit verbundenen Ein- und Ausschlüssen nachzugehen, die letztendlich die Leistungen von Frauen (un)sichtbar machen. Für die Einordnung und Bewertung der analysierten Widerstandsnetzwerke zeichnen wir im Folgenden zunächst die Diskussion über den Widerstandsbegriff nach und betten diese in den Kontext des österreichischen Widerstands ein. Ein geschlechtsspezifischer Blick auf das Thema trägt zu einer realitätsnäheren Einschätzung der Beziehungsgeflechte und -formen im – wie in unserem Fall – organisierten Widerstand bei. Wir wollen uns »einer Erinnerung bemächtigen« (Benjamin 1980, 695), aber keine Heldinnengeschichten schaffen, sondern eine Zusammenschau dessen bewerkstelligen, was von wem mit welcher Motivation, Wirkung und Konsequenz getan wurde.

1. WAS IST WIDERSTAND?

Auf der einen Seite gilt für »Widerstand«, was auch für andere auf politische Phänomene rekurrierende Begriffe zutrifft: »Widerstand«, wie beispielsweise auch »Kommunismus« oder »Demokratie«, darf nicht zu historischen Zwecken alleine rein begrifflich erfasst werden. Eine zielführende (politische) Betrachtung muss das Band von Denken und Ereignis berücksichtigen und darf nicht auf dem Hochplateau abstrakter Begrifflichkeit verharren – es muss ein »Denken ohne Geländer« sein, wie Claude Lefort unter Rekurs auf Arendt anmerkt (vgl. Lefort 1986, 61). Auf der anderen Seite verkommt eine rein empirische Darstellung – ohne eine genaue Begriffserklärung – zu einer unzusammenhängenden Aneinanderreihung von Fakten, »die nicht richtig verwendet und ausgewertet und deren chronologische Abgrenzung nicht befriedigend dargestellt werden können« (Luža 1983, 25). Eine Beschäftigung mit dem Begriff »Widerstand« kommt nicht umhin, sich das Begriffsumfeld sowie die Bedingungen der Anwendung gewahr zu werden. In diesem Sinne impliziert der Begriff einen Unterdrückungszusammenhang, schließlich muss Widerstand gegen etwas gerichtet sein.

Der Begriff selbst war im Verlauf der Zeit verschiedenen Prozessen des Wandels unterworfen. Die Schattierungen, die Veränderungen in der Konnotation oder Umwälzungen der gesamten Bedeutung darzustellen, würde eine eigene Arbeit umfassen. Trotzdem wollen wir an dieser Stelle auf einige besondere Transformationen und insbesondere neuere Entwicklungen hinweisen wie auch deutlich machen, welchen Widerstandsbegriff wir unserer Analyse zugrunde legen.

Die Beschäftigung mit der vormodernen Idee eines legitimen Tyrannenmords oder eines Rechts auf widerständiges Verhalten ist in der Ideengeschichte weit verbreitet[186] (was natürlich nicht zwingend zu einer positiven Bewertung führte)[187]. Erst mit dem Aufkommen und der Etablierung von Demokratien in Mitteleuropa war diesbezüglich ein Wandel zu vermerken (vgl. Botz 2004, 3), dabei verschwand die Idee eines tatsächlichen »Widerstandsrechts« entweder zugunsten einer Idee »zivilen Ungehorsams«[188], oder sie fand gar keine Berücksichtigung mehr. In der Konsequenz bedeutete diese Entwicklung, die das Phänomen Widerstand oft gar nicht mehr in den Blick nahm, dass differenzierte Theoretisierungen des Widerstands zu Beginn der Nachkriegszeit fehlten. Vor diesem Hintergrund verwundert es nicht, dass den ersten wissenschaftlichen Arbeiten zum Widerstand gegen die NS-Herrschaft ein eng gefasster Begriff vom »großen« bzw. politischen Widerstand zugrunde lag.[189] Widerstand wurde eingeengt auf bewaffnete, militärische Opposition und kämpfende Partisanenverbände. Paradigmatisch für ein solches Verständnis von Widerstand ist

---

186 Besondere Prominenz kommt dabei John Lockes (1977 [1689]) Verteidigung des Widerstandsrechts in »Two Treatises of Gouvernment« zu. Aber auch bei Denkern wie Thomas Hobbes, die als »monarchisch« diffamiert gelten, finden sich Überlegungen zu einem Widerstandsrecht. So schreibt er: Ein »solcher Gehorsam [gegen den Leviathan] mag vielleicht aus gewissen Gründen mitunter mit Recht verweigert werden können« (Hobbes 1918, 143).

187 Ein besonders bekanntes Beispiel liefert wohl Sokrates, da dieser statt sich dem Gesetz zu widersetzen zum Schierlingsbecher greift und somit in den Tod geht. Die argumentative Grundlage dafür findet sich in Platons »Kriton« (vgl. Apelt 2004). Aber auch Immanuel Kant (1969 [1797]) lehnt in seiner »Metaphysik der Sitten« ein Widerstandsrecht ab.

188 Der Begriff hat mit Thoreaus (2008 [1849]) berühmtem Essay »On the Duty of Civil Disobedience« Eingang in die Debatte gefunden.

189 Ferner zeitigte diese enge Bestimmung des Widerstandsbegriffs noch ganz andere »reale« Konsequenzen, da auch Gesetze wie das Opferfürsorgegesetz diesen zugrunde legten (vgl. Bailer-Galanda 2003; Berger et al. 2004; Pfeil 2004).

das Attentat des 20. Juni 1944, da es auf den Sturz des Regimes abzielte (vgl. Gugglberger 2007, 153). Weitere Beispiele für diesen engen Begriff von Widerstand sind

> *organisierter Streik, Sabotagen, Herstellung und Verbreitung antinationalsozialistischer Flugblätter, Anschläge, Attentate, Putschversuche, bewaffnete Aktionen gegen das NS-Regime, aber auch die Nachrichtenübermittlung an ausländische Stellen oder Hirtenbriefe von Bischöfen gegen die nationalsozialistische Politik. (Krist/Lichtblau 2017, 305)*

Auch in zeitlich später angesiedelten Arbeiten findet sich diese Auffassung von Widerstand (z. B. Luža 1983). Dabei wird argumentiert, dass ein breiterer Widerstandsbegriff die Grenzen zu bloßem Nonkonformismus und gesellschaftlicher Verweigerung verwische (vgl. Hormayr 2010, 217). Nichtsdestotrotz muss demgegenüber hervorgehoben werden, dass diese Form der Einengung den »Blick auf Widerstandshandlungen von nicht politisch organisierten oder nur marginal politisch engagierten Personen« (Gugglberger 2007, 153) verstellt. Neben den oben erläuterten theoretischen Gründen erfuhr der enge Begriff politischen Widerstands, Botz (2004, 5) zufolge, breite gesellschaftliche Akzeptanz, da die »innere Emigration« der »schweigenden Mehrheit« als »willkommene Entschuldigung für das eigene Nicht-Handeln« galt.[190]

Diese Einengung des Widerstandsbegriffs führte auch dazu, dass in der Widerstandsforschung die Aktivitäten und Hand-

---

[190] Für die Bewertung des österreichischen Widerstands stellt der durchaus ambivalente Kampf des Dollfuß-Regimes eine eigene Besonderheit dar, da er vielfach als »Staatswiderstand« hochstilisiert wurde. Im »Staatswiderstand« ist jedoch eher eine Regime-Konkurrenz zu sehen, »da Widerstand nach dem allgemeinen Verständnis mit Versuchen einher geht, usurpierter Macht nicht nachzugeben und eine Diktatur an rechtsstaatliche und demokratische Verhältnisse heranzuführen« (Botz 2004, 7).

lungen von Frauen erst seit den 1980er Jahren verstärkt in den Blick gerieten. Erst der Paradigmenwechsel in der Widerstandsforschung, hin zu einem breiteren Verständnis von Widerstand, eröffnete ein Feld, das die Thematisierung weiblichen Widerstands zuließ (vgl. Gugglberger 2007, 153). Wobei weitere Gründe für das verspätete Interesse »in den traditionellen Geschlechterrollen [lagen], die auch die Geschlechterverhältnisse im Widerstand prägen. Analog einer tradierten geschlechtsspezifischen Arbeitsteilung blieben Frauen oft ›im Hintergrund‹ aktiv« (ebd., 152; vgl. auch Amesberger 2006, 54ff.).

Eine paradigmatische Formulierung des breiten Widerstandsbegriffs, dem auch diese Arbeit (unter Rekurs auf das DÖW[191]) folgt, findet sich bei Karl R. Stadler:

Angesichts des totalen Gehorsamkeitsanspruches der Machthaber und der auf seine Verletzung drohenden Sanktionen muss jegliche Opposition im Dritten Reich als Widerstandshandlung gewertet werden, auch wenn es sich nur um einen vereinzelten Versuch handelt, »anständig zu bleiben«. (Stadler 1966, 11)

Der »Sonderfall Totalitarismus« kann für eine breite Definition des Widerstandsbegriffs nicht genug hervorgehoben werden. In einer Diktatur, die versucht, politische Betätigung jenseits der Monopolpartei zur Gänze zu unterbinden, auf die größtmögliche Kontrolle der »Volksgenossen« abzielt und jegliche Verhaltensweisen des Protests sowie des zivilen Ungehorsams verfolgt, muss auch widerständiges Handeln, das nicht im en-

---

191 In der Einleitung zum ersten Band der Publikation »Widerstand und Verfolgung in Wien 1934–1945« heißt es: »Mit der Wahl des Titels ›Widerstand und Verfolgung‹ wird bereits ausgedrückt, daß wir keine enge Begrenzung dieses Begriffes – etwa auf den aktiven Kampf um ein ›freies, demokratisches Österreich‹ – vorgenommen haben, sondern daß wir das ganze Spektrum von Widerstand, Opposition und Unzufriedenheit, von Diskriminierung und Verfolgung, also jede nonkonformistische Reaktion auf die Diktaturherrschaft, – zumindest exemplarisch – dokumentieren wollen.« (DÖW ²1984, 10)

geren Sinne politischer Widerstand ist, als Widerstand deklariert werden (vgl. Botz 2004, 8f.). Dieses Wesen des NS-Staats, das heißt »die totale Erfassung der Staatsbürger und die Mittel der Einschüchterung, Kontrolle und des Terrors« (Hormayr 2010, 219), muss unseres Erachtens durch die Beschäftigung mit dem »alltäglichen« Widerstand pointert werden. In diesem Sinne verstehen wir die Beschäftigung mit dieser Form des Widerstands (entgegen der glorifizierenden Darstellung von »Heldengeschichten«) als wichtigen Beitrag zur politischen Bildung und Stärkung der Demokratie, zumal es sich in diesem Buch um spezifische Familienerfahrungen handelt, die nicht von der Mehrheitsgesellschaft geteilt werden. Folglich fasst ein breiter (adäquater) Begriff von Widerstand neben dem engen politischen Widerstand unangepasstes Verhalten und Widersetzlichkeit verschiedenster Art. Jegliche Opposition, aber auch Verstöße gegen Normen des NS-Regimes sowie Versuche, sich den Forderungen und Ansprüchen der NS-Herrschaft zu entziehen, müssen berücksichtigt werden. Beispiele hierfür sind

Gehorsamsverweigerungen, Hören von ausländischen Radiosendern, Nichtteilnahme an Aktivitäten von NS-Organisationen wie den Heimabenden der HJ, das Weitererzählen regimekritischer Witze, Schwarzschlachten von Vieh, Lesen verbotener Bücher, Hören verbotener Musik, den Umgang mit regimefeindlichen und verfolgten Gruppen und ZwangsarbeiterInnen, Arbeitsverweigerung, Desertation und vieles mehr. (Krist/Lichtblau 2017, 305)

Diese verschiedenen Aspekte von widerständigem Handeln lassen sich unter dem Begriff der »Resistenz« subsumieren, der einerseits deutlich breiter gefasst und andererseits auch weniger vorbelastet ist.[192] Insbesondere der analytische und deskriptive Charakter eines solchen Widerstandskonzepts in

---

192 Vgl. zum Begriff der Resistenz Broszat/Fröhlich 1987, 49.

seiner prinzipiellen Vielgesichtigkeit ist hervorzuheben. Natürlich darf dabei nicht vernachlässigt werden, dass es in der Tat oft schwierig ist, ein solches Konzept von Anpassung und Systemstabilisierung abzugrenzen. Dessen ungeachtet zeigt ein solches Verständnis von Widerstand, dass jeder Herrschaft auch die Möglichkeit des Widerstands eingeschrieben ist. So erzeugt ein Mehr an Kontrolle und Verbot gleichermaßen ein Mehr an Möglichkeiten zu widerständigem Verhalten: »Die Möglichkeit/Notwendigkeit von politischem Widerstand und ›Resistenz‹ ist sozusagen die andere Seite von Unterdrückung und Unmenschlichkeit.« (Botz 2004, 17)

Gerhard Botz schlägt darüber hinaus eine Typologisierung vor, die »politischen Widerstand«, »sozialen Protest« und »abweichendes Verhalten« unterscheidet (vgl. Botz 1983, 145ff.).[193] Er differenziert dabei vor allem entlang den Dimensionen »Verhalten der RegimegegnerInnen«, »Organisationsgrad« und »Grad der Öffentlichkeitswirkung«. Einer solchen Hierarchisierung und Systematisierung der Widerstandsarten wollen wir uns im Folgenden explizit nicht anschließen, da die Motive der einzelnen AkteurInnen multipel, manchmal wenig eindeutig und einander nicht ausschließend sein können (vgl. Amesberger 2006, 58). Wichtiger noch, retrospektiv lassen sich gerade die unterschiedlichen Motive für widerständiges Handeln nur schwer rekonstruieren und daher schwer in derartige Typologien einordnen.

---

193 Politischer Widerstand impliziert dabei einen Moment aktiven, bewussten und politischen Handelns, das oft eine Affinität zur Öffentlichkeit ausweist. Der soziale Protest, als eine Vorstufe des Ersteren, ist eher spontan und diffus. Oftmals umfasst er eine symbolische Äußerung gegen das System (oder auch nur Teile davon). Abweichendes Verhalten bezeichnet widerständige Handlungen, die wir weiter oben auch als »alltäglichen« Widerstand kennengelernt haben (vgl. Botz 1983, 147f.).

2. WIDERSTAND IN ÖSTERREICH

Bei einer Betrachtung des Phänomens »Widerstand« gerät für die »Causa« Österreich die eminent politische Dimension in den Blick, die diesem in der Nachkriegszeit zuteilwurde. Dies lag einerseits darin begründet, dass Männer und Frauen, die im Widerstand aktiv waren, einen entscheidenden Beitrag zur Bildung einer provisorischen Regierung leisteten sowie sich an der Verwaltung ab 1945 beteiligten (vgl. Neugebauer 2007, 35). Andererseits bestand ein »politischer Wert«, da die Rolle des Widerstands eng mit den außenpolitischen Belangen des neuen Staates verknüpft war: Die Alliierten hatten 1943 in der Moskauer Deklaration von Österreich einen eigenen Beitrag zur Befreiung gefordert (vgl. Neugebauer 2015, 313f.). Vier Jahre später, im Jänner des Jahres 1947, sah Österreich sich bei den Staatsvertragsverhandlungen dann tatsächlich gezwungen, den Alliierten einen Nachweis über den eigenen Beitrag vorzulegen. Um dies zu berücksichtigen wurde seitens der österreichischen Delegation in Ergänzung zu dem bereits überreichten Memorandum ein dies betreffendes Dokument nachgereicht. Auch das »Rot-Weiß-Rot-Buch«, eine 1946 vom österreichischen Außenministerium in Auftrag gegebene Sammlung von Dokumenten, die das Narrativ des gewaltsam okkupierten Österreich bestärken sollte, ist in diesem Zusammenhang zu verstehen (vgl. ebd., 14f.). Da das Nachkriegsösterreich allerdings weniger von NS-Opfern und WiderstandskämpferInnen als von KriegsteilnehmerInnen und NationalsozialistInnen bestimmt wurde, folgte diesem Projekt kein zweiter Band. Letztere Bevölkerungsgruppe,

die ungleich größer war als die der Verfolgten und WiderstandskämpferInnen, wurde von den beiden Regierungsparteien ÖVP und SPÖ als Wähler und Mitglieder umworben und –

nach einer kurzen Phase der Entnazifizierung – ab Ende der 1940er Jahre wieder in das politische-gesellschaftliche Leben Österreichs integriert. Da die »Ehemaligen« naturgemäß wenig bis gar kein Verständnis für den Widerstand hatten – Eidbrecher, Verräter oder Kameradenmörder waren (und sind) gängige Bezeichnungen für Widerstandskämpfer –, war die Beschäftigung mit dem Widerstand, das Hervorheben oder gar die Ehrung und Würdigung dieses Personenkreises politisch nicht mehr opportun (Neugebauer 2015, 14f.).

Dies schlägt sich auch darin nieder, dass für die Verabschiedung bzw. Umsetzung der Restitutionsgesetze vehementer Druck vonseiten der USA von Nöten war. Es war »eine Zeit, in der ehemalige KZlerInnen auf die Straße gehen mussten, damit ihnen der Staat Österreich die Haftentschädigung ausbezahlte, in der aber auch auf Druck der Verfolgtenverbände zahlreiche Novellierungen des Opferfürsorgegesetzes vorgenommen wurden« (Amesberger/Lercher 2008, 92). Die dargestellte Ambivalenz von oberflächlicher Aufarbeitung und Pointierung in Bezug auf außenpolitische Belange, kann mit Heidemarie Uhl als »double speak« (2001, 36) bezeichnet werden. Nach außen wahrte man den Schein, nach innen gestattete man die sukzessive Rückkehr von Altnazis in die Politik und man tat alles, »um die Sache« – gemeint ist die Entschädigung der Juden und Jüdinnen – »in die Länge zu ziehen«[194]. Da sich mit dem Jahre 1955 der außenpolitische Wert des Widerstands langsam erschöpfte, verlor er auch allgemein an öffentlicher Präsenz. Erst mit der Waldheim-Affäre im Jahre 1986, die die Beteiligung Österreichs an den Naziverbrechen wieder in den Vordergrund

---

194 Der Ausspruch »Ich bin dafür, die Sache in die Länge zu ziehen« des damaligen Innenministers Oskar Helmer bei der Ministerratssitzung vom 9.11.1948 steht symptomatisch für diese Ära des double speak. Vgl. hierzu die Aufarbeitung der Wortprotokolle der österreichischen Bundesregierung von 1945 bis 1952 durch Robert Knight (2000).

rückte, begann eine neuerliche Auseinandersetzung (vgl. Pelinka 2007, 14ff.; Uhl 2001, 42ff.).[195]

Welches Bild zeichnet eine allgemeine Charakterisierung des politischen Widerstands, unabhängig von dieser »politischen« Dimension? Rein numerisch beläuft sich die traurige Bilanz auf über 2000 ÖsterreicherInnen, die als aktive WiderstandskämpferInnen zum Tode verurteilt und hingerichtet wurden (vgl. Karner 2007, 25).[196] Trotz dieses mutigen Widerstands weist der langjährige wissenschaftliche Leiter des Dokumentationsarchivs des österreichischen Widerstandes (DÖW) Herbert Steiner (2008, 523) darauf hin, dass »es nur eine Minderheit innerhalb der österreichischen Bevölkerung war, die aktiven Widerstand leistete«. Dies mag auch mit den spezifischen Schwierigkeiten zusammenhängen, denen sich der Widerstand im »Nach-Anschluss«-Österreich ausgesetzt sah. Der »kampflose Untergang« Österreichs, die nicht handelnden Westmächte wie auch eine nicht nur die NS-SympathisantInnen betreffende pronazistische Jubelstimmung und verschiedene »anschlussfreundliche« Erklärungen bestimmten dabei die Situation der WiderstandskämpferInnen. Erschwerend kam hinzu, dass die – durch ihre Weltanschauung getrennten – Widerstandsgruppen kein ge-

---

195 Uhl und Pelinka stimmen in dieser Diagnose grundsätzlich überein. Im Gegensatz zu Uhl sieht Pelinka allerdings bereits 1975 in der Kreisky-Peter-Wiesenthal-Affäre einen Bruch angezeigt, als der damalige Bundeskanzler Kreisky öffentlich beteuerte, von der Unschuld des ehemaligen Mitglieds der Waffen-SS (und langjährigen Bundesparteiobmanns der FPÖ) Friedrich Peter überzeugt zu sein und gleichzeitig Simon Wiesenthal, der die SS-Vergangenheit aufdeckte, kritisierte (vgl. Pelinka 2007, 17).

196 Die Ziffer der entweder nicht verurteilten oder nicht erfassten WiderstandskämpferInnen liegt jedoch deutlich höher. So meldet alleine ein Bericht der Gestapo Wien im März 1944 die Festnahme von 6300 WiderstandskämpferInnen, wobei zu betonen ist, dass kaum jemand aus der Haft wieder entlassen wurde (vgl. Neugebauer 2007, 31).

meinsames Narrativ eines nationalen Widerstands einte. Die Fragmentierung der Ersten Republik schlug sich auch im Widerstandskampf nieder (vgl. Neugebauer 2007, 27).

Die meisten Formen des Widerstands sind traditionellen »politischen Tätigkeiten« zuzurechnen: So beschränkten sich die Widerstandshandlungen in der Regel auf die Bildung von Organisationen, Propaganda und dergleichen, was sich als verlustreich, jedoch wenig effizient erwies. Bewaffneter Widerstand war dabei stets die Ausnahme, erst ab 1942 bildeten sich auf die Initiative von kommunistischen Gruppierungen vermehrt militante Widerstandsgruppen (vgl. ebd., 33). Insgesamt wurde das Feld des widerständigen Handelns von »linken« Widerstandsgruppen dominiert. Diese waren das Ergebnis der fortgeführten politischen und organisatorischen Tradition der Arbeiterbewegung. In Österreich lag dabei die interne Spezifik des linken Widerstands darin, »dass sich das Kräfteverhältnis zwischen der einst übermächtigen sozialdemokratischen und der eher winzigen kommunistischen Bewegung umkehrte« (Garscha 2007, 53). Große Anteile der politisch aktiven sozialistischen Arbeiterschaft schlossen sich während der Herrschaft des Nationalsozialismus der KPÖ an (kehrten jedoch vielfach nach 1945 zur Sozialdemokratie zurück) (vgl. ebd., 53). Winfried Garscha (ebd., 56) sieht diesen Wandel in den unterschiedlichen Widerstandskonzepten der beiden Akteure begründet. Während die Sozialdemokratie lediglich versuchte, ihre Organisation für ein potenzielles »Danach« aufrechtzuhalten, vertraten die KommunistInnen ein Konzept aktiven Widerstands. Auf Basis ihrer bereits vor dem »Anschluss« erarbeiteten Vorstellung einer national-patriotischen Linken verstanden sie »ihre Partei als Organisatorin eines nationalen Freiheitskampfes«.

Die Dominanz der »Linken« im Bereich des Widerstands war somit weitestgehend durch die KommunistInnen bestimmt.

Allein unter den verurteilten WiderstandskämpferInnen muss die Hälfte dem kommunistischen Widerstand zugerechnet werden. Das illegale Druckwerk dieser Zeit war sogar zu 90 Prozent kommunistischer Provenienz (vgl. Neugebauer 2007, 29). Ein Gros der illegalen Aktivitäten, z. B. Streu- und Schmieraktionen, wurde vom KJV ausgeführt. Insbesondere »zersetzende« Briefe, die massenhaft an Frontsoldaten verschickt wurden, sowie die Unterwanderung der HJ durch KommunistInnen weckten die Aufmerksamkeit der Gestapo (vgl. Neugebauer 2015, 118). Es ist unübersehbar, dass der KJV eine »radikalere Linie als die auf Volksfront und österreichischen Patriotismus orientierte Partei vertrat« (ebd., 119). Dabei orientierte sich der KJV organisatorisch am zentralistischen Modell der Partei, was es der Gestapo vereinfachte, ihre Agenten einzuschleusen (vgl. Luža 1983, 151; Göhring 1971, 277–279). Natürlich blieb der kommunistische Widerstand der »jüngeren Generation« nicht auf den KJV beschränkt. In Wien beispielsweise stach die – von der Gestapo als »Tschechische Sektion der KPÖ« bezeichnete – Gruppierung linksgerichteter TschechInnen, »die sich auf Grund der zunehmenden Repression gegen die tschechoslowakische Minderheit in Wien radikalisiert hatte« (Neugebauer 2015, 114; vgl. Kapitel III), durch ihre Aktionen hervor. Ihre Handlungen reichten von der Verbreitung und Herstellung kommunistischer Flugblätter bis hin zu Brand- und Sprengstoffangriffen (vgl. Neugebauer 2015, 114.). Auch im »jüdischen Milieu« formierte sich Widerstand gegen den Nationalsozialismus. Die jungen AktivistInnen organisierten Anschläge auf den Verkehr oder halfen den jugoslawischen Partisanen bei der Versorgung (vgl. ebd., 217f. und Kapitel V). Trotzdem zieht der Historiker Wolfgang Neugebauer (2007, 35) insgesamt ein beträübliches Resümee:[197]

---

[197] Göhring (1971, 426–431) zieht in seiner Dissertation ein ähnliches

Gemessen an der großen Zahl der Opfer waren die praktischen Ergebnisse des Widerstandskampfes [in Österreich] – etwa in Richtung einer Gefährdung des NS-Regimes, einer ernstlichen Schädigung der NS-Kriegsmaschinerie oder der Erringung der Hegemonie in der Bevölkerung – eher bescheiden.

3. EINORDNUNG DER WIDERSTANDSTÄTIGKEIT DER DREI ANALYSIERTEN NETZWERKE

Alle drei analysierten Widerstandsnetzwerke sind dem organisierten Widerstand zuzuordnen. Ihnen ist zudem gemeinsam, dass sie ideologisch eher links orientiert waren. Diese vorsichtige Formulierung soll auf den Umstand hinweisen, dass zum einen die Mitglieder dieser Gruppen – wenngleich vorwiegend aus dem ArbeiterInnenmilieu und dem sozialdemokratischen sowie kommunistischen Umfeld kommend – unterschiedliche politische Einstellungen mitbrachten, weshalb, wie bereits ausgeführt, viele mit Kriegsende wieder in ihre frühere politische Heimat zurückkehrten. Das einigende Band war die Gegnerschaft zum NS-Regime (vgl. Göhring 1971, 424f.). Zum anderen ist eine vorsichtige Formulierung geboten, da diese Widerstandsnetze keiner einheitlichen politischen Linie folgten. Dies illustrieren, wie Göhring (ebd., 425) anhand des KJV weiter ausführt, die Flugblätter, in denen sich unterschiedlichste politische Ausrichtungen manifestierten: »Kommunistischer Arbeiterstaat, sozialdemokratische Republik, liberale Strömungen, parlamentarische Auffassungen dokumentierten sich in unzähligen Flugblättern.« Es gab jedoch ein gemeinsames Ziel, das für alle drei Widerstandsnetzwerke zutraf: die

---

Resümee, betont jedoch auch, dass die Widerstandshandlungen trotz des mangelnden Erfolgs solche waren.

Wiederherstellung Österreichs als unabhängiger Staat mit einer demokratischen Neuordnung, in der die bürgerlichen Freiheiten wesentlicher Bestandteil sind. Gleichwohl gab es auch hier keine genauen und schon gar nicht einheitlichen Vorstellungen über die tatsächliche zukünftige Ausgestaltung (vgl. Botz 1983, 139; Göhring 1971, 424). Doch die Motive lagen nicht ausschließlich in politischen Überlegungen, sondern ebenso in rein zwischenmenschlichen Bedürfnissen nach Kontakt zu Menschen, die sich in einer ähnlichen Situation befanden, und in der Aufrechterhaltung von Freundschaften. Betrachtet man die Beziehungsstrukturen innerhalb der drei analysierten Widerstandsgruppen und die Wege der AktivistInnen in den Widerstand, so zeigt sich oft, dass man dazustieß, weil man sich diskriminiert fühlte, weil der Bruder, die Schwester, der Freund, die Freundin einen um einen Gefallen bat oder man jemandem einen Gefallen schuldete, weil man nicht abseits stehen wollte und Ähnliches mehr. Damit soll kein »Organisations-›Patriotismus‹« (Botz 1983, 141) herbeigeschrieben werden. Neben zahlreichen anderen Motiven war es auch die Ablehnung des Nationalsozialismus, die die Einzelnen an die Gruppe band.

3.1 Organisiert – system-offensiv – konspirativ – amorph

Greifen wir nun für die Einordnung der Widerstandshandlungen der Netzwerke von Barbara Eibensteiner, Irma Trksak und Gertrude Horn nochmals die Systematisierung von Gerhard Botz (1983, 145f.) auf, der als die wesentlichen Dimensionen des Widerstands- und Resistenzverhaltens das »Verhalten der Regierungsgegner«, den »Organisationsgrad« und die »beabsichtigte, schließliche Öffentlichkeitswirkung« definiert. Beim Verhalten der RegimegegnerInnen unterscheidet Botz (ebd.)

zwischen »eher system-offensivem« und »eher system-defensivem« Verhalten. In Hinblick auf Organisationsgrad und Öffentlichkeitswirksamkeit versucht er eine Zuordnung verschiedener Widerstandshandlungen nach hohem bzw. niedrigem Organisationsniveau sowie »eher öffentlichen« bzw. »eher nicht öffentlichen« Aktivitäten. Mit dieser Systematisierung sollen die Gemeinsamkeiten und Unterschiede der drei Gruppen herausgearbeitet werden, jedoch keine hierarchisierende Einordnung erfolgen.

Alle drei betrachteten Netzwerke führten Flugblattaktionen durch. Zum Teil verfassten sie die Texte selbst, zum Teil vervielfältigten sie sie »lediglich«. Die Inhalte waren eindeutig system-offensiv, da sie sich gegen das Regime wandten. Die in den vorangegangenen Kapiteln beschriebenen Implikationen/Arbeitsschritte einer Flugblatterstellung setzten außerdem einen hohen Organisationsgrad bei gleichzeitiger Beachtung der Regeln der Konspiration voraus. Diesen Aktionen muss durch ihre Quantität auch eine hohe Öffentlichkeitswirksamkeit attestiert werden. Die Flugblätter wurden in Wohnhäusern und Fabriken gestreut, wodurch potenziell eine Vielzahl an Personen erreicht werden konnte.

Schulungen und die Versorgung der Mitglieder mit kommunistischer Literatur waren ebenfalls – so wie die antifaschistische Aufklärung durch Flugblätter – in allen drei Gruppen ein wesentlicher Bestandteil des Widerstands. Im Gegensatz zu den Flugblattaktionen hatten die Vorträge und politischen Gespräche klandestin zu erfolgen und teilweise – wie Otto Horn über die MLW berichtet – konnten solche selbst nur im engsten Freundeskreis stattfinden. Der öffentliche Charakter war daher minimal, wenngleich derartige Schulungen die Mitglieder argumentativ rüsten sollten für die politische Aufklärung von Bekannten und Freunden sowie eventuell deren Anwerbung.

Die Gestapo und Gerichte werteten die Leistung bzw. Einhebung von Mitgliedsbeiträgen als Beweis für eine antinazistische Haltung und als aktive Unterstützung der Umsturzabsichten. In allen drei Gruppen wurden – nach Maßgabe der finanziellen Möglichkeiten der Mitglieder – geringe Geldbeiträge eingehoben. Diese Mittel wurden für die Beschaffung von Materialien, Gerätschaft und Hilfsmittel oder die Bezahlung eventueller Reisetätigkeit zur Durchführung von Widerstandsaktionen verwendet sowie für in Not geratene GenossInnen. Mit Ausnahme der letztgenannten Widerstandsform sind diese Handlungen system-offensiv, um nochmals die Botz'sche Typologie zu bemühen.

Neben diesen Gemeinsamkeiten in den Formen des Widerstands unterscheiden sich die Netzwerke von Eibensteiner, Horn und Trksak jedoch wesentlich in Hinblick auf die gewählten Methoden. Während die Gruppe um Barbara Eibensteiner (KJV, Kreis VII) ausschließlich Propagandatätigkeiten und Beeinflussung der »Massen« durch die eben besprochenen Aktivitäten sowie durch Infiltration von legalen Jugendorganisationen betrieb, orientierten sich die tschechische Widerstandsgruppe und die MLW teilweise in Richtung bewaffneten Widerstands. Beide Gruppen nahmen Verbindung mit dem Ausland auf (mit einzelnen Personen oder Partisanenverbänden), letztendlich mit dem Ziel der Durchführung von Anschlägen in Wien/Österreich und der Unterstützung des Widerstands in den annektierten Gebieten. Konkret handelte es sich um so unterschiedliche Tätigkeiten wie das Schmuggeln von Menschen (ZwangsarbeiterInnen oder gefährdete Personen) über die Grenze, Informationsaustausch/Nachrichtenübermittlung, Ausspionieren von Orten und Organisationen, Beschaffung von Sendeapparaten und Sprengmitteln, öffentlichkeitswirksame Sabotageakte wie das Anzünden von Materiallagern oder Verkehrseinrichtungen.

Also auch hier wieder eine Mischung aus weniger öffentlichen und öffentlichkeitswirksamen Aktivitäten. Alle setzten ein komplexes Geflecht von Verbindungen und damit einen relativ hohen Organisationsgrad voraus.

In Hinblick auf die (tatsächlichen) Organisationsstrukturen der drei Widerstandsgruppen geben die analysierten Dokumente nur wenig Aufschluss, weshalb zum einen für eine Rekonstruktion auf Sekundärliteratur zurückgegriffen und zum anderen Vermutungen angestellt werden mussten. Dies ist vorwiegend dem konspirativen Charakter dieser Zusammenschlüsse geschuldet, aber auch dem Bestreben der inhaftierten Gruppenmitglieder, bei den Verhören möglichst wenig preiszugeben, um sich selbst vor hoher Strafe und andere vor Verfolgung zu schützen. Unter Vorbehalt dieser Einschränkungen kann dennoch davon ausgegangen werden, dass bei allen drei Netzwerken eine mehr oder weniger stark ausgebildete hierarchische Ordnung bestand. Dadurch, dass die führenden Köpfe dieser Gruppen während des Austrofaschismus in kommunistischen Organisationen politisch geschult worden waren, ist es auch naheliegend, dass sie auf eingeübte Praktiken in der Organisation eines Netzwerks zurückgriffen. Gestützt wird diese Annahme zudem durch die Rekrutierungspraxis und damit die personelle Zusammensetzung. Angeworben wurden Personen, die man bereits über einen längeren Zeitraum kannte, zu denen man Vertrauen hatte und die, aus welchen Gründen auch immer, mit der nationalsozialistischen Politik nicht einverstanden waren. Hierarchie bedeutet nicht nur unterschiedliche Eingebundenheit und Gestaltungsmacht, sie impliziert auch unterschiedliches Wissen über den Umfang und die Art der Widerstandstätigkeit. Je militärischer eine Gruppe ausgerichtet war, desto weniger Personen wussten über die tatsächlichen Aktivitäten Bescheid, wie dies Otto Horn mehrfach darlegte (vgl. Horn 1969; Horn 1988). Eine Besonderheit der MLW scheint die Diskrepanz von einer hohen Anzahl an Mitgliedern und einer verhältnismäßig geringen Anzahl der Wissenden/Informierten über die tatsächliche Ausrichtung und das Ausmaß der Widerstandstätigkeit zu sein. In keiner der beiden anderen Gruppen dürften so wenige Mitglieder über den Charakter der Organisation Bescheid gewusst haben und an konkreten Widerstandsaktionen beteiligt gewesen sein (wahrscheinlich ist hier das Bild von einer Gruppe, die zur Tarnung eine größere Gruppe um sich scharte, angebrachter).

Die Strukturen und das Ausmaß der Involvierung der Gruppenmitglieder sind auch aufgrund der staatlichen Repressionen, eines übermächtigen Überwachungsapparats und anderer struktureller Gegebenheiten so schwierig zu fassen. Bei allen drei Gruppen wird dies deutlich. Der Fortbestand und die Gruppengrößen/-zusammensetzung waren determiniert durch Deportationen, Einberufungen, Festnahmen etc. Alle diese Faktoren bedingten stetige Veränderungen, eine gewisse Fluidität/Amorphie und Kurzlebigkeit. In allen drei Widerstandsnetzen kam es dadurch im Verlaufe ihres Bestehens zu Veränderungen bei der Besetzung von Funktionen, in der Struktur (z. B. durch die Aushebung einer Bezirksgruppe wie im Falle des KJV-Simmering), in der Anzahl der Zellen, zum Rückzug von Mitgliedern, weil sie sich beobachtet fühlten etc.

Gerade wegen dieser widrigen und gefährlichen Bedingungen ist es nicht verwunderlich, dass viele Aktionen nicht über das Planungsstadium hinausgingen. Dies änderte jedoch nichts daran, dass die nationalsozialistischen Machthaber diese Menschen als höchst gefährlich einstuften und sie mit Zuchthaus, Konzentrationslager und Hinrichtung bestraften. Angesichts der zwar vielfältigen, in der Gesamtheit aber bescheidenen Widerstandsaktionen kann man auch die Frage nach der Effektivität des Widerstands und dessen Beitrag zur Wiedererlangung der staatlichen Unabhängigkeit stellen. Aber ist Effektivität bzw. Erfolg ein angebrachter Maßstab in der Beurteilung von Widerstand? Wann wäre bei unseren Fallbeispielen von Erfolg zu sprechen? Wenn führende NS-Politiker ermordet wurden oder erst wenn das gesetzte Ziel, der Sturz des NS-Regimes, tatsächlich erreicht wurde? Zählt der Wille ebenso viel wie die Tat? Walter Göhring, der seine Dissertation Anfang der 1970er Jahre verfasste, also in einer Zeit, wo, wie er schreibt, noch immer der Erfolg einer Widerstandshandlung als Maßstab für die Anerkennung als Widerstand galt, meint, dass »das Festhalten an den Normen der Erfolgsmoral nichts anderes [bedeutet], als das Prinzip des Stärkeren im Kampf ums Dasein zu vertreten« (Göhring 1971, 427). Die zugrunde liegende politische Moral, aus der Handlungen gegen das Regime ersonnen werden, also der Wille und die ersten Schritte etwas dagegen zu tun, würde damit, einer reinen Zweck- und Erfolgsrationalität folgend, nicht zählen (vgl. ebd., 427f.). Unbestreitbar ist, dass die Widerstandsnetze rund um Eibensteiner, Trksak und Horn sich von Anfang an oder bald nach der nationalsozialistischen Machtübernahme zu Gruppen zusammenschlossen mit dem Ziel, diesem Regime etwas entgegenzusetzen. Unbestreitbar ist auch, dass sie dies oft mit Idealismus taten und ihre Absichten die realen Möglichkeiten der Umsetzung bei Weitem überschritten. Alle drei Widerstandsnetzwerke hatten mit extremen materiellen und finanziellen Einschränkungen zu kämpfen, die bereits die Produktion von Flugblättern zu einer Herausforderung machten. Wie schwierig musste erst die Aufrechterhaltung von Kontakten im In- und Ausland sein oder die Beschaffung von Waffen, Sprengstoff und Ähnlichem. Nichtsdestotrotz versuchten sie es. Sie versuchten zumindest – unter großem persönlichen Risiko – Sand ins gut geölte Getriebe des

»Dritten Reiches« zu bringen. Man könnte auch andersrum fragen. Was wäre gewesen, wenn es diese drei und mit ihnen die zahlreichen anderen kleinen Widerstandsgruppen nicht gegeben hätte? Diesbezüglich lässt sich aus der Retrospektive eines mit Sicherheit feststellen: Das »Dritte Reich« wäre auch ohne diese Gruppen gestürzt worden, aber für die Wiedererlangung der staatlichen Souveränität waren sie maßgeblich. Wie in Abschnitt 2 dieses Kapitels ausgeführt, wurde die Widerstandstätigkeit in der Moskauer Deklaration als Voraussetzung für eine zukünftige Unabhängigkeit Österreichs angesehen.

3.2 Bewertung der Rolle der Frauen in den drei Widerstandsnetzwerken

Einige quantitative Aspekte, die die geschlechtsspezifische Dimension beleuchten, sind schnell referiert und scheinen ein klares Bild zu geben. In allen drei Widerstandsnetzen waren die Frauen in deutlicher Unterzahl. Die männliche Dominanz ist dementsprechend – mit Ausnahme des Kreises VII des KJV – auch in Hinblick auf die Führungspositionen gegeben. Nur im Kreis VII des KJV waren Frauen auf höchster Führungsebene tätig und zwar auf Kreis- und Bezirksebene; sie bauten Strukturen auf, koordinierten die Gruppen, hielten Kontakt mit anderen Gruppen, führten Schulungen durch usw. Gertrude Horn (MLW) muss aufgrund ihrer Funktion als Kassierin und Durchführende von Schulungen ebenfalls als Mitglied des Kernteams betrachtet werden. Ihr Rang einer »Gruppenführerin« deutet zudem auf ihre führende Rolle hin. Sie selbst betont im Interview mehrmals, dass sie Funktionärin in der MLW war (vgl. Horn G. 1989, 21 und 23). In den beiden tschechischen Widerstandsgruppen, in denen Irma Trksak aktiv war, scheinen lediglich Männer führend tätig gewesen zu sein. Das heißt, die drei analysierten Widerstandsgruppen entsprechen in Hinblick auf die geschlechtsspezifische Zusammensetzung dem in anderen Forschungen gezeichneten Bild, nuancieren es jedoch bezüglich vorherrschenden geschlechtsspezifischen Arbeitsteilungen in diesen Gruppen. Strategische Planung, Koordination, Verfassen von Flugschriften, Schulung etc. ist das eine – nur wenige Frauen haben, folgt man den Zeitzeugenberichten und der Forschung, solche Aufgaben übernommen. Mit der Fokussierung auf die Führungspersönlichkeiten gerät jedoch außer Acht, dass der Großteil der männlichen Widerstandskämpfer ebenso »nur« in der zweiten Reihe stand. Soweit sich aus den spärlichen Daten zu konkreten Widerstandstätigkeiten eruieren lässt, haben in den drei Widerstandsnetzen die Männer und Frauen der zweiten Reihe durchaus ähnliche Aufgaben übernommen: Besorgung von Material, Medikamenten und Geld, Kuriertätigkeit, Streuen von Flugzetteln, Kontaktaufnahme mit Militärs (siehe Irma Trksak und Antonia Bruha), Schmuggeln von Menschen über die Grenze, Teilnahme an konspirativen Treffen, Werben von Mitgliedern usw. Wir können daher konstatieren, dass Frauen zwar weniger häufig in Widerstandsgruppen involviert waren, wenn schon, dann aber durchaus gleichwertige Tätigkeiten wie die männlichen Genossen ausführten. Frauen wie Männer haben im Rahmen ihrer Fähigkeiten und Möglichkeiten, die wiederum die vorherrschende geschlechtsspezifische Arbeitsteilung spiegeln, Widerstand geleistet.

Es bleibt die Frage, was sind die Ursachen für die quantitative Unterrepräsentanz von Frauen? Waren Frauen tatsächlich »unpolitischer«? Amesberger (2006) und Gugglberger (2007) konstatieren, dass die Geschlechterverhältnisse auch den Widerstand prägten – sowohl in seiner Zusammensetzung als auch in den Formen. Die traditionelle geschlechtsspezifische Arbeitsteilung, die Männern den öffentlichen Raum, die Sphäre des Politischen und den Frauen die private Sphäre zuweist, mag als eine Ursache für die geringere Partizipation von Frauen im organisierten Widerstand gelten. Geschlechtsspezifische Arbeitsteilung bedeutet auch, dass Frauen und Männer unterschiedliche Fertigkeiten erlernen. Sowohl als typisch weiblich geltende Tätigkeiten (z. B. in Bereichen der Pflege, (medizinischen) Versorgung, das Tippen von Matrizen/Schreibarbeiten) als auch als typisch männlich geltende Fertigkeiten (im technisch-handwerklichen Bereich) wurden im Widerstand gebraucht. Es ist also eine Frage der Sichtbarkeit und eine Frage der Bewertung des Geleisteten. Die Arbeit von Frauen wird in patriarchal und kapitalistisch geprägten Gesellschaften tendenziell unsichtbar gemacht und abgewertet, die geschlechtsspezifische Sozialisation wirkt jedoch auch dahingehend, dass Frauen selbst ihre Leistungen geringer bewerten. Dies kommt in vielen Zeitzeuginnengesprächen mit Widerstandskämpferinnen zum Ausdruck (vgl. Amesberger 2006, 54ff.). Als Beispiel für die selbstverständliche Akzeptanz traditioneller Arbeitsteilung und die unterschwellige Abwertung sei erneut auf den bereits zitierten Auszug aus dem Interview mit Irma Trksak (1999, 23) hingewiesen:

Alles war dominiert von den Männern natürlich, und in diesen Gruppen hat keine Frau eine führende Rolle gespielt, sondern vorgeschlagen wurde das immer von den Männern. Erstens einmal waren sie viel älter als wir […], und zweitens waren es schon erfahrene Männer, die schon irgendwelche politischen Erfahrungen gehabt haben. Und wir haben überhaupt nichts dabei gefunden, mit ihnen zusammenzuarbeiten, und wenn sie gesagt haben, »das werden wir machen«, dann haben wir es gemacht. […] Wir haben das nicht mitbekommen, dass wir keine führende Rolle spielen in diesem ganzen Widerstand, wir haben das überhaupt nicht bemerkt.

Der letzte Satz kann in verschiedene Richtungen interpretiert werden. Er kann einfach als Feststellung gelesen werden, dass Frauen in den Widerstandsgruppen keine Führungspositionen innehatten aufgrund ihrer Jugend und geringeren Erfahrung wie weiter oben erklärt wird. Der Satz lässt aber auch die Interpretation zu, dass Frauen generell eine untergeordnete, wenig bedeutsame Rolle gespielt haben. Noch deutlicher tritt die Ab- bzw. Minderbewertung der eigenen Widerstandstätigkeit in der von vielen Widerstandskämpferinnen geäußerten Einschätzung »Wir haben ja nichts Besonderes gemacht« zutage (vgl. Amesberger/Halbmayr 2001a, 61ff.). Dies kann so weit führen, dass in den Lebenserinnerungen von Frauen die Widerstandstätigkeit nicht einmal erwähnt wird, so wie im Falle von Hilde Grünholz (vgl. Kapitel V.2.3). Derartige Abwertungen finden jedoch auch in der Sprache, in der unterschiedlichen Benennung ein und derselben Widerstandstätigkeit ihren Niederschlag und ihre Verstärkung. Am eindrucksvollsten lässt sich das am Beispiel der Wehrkraftzersetzung darstellen. »Wurde Wehrkraftzersetzung von Männern ausgeübt, dann wurde sie auch als solche bezeichnet; wurde sie von Frauen ausgeübt, dann hieß sie ›Mäderlarbeit‹. In diesem Terminus kommt die gesamte Geringschätzung weiblicher Widerstandstätigkeit zum Ausdruck.« (Amesberger 2006, 56)

Die Frage der Sichtbarkeit ist auch eine Frage der Quellen. Geschlechterverhältnisse intervenieren auch hier, denn sie determinieren Begriffsdefinitionen, den Forschungsgegenstand (Fragestellung) und die methodische Herangehensweise gleichermaßen: Wie wird ein Gegenstand gefasst; wer wird zu welchem Thema befragt; welche Quellen werden herangezogen? Die höhere Sichtbarkeit männlicher Widerstandstätigkeit und die Dominanz männlicher Narrative ist eng damit verknüpft, dass in der Forschung (nicht nur in der Widerstandsforschung) bis in die 1980er Jahre hinein Geschlecht nicht als relevante empirische Kategorie betrachtet wurde (vgl. Amesberger 2016). Dementsprechend häufiger standen die Geschichten und Sichtweisen von Männern im Mittelpunkt. Die Auswirkungen eines solchen Bias lassen sich gut durch die bereits vielfach zitierte Dissertation von Walter Göhring (1971) und das Interview mit Franz Danimann, dem ehemaligen Leiter der KJV-Bezirksgruppe Simmering, die zum von Barbara Eibensteiner geführten Kreis VII gehörte, illustrieren. Von Franz Danimann liegen zwei Interviews vor, eines aus dem Jahr 1983, das zweite aus dem Jahr 2003. In beiden Interviews erwähnt er mit keinem Wort, dass in seinem Widerstandsnetzwerk eine Frau eine führende Rolle einnahm; der Name Eibensteiner kommt kein einziges Mal vor, obwohl Barbara Eibensteiner – so geht es zumindest aus den Gerichtsakten hervor – die Bezirksgruppe aufgebaut hatte und die Arbeit der verschiedenen Bezirke koordinierte. Vielmehr betont er darin, dass er – entgegen der Darstellung seiner Widerstandstätigkeit in der Publikation des DÖW »Widerstand und Verfolgung in Wien 1934–1935« – eine weitaus umfangreichere und bedeutendere Rolle im KJV gespielt habe (vgl. Danimann 1983, 21). Danimann sah die Ursache hierfür in der Wahl der Quellen. Die Herausgeber der Publikation hatten sich lediglich auf seine Aussagen vor der Strafjustiz gestützt, wo er jedoch selbstverständlich versucht hatte, den gesamten Umfang seiner Widerstandstätigkeit zu verheimlichen. Walter Göhring stützt sich in seiner Dissertation ebenfalls auf den Gerichtsakt von Danimann und Schernbrandtner und widmet dem KJV-Simmering ein eigenes Unterkapitel. Auch hier wird mit keinem Wort Barbara Eibensteiner erwähnt, obwohl die Einbindung der Bezirksgruppe in den Kreis VII des KJV (wenngleich Eibensteiner nicht namentlich angeführt wurde) mehrfach in der Anklageschrift erwähnt wurde (vgl. DÖW 7431,

Anklageschrift Danimann u. a.). Als ein weiteres Beispiel für die fehlende Sichtbarkeit von Widerstandskämpferinnen (bzw. auch die Annahme, Widerstand sei männlich) kann die Passage im Interview mit Gertrude Horn gelesen werden, in der die/der InterviewerIn zunächst fragte, ob es richtig sei, dass ihr Mann Mitglied der Mischlingsliga war. Als Gertrude Horn dies bejahte, folgte die Nachfrage: »Haben Sie damals von so was gewusst?« Mit dieser Frage wurde indirekt unterstellt, dass Gertrude Horn möglicherweise während der NS-Zeit gar nichts von der MLW gewusst oder zumindest erst später davon erfahren hat. Woraufhin Gertrude Horn verdeutlichen musste, dass sie unabhängig von ihrem späteren Ehemann politisch aktiv wurde (vgl. Horn 1989, 9, 19, 21ff.). Die größere Sichtbarkeit des organisierten antifaschistischen Widerstands im Vergleich zur individuellen Resistenz verortet Botz (1983, 143) im legitimatorischen Interesse der politischen Parteien nach 1945. Ähnlich kann die ungleiche Sichtbarkeit von männlicher und weiblicher Widerstandsaktivität neben den anderen erwähnten Faktoren mit einer »Selbstverstärkung« (ebd.) durch die Dominanz des männlichen Narrativs aufgrund des geschlechtsspezifischen Bias in der Dokumentation von und Forschung zu Widerstand erklärt werden.

Ob das beschriebene Bias auch allgemeine Auswirkungen auf die Lebensgeschichten unserer Protagonistinnen nach 1945 hatte und inwieweit es sich auf die Tradierung der Widerstandsgeschichte innerhalb der Familie auswirkte, wird sich in den nächsten beiden Kapiteln erweisen.

VII. WIDERSTAND UND VERFOLGUNG – DETERMINANTEN DES LEBENS NACH DER BEFREIUNG?

Manifest im Zusammenbrechen der Kriegsfronten bahnte sich zu Beginn des Jahres 1945 das Ende des Zweiten Weltkriegs an. Die Schutzstaffel (SS) sah sich durch diese Umstände gezwungen, die Konzentrationslager ins Reichsinnere zu »evakuieren«. Da die dafür benötigten Routen jedoch oft durch Truppen der Alliierten versperrt waren, irrten die InsassInnen unter Bewachung durch die SS oft wochenlang ohne genügend Verpflegung umher. Auf diesen »Todesmärschen«, in Aufnahmelagern oder in Transportzügen starben kurz vor Ende des Krieges noch circa ein Drittel der Gefangenen. Einigen gelang dabei jedoch auch die Flucht. In den meisten Fällen erfolgte die Befreiung der InsassInnen durch die Alliierten allerdings nach der Flucht der Bewachung (vgl. Wenge 2006).

Das Frauenkonzentrationslager Ravensbrück wurde in den letzten Apriltagen aufgelöst und der Großteil der 20.000 weiblichen Häftlinge am 27. und 28. April 1945 »in mehreren Marschkolonnen zu Fuß in Richtung Nordwesten, über Malchow, Neustadt-Glewe sowie Dömitz an der Elbe« (Strebel 2003, 501) getrieben.[198] Auch unsere drei Protagonistinnen fanden sich in dieser gefährlichen und unübersichtlichen Situation wieder. Kranke und geschwächte Häftlinge – wie etwa Barbara Eibensteiner – waren bei den sogenannten Evakuierungsmärschen besonders gefährdet, von den begleitenden SS-Wachmannschaf-

---
198 Das Männerlager wurde am 24. und 26. April geräumt.

ten erschossen zu werden. Nur das mutige Eingreifen Johanna Vogls, die den SS-ler anschrie und so im Falle Eibensteiners zur Vernunft brachte, konnte das Unglück verhindern.[199] Schließlich türmten die beiden gemeinsam mit Mila (vermutlich Marie-Ludmilla Nettl), Friederike Sinclair und Barbara Wentz. Drei Tage lang hielten sie sich zwischen den Fronten versteckt, bis sie von Rotarmisten entdeckt und aufgefordert wurden, in das aufgelöste Lager zurückzukehren. Eibensteiner und Mila, die beide von der langjährigen Haft stark geschwächt waren, kehrten daraufhin in Begleitung von Friedl Sinclair ins Lager zurück, während Wentz und Vogl sich mit weiteren Frauen über Polen und die Tschechoslowakei auf den Heimweg machten. Große Strecken mussten sie dabei zu Fuß zurücklegen. Barbara Eibensteiner gelangte erst im Juli 1945 mit einem von Rosa Jochmann und Friedl Sinclair organisierten Transport nach Wien.[200]

Auf einem solchen »Evakuierungsmarsch« gelang auch Irma Trksak am 29. April 1945 die Flucht. Auf die Warnung von zwei polnischen Zwangsarbeitern hin beschloss sie, sich gemeinsam mit einigen Freundinnen zu verstecken. Wie sich herausstellen sollte, bedeutete diese Selbstbefreiung kein Ende der Gewalt. Im Chaos des sich auflösenden »Dritten Reiches« war die Gewalt allgegenwärtig. Sie ging, wie beschrieben, von den SS-Wachmannschaften aus, aber auch von den Soldaten der Alliierten. Frauen waren in hohem Maße von sexueller Gewalt betroffen (vgl. Amesberger et al. 2004; Eschebach/Mühlhäuser 2008). Die Frauen machten sich auf einen langen und mühsamen Weg nach Hause, dabei reisten sie zu Fuß oder

---

199 Die biografischen Informationen im Folgenden entstammen der bereits zitierten Kurzbiografie von Elke Rajal.
200 Vgl. IKF-Rav_7/1, Interview mit Friedl Sinclair vom 18.11.1998, geführt von Brigitte Halbmayr [kurz: Sinclair 1998]. Die österreichische Regierung war die einzige, die keine Transporte für ihre Landsleute organisierte.

mit »organisierten« Fortbewegungsmitteln. Wie viele andere befürchtete auch Irma Trksak, zwischen die Fronten zu geraten, weswegen sie sich nach Osten in Richtung Polen wandte. Trksak, Antonia Bruha, Berta Lauscher und Herta Rothowa nahmen den Weg über Soldin, Posen, Bjelsk, Ostrau und Bratislava. Ende Mai erreichten sie Wien (vgl. Bollauf 2001, 234). Nicht erwartet hatten die Frauen, dass sie von den Befreiern, von Soldaten der Roten Armee, Gewalt erleiden würden. Irma war vermutlich nicht die Einzige ihrer Gruppe, die vergewaltigt wurde.[201] Ende Mai kamen sie in Wien an.

Gertrude Horn gelang es ebenfalls, während der »Evakuierung« des KZ Ravensbrück zu fliehen – sie und Mathilde Kohn waren wenige Wochen zuvor vom Sachsenhausener Nebenlager Genshagen dorthin zurücktransportiert worden.[202] Bei einem Tieffliegerangriff ergriffen sie und ihre Freundin die Chance und rannten weg. Sie versteckten sich in einem Heustadel in Röbel, einer kleinen Stadt an der Mecklenburgischen Seenplatte, bis sie dort Anfang Mai von sowjetischen Soldaten gefunden wurden. Diese quartierten sie für fünf Wochen in einem leerstehenden Bauernhaus ein. Der weitere Heimweg – mit der Bahn, auf Lastautos, jedoch größtenteils zu Fuß – war mit vielen Hindernissen gepflastert. Da ihnen die notwendigen Papiere fehlten, wurden sie in München für kurze Zeit inhaftiert und später auch in Salzburg in einem Lager festgehalten.

---

201 Vgl. IKF-Rav_35/1, Interview Trksak, 50f. Irma Trksak erzählt in diesem Interview, dass auch Berta Lauscher vom selben Rotarmisten vergewaltigt wurde. Ernst Josef Lauscher schreibt in seinem »autobiographisch gestimmten Roman« »Eiserne Reserve« (1995, Klappentext) ebenfalls davon, dass seine Mutter Berta immer wieder angedeutet, aber nie dezidiert ausgesprochen habe, dass sie vergewaltigt worden sei. Vgl. auch Interview IP 4.

202 Die im Folgenden verwendeten biografischen Informationen von Gertrude Horn stammen aus dem bereits zitierten Interview aus dem Jahre 1989 (vgl. Horn G. 1989, insb. 46–57).

Aus Letzterem konnten sie nach einer Nacht fliehen. Am 1. August 1945 erreichten sie Wien.

1. LEBENSWEGE NACH RAVENSBRÜCK

Wie verläuft ein Lebensweg nach dem Konzentrationslager? Um den Blick zu weiten, sollen die Lebensgeschichten unserer drei Protagonistinnen in einen größeren Kontext allgemeiner Forschungsergebnisse zum Leben nach der Befreiung gestellt werden. Dafür werden insbesondere die Erkenntnisse zu den österreichischen »Ravensbrückerinnen« von Helga Amesberger und Brigitte Halbmayr (2001a; 2001b) herangezogen. Im Rahmen des Forschungsprojekts »Lebenserinnerungen« hatten Amesberger und Halbmayr zwischen 1998 und 1999 über 40 Frauen interviewt, die im Konzentrationslager Ravensbrück inhaftiert gewesen waren, und deren Lebensverläufe ausgewertet wurden. Ebenso greifen wir auf die Ergebnisse der von Springer und Brainin Ende der 1970er Jahre durchgeführten psychologischen Studie zu den Folgen der KZ-Haft und deren Auswirkungen auf die Nachfolgegeneration zurück. Für diese Untersuchung wurden 37 Frauen, die in Ravensbrück inhaftiert waren, und 42 Kinder befragt. Dies soll natürlich nicht darüber hinwegtäuschen, dass jede Lebensgeschichte einmalig ist und auch die Frauen sehr unterschiedlich waren. Allerdings einte sie alle die Erfahrung des Zivilisationsbruchs, des Konzentrationslagers und des industriellen Massenmords. Es stellt sich angesichts des erlebten Grauens und des Wissens über diese Dimension der Unmenschlichkeit die Frage, wie das Erlebte in die jeweiligen Lebensgeschichten integriert werden konnte. Gelang die Rückkehr in die Gesellschaft?

1.1 Gesundheitliche Auswirkungen der Verfolgung

Amesberger und Halbmayr (2001a, 227) fassen die Aussagen der 42 interviewten ehemaligen Ravensbrück-Häftlinge zur körperlichen Verfassung nach der Rückkehr wie folgt zusammen:

Alle Frauen kamen völlig unterernährt und geschwächt nach Österreich zurück. Kaum eine der Frauen wog bei ihrer Rückkehr mehr als 40 kg, viele berichten über Eitergeschwüre und/ oder Hautausschläge, die ihren ganzen Körper übersäten. Einige Krankheiten – etwa Tuberkulose, Lungenentzündung, ständiger Durchfall oder Gelbsucht – stellten sich allerdings erst einige Monate nach der Heimkehr ein. Sie erforderten oft einen monatelangen Krankenhaus- bzw. Kuraufenthalt.

Doch auch spätere chronische oder schwere Erkrankungen, wie etwa Herz- und Lungenleiden, Magen- und Gallenbeschwerden, Erkrankungen der Schilddrüse, Gebärmuttertumore oder Fehlgeburten wurden als durch die KZ-Haft verursacht gesehen; eine Einschätzung, die viele ÄrztInnen nicht teilen wollten. Zu einem ähnlichen Befund kamen Springer und Brainin (1979). In ihrer Studie gaben zwei Drittel der 37 befragten Frauen an, »chronisch zu leiden«, fast alle übrigen klagten über häufige akute Erkrankungen und nur »ein verschwindender Teil gibt an, sich gesund zu fühlen« (ebd., 7). Die körperliche Verfassung unserer Protagonistinnen Eibensteiner und Trksak[203] reihen sich in diese Ergebnisse ein.

Barbara Eibensteiner, die mit einem Krankentransport nach Hause zurückkehrte, erholte sich nie wieder von den in der langjährigen Haft zugezogenen körperlichen Leiden, einem Herzklappenfehler und einer Lungenstauung. Dazu kam, dass die Bedingungen im Nachkriegsösterreich einer Genesung

---

203 Über den Gesundheitszustand von Gertrude Horn nach der Befreiung konnten wir nichts in Erfahrung bringen.

nicht besonders zuträglich waren. Ihr Ehemann, Franz Mucha, schildert in einem Haftentschädigungsantrag den Zustand seiner Frau nach 1945 wie folgt: »Der 3-jährige Kampf um eine Wohnung, die vielen Laufereien und Urgenzen waren eine ständige Aufregung und verschlechterten zusehends das Leiden.«[204] Sie starb im Jänner 1948 an den Folgen der KZ-Haft.

Irma Trksak trug ebenfalls eine dauerhafte gesundheitliche Schädigung davon:

Und ich habe erst 1951 [um eine Opferrente] eingereicht und dann habe ich nur mehr vierzig Prozent Invalidität bekommen.[205] Die habe ich bis heute. Ich gehe auch nicht um eine Höherstufung ansuchen, weil ich bin eh gesund (lacht), obwohl niemand in mich reinschauen kann. Wenn meine nervliche Belastung zugrunde gelegt würde, müsste ich eine Rente bekommen, müsste ich hundert Prozent kriegen, sage ich immer. Wie ich manchmal noch immer belastet bin durch die ganzen Dinge, auch wenn ich immer die Kraft habe, das zu überspielen. (IKF-Rav_35/2, 54)

Sechs Jahre nach der Befreiung wurde ihr eine 40-prozentige Invalidität bescheinigt, sie hebt in diesem Zitat jedoch auch die durch die Verfolgung verursachten psychischen Belastungen hervor. In den Interviews erzählten die meisten überlebenden Frauen von – teilweise bis in die Gegenwart bestehenden – quälenden Albträumen, von schweren Depressionen und Angstzuständen, die zum Teil eine Berufsunterbrechung und einen Krankenhausaufenthalt erforderten (vgl. Amesber-

---

204 OF-Akt Johanna Mucha, Antrag auf Haftentschädigung für Johanna Mucha, Tochter des Opfers Barbara Mucha, geb. Eibensteiner, vom 11.5.1954.
205 Um eine Opferrente zu erhalten, musste man u. a. eine starke gesundheitliche Beeinträchtigung durch die Haft nachweisen. Vielfach stellten die zuständigen Amtsärzte zwar eine körperliche Schädigung fest, wollten diese aber oftmals nicht als Folge der (KZ-)Haft einstufen.

ger/Halbmayr 2001a, 228). Entsprechend den Ergebnissen von Springer/Brainin (1979, 7) litten mehr als zwei Drittel der Frauen an psychopathologischen Erscheinungen wie Angstträumen, Angstzuständen, Schwächezuständen und leichter Erschöpfbarkeit, Schlaflosigkeit und an zeitweiligem Weinen, ohne dafür einen Grund angeben zu können, und ein Drittel zudem »unter einem Gefühl innerer Leere und Apathie« (ebd.). Einige Kinder von Widerstandskämpferinnen orteten bei ihren Müttern und Vätern ebenfalls durch die Verfolgung indizierte Traumatisierungen (vgl. Kapitel VIII).[206]

Traumatisierend wirkten nicht nur die erniedrigenden, an die Grundfesten der menschlichen Existenz rührenden Bedingungen während der Gefängnis- und KZ-Haft – man denke an die in vielen Fällen verhängte Einzelhaft, an körperliche Gewalt und Folter –, sondern ebenso oft die Ungewissheit über den Verbleib geliebter Menschen und der Verlust von WeggefährtInnen und Angehörigen (vgl. Amesberger/Halbmayr 2001a, 212; Preitler 2015). Dem Wissen um die Ermordung von geliebten Menschen ging oft eine jahrelange Suche nach den Vermissten voraus; eine Periode, in der Hoffnung und Verzweiflung einander immer wieder ablösten. Irma Trksak fand das Wohnhaus ihrer Eltern zerbombt vor. Das Glück, ihre Eltern dennoch wohlbehalten zu finden, war überschattet von der Nachricht, dass ihre beiden Brüder den Krieg nicht überlebt hatten. Später erfuhr Trksak auch, dass ihr Verlobter in einem Außenlager des KZ Mauthausen Selbstmord begangen hatte. Horn und Eibensteiner verloren keine nahen Angehörigen und für Gertrude Horn gab es, als sie ihren Geliebten

---

206 Im Juni 2018 wurden am IKF im Rahmen des Forschungsprojekts »Meine Mama war Widerstandskämpferin« fünf Interviews mit Töchtern und Söhnen von »Ravensbrückerinnen« sowie eine Gruppendiskussion mit Nachkommen durchgeführt.

wiederfand, ein »Happy-End«, wie sie selbst sagte (Horn G. 1989, 55). Alle drei verloren WeggefährtInnen des Widerstands: einige GenossInnen wurden hingerichtet oder überlebten die Konzentrationslager und Strafeinheiten nicht.

Mittlerweile können wir auf eine jahrzehntelange Traumaforschung zurückblicken, die bis zu Sigmund Freud und darüber hinaus zurückgeht.[207] Die Auseinandersetzung wurde wesentlich durch die beiden Weltkriege stimuliert. Noch in den 1950er Jahren herrschte allerdings die Ansicht vor, dass posttraumatische Belastungsstörungen bis zu maximal einem halben Jahr andauern könnten, eine Lehrmeinung, die insbesondere für die Entschädigungszahlungen an Verfolgungsopfer fatale Folgen hatte. Erst Ende der 1950er Jahre wurde deutlich, dass es auch Extremtraumatisierungen gibt, die dauerhafte Folgen zeitigen. Mit der Wahrnehmung von verfolgungsbedingten Traumata beschäftigen sich auch die AutorInnen von »Kinder der Rückkehr« (Berger/Wodak 2018). Ernst Berger weist auf die lange Zeit nicht getätigte Unterscheidung zwischen traumatischem Ereignis und Traumafolgen hin und dass erst in den 1980er und 1990er Jahren die »posttraumatische Belastungsstörung« als eigenständige Diagnosekategorie entwickelt wurde (vgl. Berger/Wodak 2018, 74). Kronberger und Berger (2007, 342 und 344) formulieren dazu:

Die Symptome folgen dem Trauma mit einer Latenz, die Wochen bis Monate oder Jahre betragen kann. In manchen Fällen nimmt die Störung einen über viele Jahre gehenden chronischen Verlauf und kann in eine dauernde Persönlichkeitsveränderung übergehen. […] Die Zeitspanne zwischen dem traumatischen Erlebnis und seinen späteren Auswirkungen, die so genannte Latenzperiode, kann völlig symptomfrei verlaufen.

207 Vgl. im Folgenden die Diskussion dazu in Amesberger et al. 2004, 33ff.

Als Randbemerkung sei hier noch eingefügt, dass die Bewältigung eines Traumas, wie die Traumaforschung umfassend nachwies (vgl. Keilson 1992; Becker 2006; Brainin/Ligeti/Teicher 1994), maßgeblich von den vorgefundenen Bedingungen nach dem Traumaereignis determiniert ist. Jean Améry (2002) beschreibt in seinem bewegenden Essay über die Wirkung der Folter, wie damit das Vertrauen in die Welt zerstört wird: »Mit dem ersten Schlag bricht das Weltvertrauen zusammen.« (ebd., 66) Dieses wiederzuerlangen in einer Nachkriegsgesellschaft, die zum einen jegliche Mittäterschaft an den nationalsozialistischen Verbrechen leugnete und wenig zur »Wiedergutmachung« tat (siehe Kapitel VI), und zum anderen die Leiden der Verfolgten mit den eigenen schwierigen Kriegsbedingungen relativierte bzw. den Zurückgekehrten nach der Devise »Hätten sie keinen Widerstand geleistet, wären sie auch nicht verfolgt worden« die Schuld für das Erlebte zuwies, war äußerst schwierig. Der Widerstand gegen den Nationalsozialismus wurde in den westlichen Besatzungszonen in der unmittelbaren Nachkriegszeit in einer noch direkt vom NS-Regime geprägten Gesellschaft mit nur wenigen Ausnahmen negativ bewertet. »Es war der üble Beigeschmack des Verrats, der den Handlungen der Widerstandskämpferinnen und Widerstandskämpfer lange Zeit anhaftete.« (Albert/Tuchel 2016, 76) Bei Behördengängen waren die Überlebenden teilweise wieder mit den gleichen BeamtInnen konfrontiert wie während der NS-Zeit, die ÄrztInnen stellten die KZ-Haft als Ursache von Erkrankungen in Abrede, die NachbarInnen traten teilweise offen feindselig auf.[208] Auch Irma Trksak machte solche Erfahrungen: »Die Umgebung in meinem Haus war mir feindlich gesinnt – feindlich, lax, gleichgültig bis feindlich.« (Trksak 1999, 59) Springer/Brainin

---

208 Vgl. hierzu ausführlicher Amesberger/Halbmayr 2001a, 217–226 und einzelne Kurzbiografien in Amesberger/Halbmayr 2001b.

(1979, 5) beziffern den Anteil jener, die nach der Rückkehr auf Ablehnung gestoßen sind, mit 15 Prozent. Daher verwundert es nicht, dass, wie Springer und Brainin (ebd., 7) analysieren, weniger als zwei Drittel der Befragten angaben, ihre Wiedereingliederung in die Gesellschaft sei vollkommen gelungen. Der Großteil der Interviewten in beiden Studien zeigte sich enttäuscht in Hinblick auf Leistungen des Staates und des Umgangs der Republik mit den Überlebenden (vgl. ebd.; Amesberger/Halbmayr 2001a, 217–222). Auch in ihrem engeren Umfeld trafen die Überlebenden oft auf Schweigen und Feindseligkeit, Tabuisierung sowie Relativierung ihrer Geschichten. Damit sei nicht gesagt, dass sie nicht trotzdem zu Hause willkommen geheißen wurden und Eltern wie Geschwister sich über ihre Heimkehr nicht freuten. Der Politikwissenschaftler Anton Pelinka sieht am Grunde dieses Schweigens die Spannung zweier einander widersprechender Narrative:

[D]as Problem war, dass die Mehrheit ihr eigenes Narrativ entwickelt hatte, in dem der Widerstand keinen Platz hatte, und dass dieses Narrativ der Anpassung an die Diktatur vom Narrativ des Widerstandes herausgefordert, ja gefährdet erschien. (Pelinka 2007, 16)

Wie wir in Kapitel VIII sehen werden, führte die distanzierte bis ablehnende Haltung der österreichischen Nachkriegsgesellschaft teils zur Isolation und zu einem Freundeskreis, der nahezu ausschließlich aus ehemals Verfolgten bestand; ein Verhaltensmuster – so Springer/Brainin (1979, 6) –, das nicht nur in den unmittelbaren Nachkriegsjahren bestand.

Die Erfahrung von Verfolgung, Gewalt und Folter hatte auch Auswirkungen auf die familiäre und berufliche/ökonomische Situation.

1.2 Berufstätigkeit im Spiegel gesellschaftlicher Verhältnisse

Die Sicherung einer ökonomischen Existenzgrundlage zählte zu den vordringlichsten Notwendigkeiten für die Überlebenden. Viele standen nach ihrer Rückkehr buchstäblich vor dem Nichts (vgl. Amesberger/Halbmayr 2001a, 234–236). Die meisten interviewten Frauen in der Studie von Amesberger und Halbmayr knüpften beruflich wieder in jenem Bereich an, in dem sie vor der Inhaftierung tätig gewesen waren. Einen Arbeitsplatz zu finden war nicht nur wegen der allgemeinen prekären wirtschaftlichen Situation nicht leicht. Einige Verfolgte führten die Schwierigkeiten bei der Arbeitssuche auf ihre KZ-Haft und ihre Mitgliedschaft in der KPÖ zurück. Die ArbeitgeberInnen hätten ehemalige Häftlinge nicht gerne eingestellt. Einen Arbeitsplatz zu finden, gelang oft nur mit Protektion (vgl. ebd., 222).

Die Berufskarrieren unserer drei Protagonistinnen unterscheiden sich in einigen Belangen von dieser allgemeinen Tendenz. Einer der wesentlichsten Unterschiede ist, dass keine der drei Frauen in ihren erlernten bzw. angestrebten Beruf zurückkehrte. Barbara Eibensteiner, gelernte Stickerin, arbeitete in ihrer kurzen Lebenszeit nach dem Krieg als Dolmetscherin, Stenotypistin und Kindergärtnerin, wobei sie erstere Tätigkeiten vorwiegend im kommunistischen Umfeld ausübte. »Mit ihrer ganzen Begeisterung«, so die Erinnerung einer Genossin, »ihrem Elan hat sie sich in die neue Arbeit gestürzt, ohne auf ihre geschwächte Kraft zu achten.«[209]

Die ausgebildete Lehrerin Irma Trksak fand zunächst eine Stelle als Sekretärin des Kulturattachés in der tschechischen

---

209 Anna Haider: »Hansi Eibensteiner«, in: Stimme der Frau, Nr. 12 vom 20.3.1984.

Gesandtschaft Wien. Im Zuge der politischen Säuberung der Tschechoslowakei Anfang der 1950er Jahre lief ihr Dienstverhältnis 1950 aus. »Und so bot ihr die Vereinigung der tschechischen Minderheit nach ihrer Kündigung in der Gesandtschaft einen Posten als Redakteurin der Wiener Minderheitsblätter an.« (Cordon 2007, 139) Als sie – gemeinsam mit vier Genossen – versuchte, den Missbrauch von Geldern durch die tschechische Sektion der Kommunistischen Partei aufzudecken, wurde sie aus dem Minderheitenverein der TschechInnen und SlowakInnen ausgeschlossen. Trksak verlor ihre Anstellung. Nach einer vierjährigen Berufsunterbrechung, auch bedingt durch die Geburt ihres Sohnes, arbeitete sie ab 1955 bis zu ihrer Pension als Sachbearbeiterin bei Siemens.

Gertrude Horn konnte aufgrund der rassistischen nationalsozialistischen Gesetzgebung ihren Ausbildungswunsch einer Schneiderlehre nicht realisieren. Im Rahmen der Dienstverpflichtung arbeitete sie vor ihrer Inhaftierung in einer chemischen Reinigung. Nach ihrer Rückkehr ging sie zunächst keiner außerhäuslichen Beschäftigung nach, sondern kümmerte sich um die Kinder und den Haushalt. Mit Aufkommen des Fernsehens begann sie für das DDR-TV als Korrespondentin zu arbeiten und bereiste halb Europa. Dies tat sie meist gemeinsam mit ihrem Mann: Sie sprachen abwechselnd die Kommentare, während der oder die andere die Kamera führte. Ab 1971 war Horn dann zwölf Jahre als Motorjournalistin[210] für die *Volksstimme*, danach bis zum Ende ihres Lebens als freie Journalistin tätig.

Auffallend an diesen drei Berufsverläufen ist ihre (zeitweise)

---

210 Bezüglich dieser Tätigkeit führt sie im oben erwähnten Interview aus: »[…] das sehen Sie heute noch in jeder Zeitung […]; man bespricht neue Erscheinungen, man macht Probefahrten, man macht Testfahrten – ein ausgesprochener Männerberuf, weil ich hab nie einen Frauenberuf mögen.« (Horn G. 1989, 59)

enge Verbindung mit der Kommunistischen Partei. Die Partei war direkt oder indirekt Arbeitgeberin. Insbesondere im Raum Wien hatte die KP durch die USIA-Betriebe viele Möglichkeiten, den GenossInnen Arbeitsplätze zu vermitteln.[211] Die Betätigung im kommunistischen Widerstand und die spätere Mitgliedschaft in der KPÖ scheinen damit in ökonomischer Hinsicht für die berufliche Integration von Trksak, Horn und Eibensteiner von Vorteil gewesen zu sein. Es zeigt aber auch, dass man oftmals nur durch parteipolitische Einflussnahme eine Anstellung erhielt.

Die Beschäftigungsverläufe von Irma Trksak und Gertrude Horn verweisen außerdem auf ein für Frauen bis heute gültiges Muster: Mit der Geburt eines Kindes unterbrechen sie ihre Berufstätigkeit für einen längeren Zeitraum. Im Falle von Irma war aber die Berufsunterbrechung keine freiwillige. Sie wurde kurz nach der Entbindung gekündigt, was sie in große Verzweiflung stürzte: »Ich war damals am Ende. Ich wollte mir das Leben nehmen. Ich war so verzweifelt darüber, dass so viel Gemeinheit in den Menschen stecken konnte.« (Cordon 2007, 142) Später war sie stolz darauf, dass sie es als Mutter und

---

211 Die Sowjetunion beanspruchte ab Mitte 1946 das in ihrer Zone befindliche »Deutsche Eigentum«, das in der USIA zusammengefasst wurde. »Dadurch verfügte sie über einen gigantischen Wirtschaftskomplex, der neben der DDSG (Donaudampfschifffahrtsgesellschaft) die gesamte Erdölindustrie, bedeutende Firmen der Eisen-, Stahl- und Elektroindustrie (Alpine Montan, Gebrüder Böhler, AEG-Union, Elin, Siemens-Schuckert), mehr als 150.000 ha Grundbesitz und zahlreiche Gewerbe- und Handelsbetriebe umfasste. Verwaltet wurden diese Betriebe, die 1955 beispielsweise 53.000 Personen beschäftigten, im Rahmen der USIA.« (http://www.demokratiezentrum.org/wissen/wissenslexikon/usia.html [Zugriff: 2.8.2018]) Nach dem Oktoberstreik 1950 kamen viele gekündigte Kommunisten in den USIA-Betrieben unter. Die Betriebe hatten sich nach den Vorgaben der Sowjetunion zu richten, wurden aber marktwirtschaftlich geführt (vgl. https://de.wikipedia.org/wiki/USIA#cite_note-presse-1 [Zugriff: 2.8.2018]).

berufstätige Frau allein geschafft hat, ihren Sohn großzuziehen (vgl. ebd., 146). Während Irma Trksak als Alleinerzieherin nach wenigen Jahren eine Lohnarbeit aufnehmen musste, begann Gertrude Horns Berufstätigkeit erst nachdem ihre Kinder bereits älter als zehn Jahre waren.

1.3 Familiengründung als gesellschaftliches Integrationsmoment?

Die ehemaligen Insassinnen des KZ Ravensbrück, die Amesberger und Halbmayr befragten, beschritten hinsichtlich der Familiengründung einen für diese Zeit »normalen« Weg:
Bei ihrer Befreiung waren die Frauen zwischen zwölf und 41 (die Mehrzahl zwischen 19 und 35) Jahre alt. 29 Frauen heirateten nach der Rückkehr (wieder). Die Ehen weisen eine sehr hohe Stabilität auf. Nur fünf Ehen wurden geschieden; drei Frauen heirateten dann noch einmal. Eine Frau war dreimal verheiratet. Nur fünf Frauen haben keine Kinder, zwölf Frauen je ein Kind, sechs Frauen zwei Kinder, elf Frauen haben zwischen drei und fünf Kinder und weitere sechs Frauen haben mehr als fünf Kinder. Zwei Frauen adoptierten jeweils ein Kind. Für die meisten Frauen schien es selbstverständlich zu sein, Kinder zu bekommen. (Amesberger/Halbmayr 2001a, 236)
Ein Teil der Ehepartner waren ebenfalls Verfolgte des NS-Regimes; in der Studie von Springer/Brainin (1979, 6) war dies bei einem Drittel der befragten Frauen der Fall.

Die im Rahmen des Projekts »Meine Mama war Widerstandskämpferin« betrachteten Frauen bestätigen dieses Bild teilweise. Alle drei Frauen bekamen zwischen 1947 und 1951 Kinder und zwei der drei Frauen heirateten nach der Befreiung einen kommunistischen Widerstandskämpfer, mit dem sie zeitlebens zusammenblieben. Das heißt, es gab eine weltanschauliche Übereinstimmung mit den Partnern – und, wie wir später sehen werden, auch mit den Kindern. Barbara Eibensteiner heiratete im März 1947 ihren alten Freund Franz Mucha. Trotz ihres Gesundheitszustands sowie der ausdrücklichen Warnung ihres Arztes entschied sie sich für eine Schwangerschaft. Circa zehn Wochen nach der Geburt ihrer Tochter Johanna im November 1947 verstarb Eibensteiner am 23. Jänner 1948 mit 31 Jahren an den Folgen ihrer Haft. Auch wenn bei Irma Trksak die Schwangerschaft nicht geplant war, sie entschied sich gegen den Willen ihres Liebhabers, eines verheirateten Belgiers, für das Kind. »Er wollte, dass ich abtreiben lasse. Aber ich wollte das Kind.« (Cordon 2007, 146) Sie bringt ihren Sohn 1951 zur Welt. Der Sohn lernte den Vater nie kennen und Irma blieb zeitlebens alleinstehend. Die Ehelosigkeit betrachtete sie als eine Konsequenz der Verfolgung und Gewalterfahrungen (vgl. Trksak 1999, 46). Gertrude Horn gründete nach dem Krieg mit ihrem Mann und Weggefährten in der MLW eine Familie. Das erste Kind bekam sie im April 1947 und ihr zweites im Dezember des darauffolgenden Jahres (vgl. Horn G. 1989, 57). Dabei kümmerte sie sich, wie oben erwähnt, um die Kinder, während ihr Mann berufstätig war; »solange die Kinder klein waren, war ich zu Haus, weil mein Mann hat zu der Zeit zwei Berufe gehabt, also der ist immer nur ein paar Stunden in der Nacht nach Haus gekommen« (ebd.).

Die Motive, eine Familie zu gründen, waren – wie bei allen Frauen – vielfältig. Manche, wie z. B. Hansi Eibensteiner, wollten dem Grauen und Morden neues Leben entgegensetzen (vgl. Amesberger/Halbmayr 2001a, 236f.), für die meisten gilt wohl, dass es insbesondere für Frauen eine gesellschaftliche Selbstverständlichkeit war, Kinder zu bekommen und zu heiraten, die nicht weiter hinterfragt wurde. Die Kinder gaben dem

Leben einen Sinn, durch sie wurden Gegenwartsbezug und Zukunftsorientierung forciert. Sie waren damit ein wichtiges Element der gesellschaftlichen Reintegration.

2. POLITISCHE BETÄTIGUNG DER PROTAGONISTINNEN NACH DER BEFREIUNG

Gesellschaftliche Integration verstanden als Teilhabe an der Gesellschaft geschah/geschieht auch über die politische Betätigung. Unter politischem Engagement subsumieren wir sowohl die Mitgliedschaft und die aktive Beteiligung in einer politischen Partei als auch gesellschaftspolitisches/zivilgesellschaftliches Engagement außerhalb von Parteiorganisationen.

2.1 Parteipolitische Betätigung

Aufgrund ihres frühen Todes kann an dieser Stelle keine Beleuchtung der politischen Betätigungen von Barbara Eibensteiner stehen. Nur so viel: Ihr (kurzer) beruflicher Werdegang nach 1945 legt nahe, dass sie weiterhin aktiv in die Arbeit der Kommunistischen Partei eingebunden war. Neben ihrer Anstellung bei der Postdirektion als Dolmetscherin für acht Sprachen[212], war sie, so ihre Tochter im Interview, für die Partei tätig: »Der Papa hat mir erzählt, dass sie politisch aktiv war und dass sie bei einer Veranstaltung als Dolmetscherin gearbeitet hat.« (IP 2, 58)

Irma Trksak trat 1945 der Kommunistischen Partei bei. Insbesondere die im Lager geschlossenen Freundschaften zu kom-

---

212 Vgl. Niederschrift vom 12.5.1954 der Magistratsabteilung 12 (Opferfürsorgeangelegenheiten). Eine Kopie wurde freundlicherweise von Barbara Eibensteiners Tochter zur Verfügung gestellt.

munistisch gesinnten Frauen motivierten sie zum Eintritt in die KPÖ. Im Interview mit Cordon meint sie:

Wenn ich jetzt zurückdenke an die Lagerzeit, waren es in erster Linie die Kommunisten, die einem Mut machten und Hoffnung gaben. Das hat mich auch fasziniert. Ich habe die Kommunisten für die edelsten Menschen gehalten. Aber dann kam eine Enttäuschung nach der anderen, bis ich am Boden zerstört war. Ich habe mir damals geschworen, ich werde nie wieder Mitglied einer Partei. Ich werde bis zum Ende meines Lebens eine Antifaschistin bleiben mit einer linken Einstellung. Das sind auch die Wurzeln meiner Herkunft aus einer Arbeiterfamilie. (Cordon 2007, 143f.)

Dabei spielt sie auf verschiedene Gegebenheiten an, die sich innerhalb der KPÖ nach ihrer Rückkehr ereignet hatten: Zunächst sah sie sich mit dem Versuch konfrontiert, die Gründung eines KZ-Verbandes zu verhindern, welcher ihr jedoch ein besonderes Anliegen war und was schlussendlich auch gelang. Kurze Zeit später kam Trksak allerdings mit der (real-kommunistischen) Parteidisziplin in Konflikt, was zum Verlust ihres Arbeitsplatzes führte. Ein Parteigericht erteilte ihr im Zuge dieser Vorfälle eine Rüge. »Sie tritt dennoch noch nicht aus der KPÖ aus, denn sie befürchtet Repressalien gegen ihre Eltern, die weiterhin in der Tschechoslowakei leben.« (Bollauf 2001, 235) Mit der Geburt ihres Sohnes legte sie zunächst alle Funktionärstätigkeiten nieder. 1968, mit dem Einmarsch der Truppen des Warschauer Pakts in der Tschechoslowakei, trat sie schließlich aus der KPÖ aus. Die intensive politische Betätigung ist auch ihrem Sohn in lebhafter Erinnerung. In seiner Jugend habe es entweder geheißen, »ich gehe in den Verband«, womit der KZ-Verband gemeint war, oder »ins Gebiet« (IP 3, 30). Mit Letzterem war das Gebietslokal der KPÖ bezeichnet. Ferner erinnert er sich, dass seine Mutter während der Niederschlagung des Prager Frühlings geweint habe (vgl. IP 3, 32). Sie blieb also den Belangen der KommunistInnen lebensweltlich wie emotional lange Zeit verbunden.

Auch bei Gertrude Horn findet sich eine starke Verbundenheit zur Kommunistischen Partei. Im Interview sagt sie, dass es für sie klar gewesen sei, dass man beim Aufbau der Partei nach dem Krieg mitgeholfen habe. Ferner gibt sie an, dass sie sich zu diesem Zeitpunkt (also 1989) immer noch an der Parteiarbeit beteilige (vgl. Horn G. 1989, 57). Zur konkreten Ausformung ihrer Arbeit direkt nach 1945 führt sie weiter aus:

Ich habe dann Parteiarbeit gemacht – [...] es hat so viele Listen gegeben, die durchgeschaut werden haben müssen, und man hat also festgehalten, was man erlebt hat und so weiter, nicht? Mein Mann hat zwei Bücher geschrieben darüber, wobei ich ihm geholfen habe. (ebd., 57)

Laut dem Sohn der Horns waren beide Elternteile bis zu ihrem Lebensende Mitglieder der Kommunistischen Partei (vgl. IP 5, 58), es seien auch zahlreiche »DDR-Größen« bei ihnen in der Wohnung zu Besuch gewesen (vgl. IP 5, 60).

Ordnet man die beschriebenen Entwicklungen in die Ergebnisse von Amesberger und Halbmayr (2001a) ein, scheinen hier recht »typische« Entwicklungen für politische Widerstandskämpferinnen vorzuliegen. Zwei Drittel der Frauen, die als politische Widerstandskämpferinnen bezeichnet werden können, schlossen sich nach ihrer Rückkehr der KPÖ an (vgl. ebd., 237). Dabei ist die Motivation, sich politisch zu engagieren, bei den meisten Frauen relativ ähnlich gelagert.

Für einige stellte die Mitgliedschaft in der KPÖ einen Anknüpfungspunkt an die Zeit des Widerstands dar. Einige andere wiederum, die sich vor ihrer Deportation den Sozialdemokraten zugehörig fühlten, wurden im KZ zu Kommunistinnen. (ebd., 238)

Folgt man den oben zitierten Aussagen, kann Irma Trksak wohl letzterer Gruppe zugeordnet werden, während Gertrude Horn bereits in der Zeit des Widerstands weltanschaulich dem Kommunismus nahestand. Dies zeigt sich etwa in der Selbstverständlichkeit, mit der sich Horn wieder in die Parteiarbeit eingliederte. Ihre lange andauernden Parteiaktivitäten (sowie die ihres Mannes) stellen im Vergleich mit vielen anderen Widerstandskämpferinnen jedoch eine Besonderheit dar: »Nur wenige Frauen sind bis heute Mitglieder der KPÖ, der Großteil ist in der Folge der Ereignisse um 1968 aus der Partei ausgetreten.« (ebd., 239)

Die prinzipielle Verbundenheit und Partizipation an den Strukturen der Kommunistischen Partei direkt nach dem Krieg bestätigten auch die von uns interviewten Nachfahren. So bezeugen alle, dass ihre Eltern/Mütter in der KPÖ aktiv gewesen sind. Eine Teilnehmende an der Gruppendiskussion meint, dass die Loyalität ihrer Mutter gegenüber und ihr Engagement für die Partei selbst nach herben Enttäuschungen ungebrochen waren und sie trotz allem auch nach 1945 noch das Leben für die Partei aufs Spiel setzte (vgl. GD, Ruth Steindling, 129). Nur ein Teil der Mütter der befragten Töchter und Söhne war bis zu ihrem Lebensende KP-Mitglied – einige legten ihre Mitgliedschaft im Zuge der politischen Vorgänge im Jahr 1968 (sowie der 1970er oder 1980er Jahre) zurück, sie alle aber blieben, wie unsere drei Protagonistinnen, der Idee verbunden.

2.2 Engagement in der Österreichischen Lagergemeinschaft Ravensbrück

Viele der Frauen engagierten sich innerhalb der Österreichischen Lagergemeinschaft Ravensbrück (ÖLGR), deren konstituierende Sitzung am 24. Mai 1947 im Festsaal des Alten Rathauses in Wien stattfand. Unter den Gründungsmitgliedern befanden sich auch Irma Trksak und Barbara Eibensteiner. Die Lagergemeinschaft hatte den Anspruch, sowohl das kommunistische, das sozialistische als auch das bürgerliche Lager zu vertreten. Es kann gemutmaßt werden, dass diese »Überparteilichkeit« nicht nur dem »Geist der Lagerstraße« – wie dies in den Reden der Gründungsveranstaltung nachzulesen ist – geschuldet war (vgl. Amesberger/Lercher 2008, 16–28), sondern ebenso sehr eine Weiterführung des Einheitsfrontgedankens darstellte und der »Tarnung« diente. Die Betonung der Überparteilichkeit sollte also auch die faktische Nähe zur KPÖ, die nicht zuletzt durch die Parteizugehörigkeit der Funktionärinnen bestand, in den Hintergrund rücken. Seitdem trafen sich die »Ravensbrückerinnen«, Überlebende des Konzentrationslagers Ravensbrück aus Wien und Umgebung, jeden zweiten Dienstag im Monat. »Zuerst erfolgte dies in den Extrazimmern verschiedener Kaffeehäuser Wiens. Seit 1984 haben sie ein Büro im KZ-Verband (Lassallestraße), wo bis heute auch die monatlichen Treffen stattfinden.« (Amesberger/Halbmayr 2001a, 243) Im Interview gibt Trksak an, dass die »Aufklärung der österreichischen Bevölkerung und insbesondere der Jugendlichen über die Gräuel der nationalsozialistischen Herrschaft, aber auch über die Rolle der Frauen im Kampf um ein freies Österreich« (Cordon 2007, 151) wesentliche Motive für den Zusammenschluss der »Ravensbrückerinnen« waren. Amesberger und Halbmayr (2001a, 241) heben außerdem hervor, dass ein weiteres wesentliches Motiv für die Gründung, welches von vielen Frauen ebenfalls betont wird, »die Kommunikationsmöglichkeit mit Gleichgesinnten und Personen [war], die das gleiche erlebt hatten«. Ein Nachfahre sagte dazu: »Das Wesentliche war der Halt durch die Ravensbrückerinnen. Das war der Zement, der sie zusammenhielt.« (IP 4, 122) Ein weiterer wichtiger Kennwert war Anfang 1958, als die Eintragung ins Vereinsregister erfolgte.

Für viele der Beteiligten war die Lagergemeinschaft eine Art »Ersatzfamilie« (IP 1, 11), wie auch in den Interviews mit den Nachfahren deutlich wurde. Dies führte teilweise so weit, dass die leibliche Familie hintangestellt wurde, wie eine Interviewte zu berichten weiß: »[…] die Freunde waren immer Gleichgesinnte und die leibliche Familie war von diesem Freundeskreis hinterher ausgeschlossen« (IP 1, 3). Vor diesem Hintergrund ist es auch nicht verwunderlich, dass viele Nachfahren in der Gemeinschaft der »Ravensbrückerinnen« aufwuchsen. So wird berichtet, dass die »Tanten« als sehr nett wahrgenommen wurden und sich um die Kinder von befreundeten »Ravensbrückerinnen« kümmerten (vgl. IP 3, 8 und 30). Es scheint, als verengte sich der Kontakt mit der Umwelt auf Kontakte mit ehemaligen LagerinsassInnen. Dabei schildern viele eine starke Kameradschaftlichkeit und Bindung:

Das hat nur bis zu einem bestimmten Zeitpunkt gedauert, aber gefühlsmäßig habe ich sehr zeitig mitgekriegt, dass das was Besonderes ist: diese große Gemeinschaft, diese große Solidarität untereinander, das hab ich so stark nur in dieser Zeit erlebt. (IP 2, 6)

Gertrude Horn konstatiert dagegen im Interview von 1989, dass nach Kriegsende die Gemeinschaft und das Zusammengehörigkeitsgefühl wie »weggeblasen« (Horn G. 1989, 26) gewesen seien. Horn engagierte sich allerdings auch stärker in der KP und war, durch ihre permanenten Aufenthalte im Ausland, wenig in die Lagergemeinschaft involviert. Auch Irma Trksak stellte ihre persönliche Enttäuschung über die Kommunistische Partei zurück und »engagiert sich in der Lagergemeinschaft Ravensbrück, wo sie […] bis heute [2007] unermüdlich als Sekretärin tätig ist« (Cordon 2007, 235f.).

Neben den aufklärerischen Tätigkeiten lagen die Aufgaben der Gemeinschaft darin, die öffentliche und historische »Anerkennung der Leistungen der ehemaligen Widerstandskämpferinnen und die Berücksichtigung dieser Frauen bei der Vergabe von politischen Ämtern und Posten« (Amesberger/Lercher 2008, 23) zu erkämpfen. Die Frauen beteiligten sich allerdings auch an der Verfolgung von KriegsverbrecherInnen, wenn sie etwa in Prozessen gegen sie aussagten. Dies betreffend erklärt Irma Trksak:

Oder diese Vera Salvequart, dieser Häftling in der Uckermark. Die hat die tödlichen Injektionen verabreicht. Hat ihnen den Mund aufgerissen und ihnen Pulver in den Mund gestopft, damit sie es schlucken. Beim Hamburger Prozess ist sie zum Tode verurteilt worden, wir haben gegen sie ausgesagt. Kaltblütig hat sie gestochen, obwohl sie gewusst hat, was sie sticht. (Trksak 1987a, 120)

Dabei können diese politischen Kämpfe auch als Kämpfe für eine neue politische Ordnung, und somit als Weiterführung der kommunistischen Widerstandstätigkeit, interpretiert werden. Ab den 1990er Jahren, als in Österreich die Freiheitliche Partei (FPÖ) im Aufschwung begriffen war, sah Trksak die Aufgabe der Lagergemeinschaft verstärkt darin, gegen Fremdenhass, Antisemitismus und Chauvinismus aufzutreten, eine Aufgabe, die bereits im ersten Vereinsstatut festgehalten worden war (vgl. Amesberger/Lercher 2008, 32). Zu dieser Zeit begann auch ein Wandel innerhalb der Lagergemeinschaft, es wurden »junge Freundinnen« aufgenommen, um das Vermächtnis weiterzutragen sowie die »Ravensbrückerinnen« bei der Umsetzung der Ziele des Vereins zu unterstützen. 2005 wurden die Vereinsfunktionen und -agenden an besagte Nachgeborene übergeben. Der Verein änderte seinen Namen zu »Österreichische Lagergemeinschaft Ravensbrück & FreundInnen«

(ÖLGRF). In der Präambel des Vereins wird das Vermächtnis der Überlebendengeneration an die »jungen Freundinnen« der Lagergemeinschaft pointiert zusammengefasst:

Um sicherzustellen, dass der Geist, in dem unsere Gemeinschaft gegründet und geführt wurde, in derselben Richtung weitergeführt wird, möchten wir die Grundsätze, auf denen unsere Tätigkeit beruht, obwohl diese Grundsätze in den Statuten unseres Vereines auch angeführt sind, noch einmal anführen. Damit wollen wir unseren jungen Freundinnen helfen, sich gegen aufdrängende Richtungsänderungen erfolgreich zur Wehr zu setzen. Diese Grundsätze sind: 1) Erhaltung der Erinnerung unseres Kampfes gegen den Nationalsozialismus, der die böseste Form des Faschismus ist. 2) Verteidigung der Demokratie und bedingungsloser Kampf gegen jede Form der Diktatur, gegen Fremdenfeindlichkeit, Rassismus und Antisemitismus.[213]

Der Zuwachs erweiterte durch Gespräche und insbesondere durch Forschungs-, Ausstellungs- und Filmprojekte den Blick der Lagergemeinschaft. Standen vorher vorwiegend die ehemaligen Widerstandskämpferinnen im Vordergrund, sollten nun alle Opfergruppen gehört und geehrt werden.

Zum Abschluss dieses Abschnitts soll Irma Trksak noch einmal zu Wort kommen, die einen Blick zurück auf ihre Widerstandstätigkeiten und die Rolle der Widerstandskämpferinnen für die Nachkriegsgesellschaft wirft:

Wir haben bestimmt viel geleistet für die Befreiung unserer Nation. Aber man darf nicht alles nur rosarot darstellen. Stimmt gar nicht. Wir kennen aus unserer Generation Leute, die Augen und Ohren zugemacht haben, die bis heute nichts wissen wollen. Auch deswegen müssen wir sagen, was war. Es

---

213 Zit. nach Amesberger/Lercher 2008, 34. Das Vermächtnis wurde von Lotte Brainin stellvertretend für alle Kameradinnen verfasst und bleibt als Präambel in den Statuten Leitgedanke der ÖLGRF.

gab nicht nur die Helden im Freiheitskampf. Und dass unter den Aufsehern und SS-Leuten viele Österreicher waren, oft schlimmer als die anderen, das muss man auch sagen. Unser Beitrag soll sein, zu erzählen, was war. Wer lernen will aus dem, wird lernen! Wer nicht lernen will, wird immer auf die horchen, die sagen, »das ist erlogen, das ist ausgedacht, die Gaskammern hat man nachher gebaut«. (Trksak 1987b, 285)

3. DAS DEMOKRATIEVERSTÄNDNIS

> *»Man braucht sich nicht auf den alten Streit über die Herrlichkeiten und die Gefahren der Gleichheit oder über das Gute und das Schlechte an der Demokratie einzulassen, um zu begreifen, dass alle bösen Dämonen losgelassen würden, wenn das ursprüngliche Vertragsmodell der Vereinigungen – das gegenseitige Versprechen unter dem moralischen Imperativ pacta sunt servanda – verlorengehen sollte.«*
> HANNAH ARENDT

Was zeichnet das Demokratieverständnis unserer drei Protagonistinnen aus? Offenkundig sieht sich eine Betrachtung des Demokratieverständnisses mit einigen Problemen epistemologischer Art konfrontiert. Wenn nicht explizit geäußert, handelt es sich beim Demokratieverständnis schließlich um eine hintergründige Überzeugung. Solche Hintergrundüberzeugungen sind den betreffenden Personen oft nicht in dem Maße bewusst, dass sie sie »einfach« artikulieren könnten. In diesem Sinne antwortet ein Nachkomme im Interview nach dem Demokratieverständnis befragt: »Die Frage hat mir noch nie jemand gestellt, also ich hab sie mir auch selber nicht gestellt, weil für mich war es selbstverständlich.« (IP 4, 182) Man könnte diese Vorstellungen mit Ludwig Wittgensteins (1984 [1969], §94) »Weltbild« vergleichen, was den »überkommenen Hintergrund [bezeichnet], auf dem ich zwischen wahr und falsch unterscheide«. Es ist das Substrat »alles meines Forschens und Behauptens« (§162), das ferner dadurch, dass man »dem Erwachsenen glaubt« (§160), bereits als Kind erlernt wird. So bestehen Aussagen über das Demokratieverständnis (sowohl durch eine/n externe/n BeobachterIn, wie die jeweilige Person selbst) oft in Mutmaßungen und indirekten Schlüssen, etwa unter Zuhilfenahme von politischen Positionierungen. Vor diesem Hintergrund ist es naheliegend, zunächst einen Blick auf die Aussagen der Nachfahren bezüglich (politischer) Debatten zu Hause zu werfen.

Hierbei zeigt sich ein durchmischtes Bild. Es finden sich sowohl Aussagen, dass es in der Kindheit keinerlei politische Debatten gegeben habe (vgl. z. B. IP 1, 132) als auch, dass teilweise eine rege Debattenkultur herrschte: »Ich komme aus einer Familie, wo immer gesprochen wurde.« (IP 4, 11; oder auch GD, 200) Ein Merkmal, das dabei immer wieder auffällt, ist, dass das »Weltbild« stark kommunistisch geprägt war und die Diskussionen zum Teil als sehr dogmatisch empfunden wurden, was den politischen Meinungsaustausch oftmals unterband und zu einer gewissen Entfremdung führte. So wird die Mutter etwa als »schon sehr linientreu« (IP 1, 132) charakterisiert oder der Vater als »Erz-Kommunist« (IP 2, 107) bezeichnet. Die behauptete Dogmatik zeigt sich auch in der folgenden Schilderung: »Meine Mutter stand am Telefon und die Tränen rannen. ›Mama, was ist denn passiert?‹ ›Stalin ist tot.«« (IP 4, 58) Wobei viele – wie weiter oben erläutert – später der Partei den Rücken zukehrten (vgl. IP 4, 122; GD, 194). Ferner kann darauf hingewiesen werden, dass die Eltern/Mütter der meisten Befragten nicht in die Sowjetunion übersiedelten. Zwar berichten einige Befragte von regelmäßigen Reisen in die »Ostblockstaaten« (etwa IP 4, 178 oder GD, Ruth Steindling, 259), angesichts dieser Reisen wurde allerdings auch vermittelt, dass es »ganz, ganz wichtig ist, in einem demokratischen Land zu leben« (GD, Ruth Steindling, 259). Die Ambivalenz zeigte sich auch anhand der Aussage eines anderen Nachkommen:

Wir haben darüber streiten können, ob Österreich tatsächlich eine Demokratie und neutral war, aber es war überhaupt keine Frage, dass es gut war, wie es war. Auf der anderen Seite braucht man nur das Parteiprogramm anschauen […], letztendlich zielt eine radikale Partei immer nach radikalen Lösungen, das ist die Abschaffung der Demokratie. (IP 4, 175)

Eine Teilnehmerin der Gruppendiskussion kommt diesbezüglich zu der Einschätzung: »Sie [Die Mutter] war rigoros sowjettreu […] und das ist dann das Lustige […] bei der ganzen Sache, sie musste ja dort nicht leben. Sie war dem ja nicht ausgesetzt […]« (GD, Vera H., 294).

In Anbetracht dieser Ergebnisse kann konstatiert werden, selbst wenn eine Neigung zum Kommunismus in vielen Fällen vorhanden war, bettete sich diese zumindest (meistens) in eine demokratische Geisteshaltung ein. Es lässt sich an dieser Stelle lediglich mutmaßen, ob diese Einstellung auch mit den menschenverachtenden Erfahrungen des Faschismus in Zusammenhang gebracht werden kann, wie es der Sohn einer Widerstandskämpferin nahelegt:

Die Diktatur war eine einschneidende Erfahrung. Die Demokratie danach war nicht das Paradies, aber der Kampf hat sich gelohnt: dass wir jetzt Demokratie haben, dass wir jetzt zu den Urnen gehen können, dass jeder sagen kann, was er will. Ich glaub, das war das Wesentliche. Nicht unbedingt die Revolution, weil ich denke schon, dass, wenn die Genossen nicht ganz vernagelt waren, dann müssen sie gewusst haben, dass das eine Utopie ist, dass in Österreich einmal ein kommunistisches Regime errichtet wird oder so. (IP 4, 182)

In dieses Bild fügt sich auch Irma Trksak ein. Ihr Sohn gibt im Interview an, dass sie immer vermittelt habe, dass die Demokratie die einzig legitime Regierungsform sei. Es gelte, Menschen anhand ihrer Taten und nicht ihrer Herkunft oder Gruppenzugehörigkeit zu bewerten (vgl. IP 3, 41). Trksak selbst gibt an, dass sie bereits im Konzentrationslager davon geträumt habe, »ein Leben aufzubauen, wie wir uns das vorstellen, alle Leute werden lieb und es wird nur Freiheit und Demokratie und alles wird schön werden« (Trksak 1998, 68). Wobei sie bezüglich der realen Entwicklung relativiert: »Aber jetzt muss ich eines sagen: Wir haben uns die Demokratie und die Freiheit ganz anders vorgestellt, als sie war, weil wir gesehen haben, bereits bei den ersten Wahlen hat man allen Nazis verziehen« (ebd., 111), sie fügt sogar an, dass sie Demokratie nach ihrer Vorstellung in Österreich nie erlebt habe (vgl. ebd., 112). Besagte »echte Demokratie« (Trksak 1999, 79) bestimmt sie weiterhin als nicht totalitäres Mehrparteiensystem. Damit lassen sich ex negativo zwar Rückschlüsse auf das Demokratieverständnis ziehen, die allerdings inhaltlich schwer konkret zu füllen sind (abseits von der Bestimmung einer gleichberechtigten, antifaschistischen Gesellschaft). In diesem Sinne starb Irma Trksak 2017 100-jährig als »Antifaschistin, Menschenrechtsaktivistin, Demokratieverteidigerin«, wie es ihr Sohn in der Gruppendiskussion ausdrückte (GD, 166).

Etwas anders scheint der Fall bei Gertrude Horn gelagert zu sein. Wie im Vorangegangenen gezeigt, engagierten sich Horn und ihr Mann journalistisch in der DDR und waren auch mit dem politischen Establishment bekannt. Die Kommunistische Partei war u. a. über die *Volksstimme*, das Parteiorgan der KPÖ, jahrzehntelange Arbeitgeberin der beiden. Ihre Zustimmung zur kommunistischen Idee – auch in Kenntnis der Zustände in den autoritär regierten real-sozialistischen Ländern – erscheint bis zu ihrem Lebensende ungebrochen. Ihr Sohn geht sogar so weit zu mutmaßen, dass die Krebserkrankung seines Vaters mit dem Mauerfall in Verbindung stehen könnte – auch Gertrude Horn verstirbt kurze Zeit später 1992 (vgl. IP 5, 60).

Wie fügen sich diese Vorstellungen von Demokratie in jene der Mehrheitsgesellschaft ein? Lassen sich Unterschiede zum österreichischen Konsens nach 1945 feststellen? Der Historiker Gerald Schowanec (2008, 29) konstatiert, dass für das allgemeine Verständnis von Demokratie die (totalitäre) Abwesenheit derselbigen in den vorangegangenen Jahren unerlässlich war. Wie wir meinen, ist das ein Befund, der sich auch im Demokratieverständnis der meisten Widerstandskämpferinnen niederschlägt. Entgegen den Vorstellungen der Widerstandskämpferinnen war die mehrheitliche politische Kultur der Nachkriegszeit weniger von Aufarbeitung und »nie wieder« (vgl. dazu auch Kapitel VI) geprägt als vielmehr von Tabuisierungen. Hier tut sich eine Differenz auf, die auch Implikationen für das Demokratieverständnis zeitigt. Dies schlägt sich etwa im Verhältnis zur SPÖ nieder, die eine Quasi-Rehabilitierung vieler Nationalsozialisten vornahm. Eine Tochter meint dazu, »dass der Kreisky die FPÖ sozusagen salonfähig gemacht hat, das hat natürlich alle Antifaschisten ziemlich empört, vor allem jene, die das ganze Elend miterlebt haben« (GD, Ruth Steindling, 305). Auch die »permanente Koalition« der Konservativen und Sozialdemokraten von 1955 bis 1966 wird vielen Widerstandskämpferinnen nicht geholfen haben, sich mit der

SPÖ zu arrangieren (obwohl einige Nachkommen trotzdem vermuten, dass ihre Mütter nach 1970 sozialdemokratisch gewählt haben könnten). Aber wir wissen nichts Genaueres über das Wahlverhalten der Mitglieder der ÖLGR, zudem kann nicht von unseren drei Protagonistinnen auf alle anderen Frauen geschlossen werden. Die enge Bindung der meisten Widerstandskämpferinnen an die KPÖ (direkt nach 1945) ist weiterhin als Minderheitenposition innerhalb der Mehrheitsgesellschaft zu bezeichnen. So wählten bei der Nationalratswahl im November 1945 bei einer Wahlbeteiligung von 94 Prozent lediglich 5,4 Prozent der Bevölkerung die KPÖ (vgl. Schowanec 2008, 34). Bei der Nationalratswahl vom 9. Oktober 1949 erzielte die KPÖ, die gemeinsam mit den Linkssozialisten zur Wahl antrat, nur knapp 5,1 Prozent der Stimmen, während die Wahlpartei der Unabhängigen (WdU)[214], ein Verband, in dem sich die NationalsozialistInnen sammelten, bei ihrem erstmaligen Antreten 11,7 Prozent der Stimmen erreichte (vgl. Österreichisches Statistisches Zentralamt 1950, 15). Die Wahlbeteiligung war mit 97 Prozent nochmals höher als bei der ersten Nationalratswahl. Es zeigten sich jedoch eklatante regionale Unterschiede. Die Stimmberechtigten der Bundeshauptstadt wählten viel häufiger die SPÖ und KPÖ als die übrigen ÖsterreicherInnen (vgl. ebd., 16): Die KPÖ bzw. Linkssozialisten wählten acht von 100 WienerInnen, aber nur fünf von 100 ÖsterreicherInnen. In Bezug auf die WdU verhält es sich umgekehrt; sieben von 100 Wiener Wahlberechtigten gaben dieser die Stimme, in Gesamtösterreich waren es zwölf von 100.[215]

---

214 Die WdU (auch VdU für Verband der Unabhängigen) wurde 1957 in Freiheitliche Partei Österreichs umbenannt.

215 Die KPÖ verlor bei den folgenden Nationalratswahlen zunehmend an Bedeutung und schaffte seit der Wahl 1959 nie mehr den Einzug ins Parlament. Wählten 1956, also nach Abzug der Alliierten, 4,42 Prozent die KPÖ, waren es 1962 nur mehr 3,04 Prozent. 1970 er-

Schowanec (2008, 51) führt allgemein zur politischen Kultur bzw. dem Demokratieverständnis weiter aus, dass die politische Teilnahme der Bevölkerung oberflächlich und nicht sehr tiefreichend war: »Der unmittelbare Einfluss der Wähler auf politische Entscheidungen war unbedeutend, als auch das allgemeine Interesse an Politik, die Bereitschaft und Motivation zum politischen Engagement noch gering ausgeprägt war.« Die Politikgestaltung überließ man den PolitikerInnen, der politische Akt der Beteiligung blieb auf die Wahl beschränkt. Für die von uns untersuchte Gruppe der Widerstandskämpferinnen kann ein aktiveres Verständnis von Demokratie konstatiert werden. Sie beteiligten sich aktiv in der Politik, sei es in Form der Lagergemeinschaft, des KZ-Verbands oder der Kommunistischen Partei – hierin findet sich ein eindeutiger Unterschied zur Mehrheitsgesellschaft. Die Demokratie wurde von Teilen der österreichischen Gesellschaft noch in den 1950er Jahren als von den Besatzungsmächten aufgezwungen wahrgenommen (vgl. ebd. 52). Auch wenn eine genaue Überprüfung für unsere Gruppe der Widerstandskämpferinnen nicht vorgenommen werden kann, scheint ein grundsätzlich demokratisches Bewusstsein bei vielen (sieht man von dogmatisch-kommunistischen Ausreißern ab) früh sowie stark ausgeprägt gewesen zu sein. Dem gegenüber zeigte eine von Schowanec (2008, 52) zitierte Umfrage vom August 1947, dass immerhin 39 Prozent der österreichischen Bevölkerung der Meinung waren, der Nationalsozialismus sei eine »gute Idee, allerdings schlecht ausgeführt« gewesen. Auch noch 1952 dachten 35 Prozent, dass das Leben unter den Nazis besser gewesen sei (vgl. ebd.). All dies lag selbstverständlich konträr zu den zutiefst antifaschistischen Überzeugungen der Widerstandskämpferinnen.

---

reichte sie nicht einmal ein Prozent (vgl. https://www.wahldatenbank.at/ [Zugriff: 23.8.2018]).

VIII. DIE GEGENWART DER VERGANGENHEIT

Stand im vorhergehenden Kapitel das Leben unserer Protagonistinnen nach der KZ-Haft im Mittelpunkt, so widmen wir uns nun ausführlich der nächsten Generation. Wie war das Aufwachsen in Familien, in denen die Mutter (und oft nicht nur sie) im Widerstand war? Unterschied es sich aus Sicht der Kinder von dem anderer Familien, galten andere Faktoren als besonders prägend? Welche Aspekte und Erfahrungen des Widerstands und der Verfolgung wurden von den Müttern ihren Kindern vermittelt und wie? Und wie prägt dieser Teil der Familiengeschichte die Identität, die Einstellungen und Werte der nächsten Generation? – Dies sind die leitenden Forschungsfragen, die in diesem Kapitel beantwortet werden. Es geht also zum einen um die Sichtweise der Kinder auf ihre Mütter, zum anderen um die Einschätzung, wie deren Leben ihr eigenes geprägt hat. Dabei wird insbesondere auf (vermutete) Einflüsse hinsichtlich ihrer politischen Werthaltungen, ihres Demokratieverständnisses sowie ihres politischen Engagements eingegangen.

Basis der Ausführungen in diesem Kapitel sind fünf Einzelinterviews und eine Gruppendiskussion (GD) mit Nachkommen von kommunistischen Widerstandskämpferinnen, die im Frauenkonzentrationslager Ravensbrück inhaftiert waren. Insgesamt erhoben wir die Sicht und Erfahrungen von sieben Angehörigen der zweiten Generation. Diese Mikrostudie kann keine Repräsentativität beanspruchen, durch die Einbettung in weitere Studien lassen sich aber aufschlussreiche Gemeinsamkeiten und Abweichungen herausarbeiten.

1. TRADIERUNG INNERHALB DER FAMILIE

Forschungen zur inter- bzw. transgenerationellen Tradierung belegen den nachhaltigen Einfluss einer NS-Vergangenheit als familienbiografischer Hintergrund auf die intra-familiären Beziehungs- und Kommunikationsstrukturen sowie auf das Verhältnis zum Umgang mit der Vergangenheit (Rosenthal 1995, 1997 und 1999, Brainin/Ligeti/Teicher 1994, Jureit 2006). Während sich Arbeiten zum Generationengedächtnis stark mit Holocaust-Opfern oder NS-TäterInnen befassen (Hauer 1994; Rosenthal 1997; Welzer et al. 2002; Botz 2005; Reiter 2006; Koelle 2014; Keil/Mettauer 2016), gelangten familiäre Interaktionsverhältnisse in der Nachfolge von Widerstandskämpferinnen selten unter die wissenschaftliche Lupe. Zu den wenigen Ausnahmen zählen die Arbeiten von Aretin 2004; Madelung/Scholtyseck 2007; Nelles/Nolzen/Sünker 2008; Springer/Brainin 1979; Anzengruber 2014. Im Generationenforum, das im Jahr 2010 von der Plattform der Österreichischen Lagergemeinschaften veranstaltet wurde[216], kamen insbesondere Mitglieder aus Familien mit KZ-Überlebenden zu Wort. Dabei wurden die Prägungen durch Verfolgungs- wie auch Widerstandserfahrungen der Elterngeneration deutlich. Zum Teil handelte es sich um sehr widersprüchliche »Botschaften« und indirekte »Aufträge«, die sich jedoch oft in einem starken Gerechtigkeitsbedürfnis der jüngeren Generation sowie in sozialem und politischem Engagement äußern.

---

216 Vgl. die gleichnamige Dokumentation dazu, herausgegeben von der OELG 2010: https://www.ravensbrueck.at/wp-content/uploads/2018/08/Generationenforum.pdf [Zugriff: 21.8.2018].

Auf transgenerationale Aufträge geht unter anderem auch das jüngst erschienene Buch von Ernst Berger und Ruth Wodak über die »Kinder der Rückkehr – Geschichte einer marginalisierten Jugend« ein. Gemeint ist eine Jugend, die aufgrund der spezifischen Erfahrungen ihrer Eltern – nämlich Widerstand und Verfolgung im Nationalsozialismus, KZ-Haft oder Exil, deren kommunistischer Weltanschauung und zum Teil auch jüdischer Herkunft – im Wien der Nachkriegsjahrzehnte heranwuchs. Die Bedingungen ihres Aufwachsens unterschieden sich von denen der Mehrheitsgesellschaft in vielen Belangen: traumatisierte Eltern (ob bewusst wahrgenommen oder nicht), ein weit gespanntes Netz von Gleichgesinnten, die untereinander (Eltern wie Kinder) in Kontakt standen, Pfingst-, Sommer- und sonstige Jugendlager, in denen man »unter sich« war, sich heimisch und geborgen fühlen konnte – in einer sonst zum Teil als feindlich wahrgenommenen Umwelt. Diese rezente Studie ist neben jener frühen von Alfred Springer und Elisabeth Brainin aus den 1970er Jahren zentrale Referenz, da unsere InterviewpartnerInnen in diesem Forschungsprojekt demselben Milieu entstammen wie jene der genannten Studien.[217]

Unsere InterviewpartnerInnen bzw. Teilnehmenden der Gruppendiskussion sind in den Jahren 1947 bis 1957 geboren. Das heißt, dass sie mittlerweile selbst bereits zu den älteren Personen gezählt werden und ihr Rückblick auf ihre Mütter viele Jahrzehnte der Formung bzw. Überformung enthält. Zudem haben sie mehrheitlich selbst Kinder großgezogen und es

---

217 Zum genauen Setting des Forschungsprojekts und methodischen Vorgehen vgl. Berger/Wodak 2018, 107ff. Mit insgesamt 29 Personen wurden in den Jahren 2012–2015 Interviews geführt. Keine/r unserer InterviewpartnerInnen war Teil des Samples von »Kinder der Rückkehr«, wenngleich sich zwei von ihnen diesem Kreis zugehörig fühlen. Hingegen nahmen einige unserer InterviewpartnerInnen laut eigenen Aussagen bereits an der Studie von Springer/Brainin (1979) teil.

haben sich die politischen wie auch gesellschaftlichen Rahmenbedingungen stark geändert. Eventuelle Unterschiede, insbesondere im Vergleich zur frühen Studie von Springer/Brainin (1979), können sich daraus ergeben: Hier waren die zu ihren Müttern befragten Personen durchschnittlich 27 Jahre alt, die Befragung fand vor nahezu 40 Jahren statt, das heißt, dass der Blick auf ihre Eltern noch unmittelbarer bzw. von anderen Lebensphasen geprägt war, als dies Jahrzehnte später der Fall ist.

1.1 Bruchstückhafte Narrationen – oder: Vom Schweigen, Fragen und Reden

Die dominanten Muster in der transgenerationellen Weitergabe der Widerstands- und Verfolgungserfahrungen sind, folgt man der Literatur (z. B. Jureit 2006; Berger/Wodak 2018; Rosenthal 1997 und 1999), Schweigen, Andeutungen oder bestenfalls bruchstückhafte Erzählungen. Nur in wenigen Fällen hätten die Eltern ihre Kinder von früher Kindheit an mit diesem Teil ihrer Geschichte konfrontiert. Die von uns befragten Nachkommen von Widerstandskämpferinnen kennen beide Verhaltensmuster. In manchen Familien wurde den Kindern durchaus über die NS-Erfahrungen erzählt, ob direkt oder indirekt. So meint etwa Ernst Josef Lauscher, dessen Eltern Berta und Josef beide im Widerstand aktiv gewesen waren, dass bei ihnen zu Hause sehr früh darüber gesprochen wurde, und zwar mit den Kindern.

Ich kannte es gar nicht anders, es wurde immer geredet und im Gegensatz zu meinem Vater, der ja nicht so oft da war, hatte meine Mutter dauernd davon geredet. Und es waren oft dieselben Geschichten. (IP 4, 240)
Eine Tochter einer Widerstandskämpferin, Ruth Steindling, erzählte über ihr Aufwachsen, sie habe als Kind sehr viel mitbe-

kommen, »weil hauptsächlich KZler und KZlerinnen bei uns zu Gast waren oder wir bei Leuten, die im KZ waren, und das war das einzige Thema eigentlich. Auch wenn sich die Geschichten wiederholt haben, aber es war einfach immer Thema.« (GD, 91) Die Diskussionen fanden immer auch in Anwesenheit der Kinder statt, aber es wurde im Unterschied zur Familie Lauscher nicht direkt mit den Kindern gesprochen.

Diese zwei Erfahrungen stellen jedoch unter unseren Befragten die Ausnahme dar. »An das kann ich mich gar nicht erinnern« (GD, Vera M., 91) – so die unmittelbare Reaktion einer anderen Teilnehmenden auf obige Aussage im Rahmen der Gruppendiskussion. In ihrer Kindheit sei daheim sehr wenig, sehr bruchstückhaft bis gar nichts von »früher« erzählt worden, »es war nie wirklich Thema« (Vera M. in GD, 52).

Die GesprächspartnerInnen sprechen dabei mehrere Aspekte an, die uns immer wieder auch in anderen Erinnerungen begegnen (vgl. Amesberger/Halbmayr 2001a, 232–234; Berger/Wodak 2018, 131–169): Der Großteil der Mütter wollte diesen leidvollen Teil ihrer Geschichte von ihren Kindern fernhalten. Dies taten auch jene Frauen, die schon damals Zeugnis über ihre KZ-Haft ablegten (etwa als Zeugin in Täter-Prozessen), sich in Lagergemeinschaften engagierten, mit Ausstellungen und entsprechenden Vermittlungsprogrammen an die Öffentlichkeit gingen, sich gar publizistisch betätigten und später äußerst aktive Zeitzeuginnen waren.

Ließ es sich nicht vermeiden, auf die Vergangenheit Bezug zu nehmen – etwa aufgrund des sozialen Umfelds, der Besuche, der Freundinnen etc. –, so wurde äußerst selektiv erzählt. Diese selektive Erzählweise der Mütter ist eine weitere Erfahrung, die die Nachkommen miteinander teilen, wenngleich sie bei manchen stärker, bei anderen schwächer ausgeprägt gewesen zu sein scheint. Den meisten erschlossen sich erst als junge

Erwachsene die Grauen einer KZ-Haft und der Verfolgung, denen ihre Mütter ausgesetzt gewesen waren.

Das Bestreben der Mütter, ihre Kinder zu schützen, bedingte selektives Erzählen, etwa in Form von lustigen Anekdoten, und scheint eine typische Vermittlungsform gewesen zu sein. So gewann auch Ruth Steindling als Kind den Eindruck, dass es im KZ lustig zugegangen sei:

Aus den Erzählungen und den Anekdoten, wie sie der SS in Auschwitz Streiche gespielt hat und die ausgetrickst hat, hat man wirklich das Gefühl gehabt, das war eine Riesenhetz dort. Ja also von den Gräueln hat sie nie gesprochen, das hat sie komplett ausgespart, auch in Interviews. Weil ich denk mir, das kann man in Worte einfach nicht fassen, oder damit kann man sich nicht [auseinandersetzen]. (GD, 100)

Anders erfolgte die »Aufklärung« über die Geschichte ihrer Mutter bei Hanni W.: Auch in ihrer Familie wurde über deren Widerstands- und Verfolgungserfahrungen geschwiegen. Hier scheint dies aber primär daran gelegen zu sein, dass die Stiefmutter keine Geschichten über die leibliche Mutter der Ziehtochter daheim duldete und der Vater zur Kommunikation mit seiner Tochter über seine erste, verstorbene Frau nicht fähig war.

Mir ist lange nicht gesagt worden, dass meine Mutti im KZ war oder dass ich überhaupt eine andere Mutti hab, die mich auf die Welt gebracht hat. Mir hat das zufällig die Oma am Grab erzählt, als ich fragte: »Wer ist denn da eigentlich drinnen?« (IP 2, 9)

Erst nach und nach erfährt sie durch Erzählungen von Freundinnen ihrer verstorbenen Mutter von deren Geschichte.

Ja, die Hedrich Erna war nach Bulgarien[218] noch öfter bei uns, dann haben sich auch einige Tanten, unter anderem auch die

---

218 Hanni W. verbrachte als Volksschulkind einen Sommer in einem Pionierlager in Bulgarien.

Vogl Hannerl, hergetraut. Die haben sich das nicht verbieten lassen und im Zuge dessen hab ich mitgekriegt, dass die Mutti im Landesgericht war, dass die Mutti eine Politische war und dass sie in Aichach war, aus den vielen Erzählungen, die ab und zu gefallen sind von meinen Tanten. [...] und irgendwann habe ich dann kombiniert: Auf dem Grab liegt ja immer das Bukett bzw. der Kranz mit den roten Nelken der Kameradinnen. Das war das erste Mal, dass ich mir was zusammengereimt habe aus diesem Konglomerat von Geschichten, die da erzählt wurden.(IP 2, 31)

Dieses lange Schweigen in der Familie brachte mit sich, dass sie auch kaum etwas über Ravensbrück wusste, als sie als Jugendliche gemeinsam mit ihrem Vater an einer Gruppenfahrt nach Ravensbrück teilnahm. Sie habe sich dafür »von A–Z geniert« (IP 2, 72). So wie es dem Vater selbst bei dieser Gelegenheit nicht möglich war, über die Mutter zu reden, schwieg auch die Tochter: »Und da hätte er mir ein bissl was erzählen können, [aber] ich konnte den Papa nicht fragen. Da war eine Sperre.« (IP 2, 78) Dass die Aneignung des Wissens um die Verfolgungsgeschichte ein schmerzhafter Prozess ist, zeigt sich bei Hanni W. in der Unfähigkeit, den Vater zu fragen. Sie wollte damit eventuell auch ihren Vater vor belastenden Erinnerungen schützen, denn leichter fiel es ihr, Informationen bei Personen außerhalb der Kernfamilie einzuholen. Auch der Umstand, dass sie erst im Pensionsalter akribisch der Geschichte ihrer Mutter nachging, verweist auf die psychisch herausfordernde Situation, sich der Familiengeschichte zu stellen.

Dies wird auch in der ambivalenten Haltung von Ernst Josef Lauscher deutlich, die er rückblickend bei sich selbst konstatiert. Zum einen bedauert er, nicht ausreichend seine Eltern zu ihrer persönlichen Geschichte befragt zu haben; er wisse sehr viel über Widerstand und Verfolgung im Nationalsozialismus – aber wie genau war es wirklich bei seiner Mutter, was konkret hat sie getan, gefühlt, gedacht?[219] Dazu könne er keine Auskunft geben, weil er zum anderen – zumindest zu ihren Lebzeiten – es doch nicht so genau hatte wissen wollen, vor allem den erfahrenen Schmerz und das ertragene Leid, so mutmaßt er nachträglich.

Es geht mir jetzt [im Interview] schon wieder so wie schon einmal, als ich mich erinnern wollte im Schreiben, dass ich mir gedacht habe, warum hab ich da nicht gefragt? Ich weiß es nicht. Viele Dinge weiß man ja eh. Die Geschichte kenne ich, aber ich kenne sie nicht von meiner Mutter. (IP 4, 75)

Auch Hanni W. äußert ihr Bedauern, dass sie zumindest von einem ihrer Onkel viel über ihre leibliche Mutter erfahren habe, aber »über die echte Tätigkeit des Zirkels [sie meint die Widerstandsgruppe] hab ich von niemandem gehört«. (IP 2, 52)

Die eher indirekte Vermittlung der Geschichte der Mutter scheint in dem – zugegebenermaßen sehr kleinen – Sample die häufigste Erfahrung gewesen zu sein. Ein zufälliger Anlass, der ein Erstaunen oder ein Nachfragen beim Kind auslöste; Erzählungen des sozialen Umfelds, die erst nach und nach als Bestandteil der eigenen Familiengeschichte erkennbar wurden; ein »irgendwie immer schon gewusst haben«, ohne sich an eine aktive und bewusste Aufklärung der Mütter über ihre Tätigkeiten im Widerstand und die Folgen erinnern zu können. So erzählt beispielsweise Vera M., dass der Direktor ihrer Schule am »Tag der Fahne«, wie der Nationalfeiertag von 1956 bis 1964 hieß, von Besatzungsmächten sprach:

Und die Mama hat dazumals in der Bibliothek [der österreichisch-sowjetischen Gesellschaft] gearbeitet. Dorthin haben wir

---

219 Dies wird auch in seinem autobiografischen Roman deutlich, den er nach dem Tod seiner Eltern schrieb. Darin erfährt man nichts über konkrete Widerstandshandlungen der Eltern (vgl. Lauscher 1995).

manchmal hingehen können, wenn wir nicht im Hort waren. Bei einer solchen Gelegenheit hat sie zu mir gesagt: »Das waren für viele Menschen die Besatzungsmächte, für mich waren es die Befreier.« Also da ist mir zum ersten Mal bewusst geworden, dass die Mama im Widerstand war. (GD, 52)

Der Sohn Gertrude Horns meint, seine Eltern hätten ihm direkt ebenfalls nicht viel erzählt. Dennoch habe er auch als Kind darüber Bescheid gewusst: dass sie im Widerstand gewesen waren, dass die Mutter auch im KZ gewesen war, dass beide in der gleichen Widerstandsgruppe aktiv gewesen waren, die Zusammensetzung der Widerstandsgruppe, deren Auffliegen und Folgen und dergleichen (vgl. IP 5, 24). Gleichzeitig betont auch er, nur die Eckpunkte der Geschichte der Eltern, aber kein umfassenderes Bild ihres damaligen Weges vermittelt bekommen zu haben (vgl. IP 5, 45). Er führt dies auch auf die häufigen und langen Abwesenheiten der Eltern zurück, weswegen er ab seinem elften Lebensjahr in Internaten oder bei der Großmutter lebte. Als junger Erwachsener strebte er selbst ins Ausland und berufliche Karriere und privates Fortkommen standen im Vordergrund, weshalb er sich kaum mit der Geschichte seiner Eltern befasste (vgl. IP 5, 45).

Zusammenfassend lässt sich festhalten, dass in zwei Familien sehr viel und sehr früh mit den Kindern über die Geschichte der Mutter gesprochen wurde – wie umfassend und vielschichtig, sei dahingestellt. In den anderen fünf Familien wurde eher wenig, und wenn, dann nur bruchstückhaft und meist auf einen von außen kommenden Impetus (Ereignis) reagierend erzählt. Das Wissen dieser Kinder über die Geschichte ihrer Mütter speiste sich überwiegend aus Erzählungen anderer Erwachsener. Somit stellt die indirekte Übermittlung die dominante Tradierungsform dar. Damit in Zusammenhang mag gesehen werden, dass bei jenen Nachkommen, die sich die

Lebensgeschichte der Mutter wie ein Puzzle aus Erzählungen anderer bzw. später aus der Literatur zusammensetzen mussten, das konkrete Wissen über die Widerstands- und Verfolgungsgeschichte zum Teil recht gering ist. Berger und Wodak (2018) sprechen in diesem Zusammenhang von einem »Erzählschleier«, den die Interviewten der zweiten Generation über die Lebensgeschichten der Eltern werfen, indem sie davon reden, »nichts«, »nur grob« oder »wenig wirklich zu wissen« bzw. mit Verben wie »glauben«, »erinnern« oder »vermuten« Eindrücke über ihre Eltern wiedergeben.[220] Zu einem ähnlichen Ergebnis kommen bereits Springer/Brainin (1979, 6), was das wenig konkrete Wissen der Nachkommen in ihrer Untersuchungsgruppe über die Erfahrungen der Mütter anbelangt:

Obwohl bei Kindern und Müttern übereinstimmend festgestellt wird, dass über die Haftzeit oft gesprochen wurde, wissen die Kinder über Einzelheiten der Haftperiode, wie Funktionen im Lager, Teilnahme im Lager an einer Widerstandsgruppe u. a. nicht so genau Bescheid.

1.2 Meine Mutter war (k)eine Heldin

Die Art und Weise, ob, was und wie die Mütter über sich erzählten, beeinflusste auch die Sichtweise der Kinder auf sie. Mehrheitlich erzählen unsere InterviewpartnerInnen von

---

[220] Vgl. dazu ausführlich den Abschnitt »Der Erzählschleier« in Berger/Wodak 2018, 184ff. Markus Rheindorf und Ruth Wodak, die die Erzählungen der »Kinderjausner« sprachwissenschaftlich analysierten, verweisen hier auch auf die Diskrepanz dieser Erzählungen zu jenen der Holocaustüberlebenden selbst, denen Authentizität des Erlebten und »Story Ownership« ihrer Erzählungen besonders wichtig waren. Im Gegensatz dazu geben die Angehörigen der zweiten Generation die Geschichten der Eltern über weite Strecken aus einer unsicheren, verunsicherten Erzählperspektive wieder (vgl. Berger/Wodak 2018, 185).

ihrem Stolz auf die Widerständigkeit der Mutter bzw. Eltern und darüber, dass sie die KZ-Haft überlebt hätten. Ernst Josef Lauscher meinte, auch seine Mutter sei sich ihrer außergewöhnlichen Taten bewusst gewesen: »Ja, sie war sehr stolz. Wir waren alle stolz.« (IP 4, 89) Diese Wahrnehmung wurde auch von den anderen GesprächspartnerInnen geteilt. Ruth Steindling erlebte ihre Mutter als Heldin, wenngleich sie dies nicht als Wahrnehmung ihrer Kindheit wiedergibt, sondern als die einer Erwachsenen.

Nicht als Kind, aber dann im Erwachsenenalter, als ich schon reflektierter war, war immer mein Eindruck, meine Mutter war eine Heldin. Und, der Vater war ja auch ein Held, er war ja auch im Widerstand. Da war immer das Gefühl, man kann diesen Eltern nie gerecht werden. Wenn ich zum Beispiel depressiv war – ich habe immer sehr lange depressive Phasen zwischendurch gehabt –, dann hab ich mir gedacht, aber ich habe es so gut, wieso bin ich überhaupt depressiv, kann ich mir das überhaupt erlauben? Darf ich das überhaupt? (GD, 47)

Deutlich wird in diesem Zitat, dass der Eindruck der Heldenhaftigkeit bei den Nachkommen nicht nur mit positiven Emotionen verbunden ist. Hier mischt sich die Heldenhaftigkeit mit dem Gefühl, den Müttern/Eltern (in ihrer Tapferkeit) nie gerecht werden zu können. Vera M. teilt zwar den Eindruck, die Mutter sei ein »nie erreichbares Vorbild« gewesen, sie hat dies jedoch nicht als Belastung erlebt:

Da kommen die gleichen Gefühle auf wie bei der Ruth. Das waren Dinge, die übermenschlich waren. Ich hab aber meine Mama nie übermenschlich erlebt und was ich an Gefühl nicht gehabt habe, war, ihr unterlegen zu sein. (GD, 65)

In diesem Zusammenhang war auch die Einschätzung über eine abermalige Bereitschaft zum Widerstand der Mütter und der Sinnhaftigkeit ihres Einsatzes angesichts der mäßigen politischen Wirkung des Widerstands Thema. Ruth Steindling kritisiert den jugendlichen Leichtsinn der Eltern, vor allem aber die Kommunistische Partei, die die seinerzeit Jugendlichen dieser Gefahr aussetzte.

Sie war die Jüngste in ihrer Gruppe. Sie hat das nie in Frage gestellt. Viele, die ich interviewt habe, haben gesagt, sie würden das sofort wieder machen. Wenn man sich das aber überlegt, was das an Gefahr bedeutet hat und was dabei rausgekommen ist, das Resultat, dann fragt man sich wirklich, ob die KP wahnsinnig gewesen ist. (GD, 149)
Aber ich bin sicher, in der Situation, sie hätte es wieder gemacht. Sie ist dazu gestanden und sie fand das auch total wichtig, Widerstand zu leisten. [...] Aber für sie war einfach: Sie muss kämpfen, sie muss Widerstand leisten. Und das war bei ihrem Freund genauso. (GD, 333)

Vera M. schildert ihre Mutter ebenfalls als eine Frau, die kämpfen wollte, aus tiefster Überzeugung den Unrechtsstaat ablehnte und daraus auch viel Kraft schöpfte. Woraus die Tochter (durchaus nachvollziehbar) ableitet, ihre Mutter hätte später – auch in Kenntnis der schweren Folgen – dieselben Widerstandshandlungen gesetzt.

Die hat das nie in Frage gestellt, nie. Das hab ich eh schon erzählt, dass sie gesagt hat: »Ich hab das für niemanden anderen getan, außer für mich.« [...] Für sie war es selbstverständlich. Sie wollte mit diesem Staat nichts zu tun haben und dagegen ankämpfen. Und ich bin der tiefen Überzeugung, dass sie es wieder gemacht hätte. Es ist zwar nie so benannt worden, aber ich bin zutiefst davon überzeugt, dass sie wieder [in den Widerstand] gegangen wäre. (GD, 338)

Hanni W. ist ebenfalls überzeugt, dass ihre Mutter erneut Widerstand geleistet hätte (vgl. IP 2).

Die Zeichnung der Mutter als Heldin verharrt dennoch

nicht in einer Überhöhung. Das Heldenhafte ist brüchig und instabil und wird, kaum ausgesprochen, wieder relativiert und differenziert. Dies geschah insbesondere dann, wenn auf die individuellen Folgen des Widerstands eingegangen wurde. Besonders deutlich wird der Bruch in der Einschätzung der Eltern bei Ernst Josef Lauscher: Insbesondere in der Jugend sei er stolz auf seine Eltern gewesen – erst später habe er auch ihre Traumatisierung durch die Verfolgung gesehen, was allerdings seinen Stolz auf ihre Leistungen nicht schmälerte.

Vater und Mutter waren Helden, aber sie waren beschädigte Helden. Aber das hat sie menschlich gemacht. Als junger Mann idealisiert man seine Eltern natürlich. Meine Eltern waren Helden. Später hat man natürlich reflektiert, dann merkte man, welchen Preis dieses Heldentum eigentlich hatte. (IP 4, 156)

Sind wir im Kapitel VII bereits auf die psychischen Folgen der Verfolgung eingegangen, soll im nächsten Abschnitt auf die Wahrnehmung von Symptomen der Traumatisierung bei den Müttern/Eltern durch die befragten Nachkommen fokussiert werden.

1.3 Das individuelle und das gesellschaftliche Trauma

Die Rede über Traumatisierung geht oftmals mit einer Pathologisierung der Traumatisierten einher. Die von uns befragten Nachkommen von Widerstandskämpferinnen konstatierten eine Reihe von psychischen Belastungen als lang anhaltende Auswirkung der Verfolgung bei ihren Müttern. Sie tun dies jedoch mit tiefem Respekt und großer Anerkennung der Überlebensleistungen der Mutter/Eltern. Wie stark die Erfahrungen der KZ-Haft in den Überlebenden nachwirkten, lässt sich exemplarisch anhand der Schilderungen von Ernst Josef Lauscher über bestimmte Verhaltensmuster seiner Eltern und sein Aufwachsen darstellen:

Für Ernst Josef Lauscher ist die Traumatisierung seiner Mutter durch die KZ-Erfahrungen unbestreitbar. Sie selbst hätte diese Zuschreibung zurückgewiesen und die Einsicht in diese Tatsache verweigert[221], die Anzeichen einer solchen seien jedoch offensichtlich gewesen. Als Beispiel nennt er das Essverhalten der Mutter, die Zeit ihres Lebens keine Ruhe beim Essen hatte und immer so schnell wie nur möglich wieder vom Tisch aufstand – eine Nachwirkung des KZ-Drills.

Meine Mutter, wenn sie gekocht hat, kam an den Tisch und ist gleich wieder mit leerem Teller aufgestanden. Wir haben gesagt: »Mama, sag einmal!« Und das ging über Jahre. Sie konnte einfach nicht anders, das ist die Lagergewohnheit gewesen: schnell aufessen. (IP 4, 37)

Die große Angst der Mutter vor Hunden führt er ebenfalls darauf zurück; dort seien Häftlingsfrauen, die nicht aufstehen konnten, von Hunden aus dem Bett »gebissen« worden (vgl. IP 4, 24). Auch beim Vater sieht er somatische Folgewirkungen von KZ-Zumutungen:

Und mein Vater war genau das Gegenteil. Er saß zwanzig Minuten und musste sich beim Essen Zeit lassen, weil ihm

---

221 In seinem Roman »Eiserne Reserve« beschreibt Lauscher (1995, 234–236) die Reaktion seiner Mutter auf die Forschungsergebnisse von Springer/Brainin (1979). Obwohl seine Mutter anfänglich das Forschungsvorhaben unterstützte, bestritt sie jegliche psychosozialen Folgen aufs Vehementeste: »Und dann kam jener Tag, als Mutter die fertiggestellte Studie in die Hand bekam. Es dauerte keine zehn Minuten, da erlitt sie einen Weinkrampf. […] Mit tränenerstickter Stimme deutete Mutter immer wieder auf Passagen des Papiers, wo von ›psychopathologischen Erscheinungen‹, ›Haftkarrieren‹ und ›krankmachendem Lagerstreß‹ die Rede war. ›Wir sind doch nicht verrückt …‹« (Lauscher 1995, 234f.)

sonst schlecht wurde. Er konnte auch nicht normal aufs Klo gehen. Er musste sitzen, sitzen, sitzen, weil die SSler haben sich den Spaß gemacht, dass sie den Häftlingen zugeschaut haben bei der Toilette. (ebd.)
Dies war eine Demütigung, die sich bei Josef Lauscher zeitlebens in einer empfindlich gestörten Verdauung niederschlug. Beide Eltern – wie mehrheitlich die KZ-Überlebenden – hätten nach ihrer Rückkehr aus den Lagern dringend therapeutische Unterstützung gebraucht, so deren Sohn, »aber wer hatte nach dem Krieg bitte Psychotherapie gemacht? Kein Mensch.« (IP 4, 33)

Um im Alltag bestehen zu können, versuchen die Traumatisierten Situationen zu (ver)meiden, die sogenannte Flashbacks, also ein Wiedererleben des Traumaereignisses, evozieren. Die Überlebenden entwickeln »Abwehr-, Schutz- und/oder Anpassungsleistungen [...], die ihnen ein Weiterleben überhaupt erst ermöglichen« (Jureit 1999, 120). Schweigen und anekdotische Andeutungen können als solche Abwehr- und Schutzmechanismen gedeutet werden. Erst recht, so scheint es, war es notwendig, sich emotional der Vergangenheit zu verschließen. So hatte das Sprechen über die Vergangenheit in der Erinnerung von Ernst Josef Lauscher an seine Mutter nahezu etwas Mechanisches, wobei keine Emotionen zugelassen wurden. Andernfalls, so der Sohn, wäre sie daran zerbrochen.

Sie erzählte immer wieder, wie unter Zwang, und dieser Erzählstrom bekam dann fast so etwas Bürokratisches. Das ist jetzt übertrieben, aber der Grund war natürlich, hätte sie tatsächlich diese ganzen Emotionen zugelassen, dann wäre sie immer wieder zusammengebrochen. (IP 4, 37)[222]

---

[222] »Also er [der Vater] hat gewusst, in dem Moment, wo er in die Emotion hineingeht, verliert er. Und das hat er mit der ganzen Härte durchgezogen«, zitieren Berger/Halbmayr (in Berger/Wodak 2018, 158) eine/n InterviewpartnerIn der Kinderjause und geben damit eine ähnliche Erfahrung wieder. Hazel Rosenstrauch formuliert in Bezug

Das Reden über die qualvollen und lebensbedrohenden Verfolgungserfahrungen birgt die Gefahr, dass Gefühle, Gerüche, Bilder, Affekte reaktiviert werden, ohne willentlich steuerbar zu sein. Ruth Steindling sieht darin einen Grund, dass ihre Mutter nie als Zeitzeugin in Schulen ging, »weil da wären die Gefühle rausgekommen und das hätte sie wahrscheinlich nicht ausgehalten« (GD, 100). Auch eine anhaltende Nervosität sei ihr eigen gewesen, deren Ursachen sie aber nie nachging. Vielmehr wandte sie sich ihrer Umgebung zu, half allen anderen, nur nicht sich selbst.

Meine Mutter war hochgradig nervös. Das hat sich natürlich bemerkbar gemacht. Sie hat ihre Zusammenbrüche gehabt und, und, und. Aber sie hat sich nie mit sich selber beschäftigt. [...] Sie hat sich irgendwie nie so wichtig genommen. Sie hat dieses Helfersyndrom gehabt, sie hat allen geholfen, aber sie selber hat sich nicht helfen können. (GD, 198)[223]

Eine Form der Verarbeitung scheint ebenso das repetitive Erzählen gewesen zu sein, das aber nicht willentlich geschah, sondern vielmehr unter innerem Zwang zu erfolgen schien (vgl. IP 4, 240). Eine andere Reaktion war – insbesondere in früheren Jahren – die Weigerung, über das Erlebte zu sprechen. Dies war bei Vera H.s Mutter der Fall, die sich über ihre Widerstands- und Verfolgungserfahrungen überhaupt nicht befragen ließ (und schon gar nicht von sich aus erzählte).

Sie hat die Gabe gehabt, Dinge auszublenden. Wenn man sie angesprochen hat, war die Reaktion, als ob man auf eine heiße Herdplatte greift und dann hat man es einfach gelassen. (GD, 11)

---

auf die Eltern-Kind-Beziehung zugespitzt: »Wie gesagt, sie konnten es sich nicht leisten, Gefühle zu haben, sonst hätten sie nicht überlebt.« (Rosenstrauch 1992, 875, zit. nach Berger/Wodak 2018, 159)
223 Zu den emotionalen Spätfolgen der in Auschwitz erlebten Traumatisierung vgl. Steindling/Erdheim 2017, insb. 146ff.

Das hat mich zornig gemacht dann, also da war ich richtig angefressen. Auf meine Fragen hat sie immer reagiert als ob sie bei der Polizei säße, bei der Gestapo, und irgendeiner leuchtet ihr ins Gesicht und will irgendetwas aus ihr herausquetschen, will ein Geständnis von ihr haben. So ist das immer abgelaufen. Dann habe ich es irgendwann aufgegeben, weil das war sinnlos. (IP 1, 160)

Um die Unnahbarkeit ihrer Mutter zu beschreiben und den (daraus resultierenden) Rückzug ihrerseits, wählt sie ein Symbol der Verfolgung und Gefangenschaft:

Das war Stacheldraht und das war elektrisch geladener Stacheldraht. [...] Ich konnte sie auch nicht in den Arm nehmen, das wurde irgendwann sehr schwierig. Bis zum Schluss gab es keine Regung oder keine Öffnung. [...] irgendwann gibt man es auf, weil man einfach keine Antwort kriegt oder weil der andere einfach komplett zumacht. (IP 1, 197 und 341)

Daraus lässt sich schließen, dass die Tochter das Verhalten ihrer Mutter und deren Schwierigkeiten, Zuneigung, Wärme und Emotionalität zu zeigen, nicht auf häufig bestehende intergenerationelle Konflikte zurückführt, sondern auf die Verfolgungserfahrungen der Mutter.

Wie wir weiter vorne gesehen haben, war Schweigen über die Vergangenheit auch in anderen Familien häufig. Oft wurden dabei die Grenzen in subtilerer Weise abgesteckt. Das ganze Verhalten oder die Reaktion auf gezielte Fragen signalisierten: Achtung, Tabu! Damit blieb das Wissen über die Erfahrungen der Mutter oberflächlich, viele ahnten mehr als sie wussten. Einige GesprächspartnerInnen hätten in der Kindheit immer »etwas Dunkles«, »einen Schatten aus der Vergangenheit« gespürt.[224] Trotz der Wahrnehmung der Verletztheit ihrer Müt-

---

224 Im bereits zitieren Roman von Ernst Josef Lauscher (1995, 218) lässt der Autor seinen Protagonisten Josef während eines Interviews sagen:

ter zeichnen sie diese als starke Frauen, die ihr Leben meisterten – bei allen Ambivalenzen und Brüchen.

In der Beschäftigung mit Traumatisierung wird häufig vernachlässigt, dass sozio-politische Traumatisierungsprozesse, wie sie auch die Verfolgung durch das NS-Regime darstellen, keine ausschließlich individuelle Angelegenheit sind. Sie sind, so David Becker (2006, 10), »immer innen und außen wirksam, sie töten und bleiben doch lebendiger Schmerz, sie sind immer Vergangenheit und Gegenwart«.[225] Damit will er die Bedeutung des gesellschaftlichen Umfelds für die Bewältigung eines Traumas hervorheben, aber ebenso, dass solche Traumaereignisse auf die gesamte Gesellschaft wirken. Heilung vom Trauma auf individueller Ebene bedeutet »die Fähigkeit, die furchtbare Vergangenheit in ihr Dasein zu integrieren« (ebd.), eine Lebensbasis für sich zu schaffen, in der die Traumatisierten auch in Teilaspekten nicht mehr dem Trauma ausgesetzt sind.

Wie wir in diesem und im vorangegangenen Kapitel gesehen haben, ist es den Widerstandskämpferinnen auf individueller Ebene in bewundernswerter Weise gelungen, sich gesellschaftlich zu integrieren. Sie meisterten ihr Leben, sie fanden Wege, mit dem Erlittenen umzugehen. Tatsache ist jedoch auch, dass die Verwundung ein Leben lang virulent, sicht- und spürbar blieb. Dem Ansatz von Becker folgend, ist Heilung auf persönlicher wie gesellschaftlicher Ebene nur möglich, wenn sich die

---

»›Den Tod stets mitzudenken‹, fuhr er fort, ›auch das kostet Kraft. Immerzu das Dunkle, das Schwere spüren, sich fürchten, das muss doch irgendwann aufhören.‹«

225 Vgl. hierzu auch Améry (2002, 169f.), der die Langzeitfolgen der Verfolgung und die fehlende gesellschaftliche Verantwortungsübernahme so darlegt: »Immer noch und täglich wieder finde ich mich in der Einsamkeit. Ich habe die Mörder von einst und die potentiellen Aggressoren von morgen nicht hineinzureißen vermocht in die moralische Wahrheit ihrer Untaten, weil mir die Welt in ihrer Totalität dabei nicht half.«

Gesellschaft der Verantwortung für das sozio-politische Ereignis stellt. Dies ist in Österreich (lange Zeit) nicht geschehen. Die meisten KZ-HeimkehrerInnen stießen auf Schweigen und Desinteresse, ja sogar Abwehr in ihrer Umgebung. Der Staat hat das an ihnen begangene Unrecht nur ungenügend anerkannt.

Für die Gesellschaft bedeutet Heilung die Rekonstruktion der Erinnerung, d. h. dass es möglich ist, die Vergangenheit wirklich Vergangenheit werden zu lassen. Heilung beinhaltet das Wiederherstellen von Gesetzen, Moral und Sicherheit. [...] Heilung heißt immer auch Integration. (ebd., 123)

Mit seiner späten Auseinandersetzung mit dem Holocaust und der Beteiligung vieler ÖsterreicherInnen am industriellen Massenmord hat sich Österreich selbst einer Gesundung vom Trauma beraubt (vgl. Amesberger 2012, 245f.).

2. PRÄGUNGEN AUFGRUND DER WIDERSTANDS- UND VERFOLGUNGSGESCHICHTE DER MUTTER

Beschäftigten wir uns in den vorhergehenden Abschnitten mit den Faktoren, die die Weitergabe der Verfolgungsgeschichte der Mütter an ihre Kinder beeinflussten, mit dem Zeitpunkt und Inhalt des Tradierten aus Sicht der Nachkommen sowie mit von diesen bei den Müttern wahrgenommenen Folgewirkungen erlebter Traumata, so wenden wir uns in diesem Kapitelteil der Frage zu, inwiefern die Verfolgungserfahrung der Mutter Einstellungen und Weltbilder der Nachkommen prägte. Das heißt, welche Bedeutung schreiben die Interview- und DiskussionspartnerInnen der Geschichte ihrer Mutter für ihre Identitätsbildung und (damit) ihr eigenes Selbstverständnis zu? Springer und Brainin kommen in ihrer Studie aus 1979 zum Ergebnis, dass fast die Hälfte der untersuchten Personen meinte, ihre Kindheit wäre anders verlaufen, wenn die Mutter nicht der KZ-Haft ausgesetzt gewesen wäre. Ebenso gaben sie an, dass der KZ-Aufenthalt der Mutter (der Eltern) zu persönlichen Problemen für sie selbst geführt habe. Ähnlich viele waren der Meinung, dass der Erziehungsstil der Eltern durch das Hafterlebnis geprägt worden sei (vgl. Springer/Brainin 1979, 8).

Unsere InterviewpartnerInnen fügen sich in dieses Bild ein. Alle haben der Geschichte der Mutter einen durchaus großen Einfluss auf ihre Identitätsentwicklung zugeschrieben, wenngleich dies manchen von ihnen erst spät bewusst wurde. Der Einfluss wurde auch nicht durchwegs positiv wahrgenommen. Zentrale Werte, die in allen Interviews erwähnt wurden, waren die Sozialisation im Geiste »Nie wieder Faschismus«, die bei den Eltern miterlebte und auch selbst erfahrene Solidarität (innerhalb ihrer Gruppe), aber auch die Erfahrung der Marginalisierung in Hinblick auf die Mehrheitsgesellschaft. Die vorgelebten bzw. vermittelten Werte im Elternhaus bestimmten zudem stark das Frauenbild der Nachkommen. Die transgenerationelle Weitergabe von Traumata war nicht dezidierter Gegenstand des Interviews, wurde aber ebenfalls von nahezu allen GesprächspartnerInnen angesprochen, weshalb wir dem in diesem Abschnitt genauer nachgehen werden. Schließlich wurde deutlich, dass die Nachkommen ihr eigenes politisches Verständnis, ihr Verhältnis zu Demokratie und ihre Beteiligung an zivilgesellschaftlichem Engagement durchaus mit der Widerstands- und Verfolgungserfahrung ihrer Mütter in Zusammenhang bringen.

2.1 Sozialisation im Geiste »Nie wieder Faschismus«

Hanni W., deren Mutter bereits wenige Wochen nach ihrer Geburt verstorben war, meint, dass die Widerstands- und Verfolgungsgeschichte der Mutter – obwohl zu Hause nicht darüber geredet werden durfte – eine hohe Bedeutung für ihre Persönlichkeitsentwicklung gehabt habe. Sie sehe die Geschichte ihrer Mutter als wichtigen Teil ihrer selbst, habe sie doch die (emotionale und charakterliche) Stärke von ihr mitbekommen (vgl. IP 2, 89). Dazu gehöre auch, so Hanni W., gegen Unrecht einzutreten, seine Überzeugungen kundzutun und dafür geradezustehen.

Alle InterviewpartnerInnen führen ihren hohen Gerechtigkeitssinn bzw. ihr Gespür für Ungerechtigkeiten auf die mütterlichen/elterlichen Erfahrungen zurück. Dies äußere sich etwa in einer dezidiert antifaschistischen Einstellung. Mehrheitlich wird das Eintreten gegen Faschismus, Rassismus und Antisemitismus als wichtiges Anliegen erwähnt. So bekennt Vera H.: »Natürlich bin ich auch Antifaschistin.« (GD, 352)

Aus der Erfahrung der nationalsozialistischen Diktatur und Verfolgung sei ihnen vermittelt worden, die Freiheit als höchstes Gut zu sehen – gerade auch von den Müttern, die den Idealen des Kommunismus lange Zeit gefolgt und keine Kritik der Sowjetunion und ihrem Einflussbereich geduldet haben. Ihren Kindern gegenüber hätten sie hingegen betont, wie wertvoll das Aufwachsen in einem demokratischen Staat sei, und welch großes Geschenk es sei, »ohne Angst und Stress leben zu können« (GD, 352). Dazu meint Ruth:

Ja, dass es ganz, ganz wichtig ist, in einem demokratischen Land zu leben angesichts der Reisen, die wir auch in die Ostblockstaaten unternommen haben und gesehen haben, wie es dort zugeht: dass man nur mit vorgehaltener Hand sprechen darf, dass die Leute dann vorgeladen werden und ausgefragt werden, worüber sie gesprochen hätten. (GD, 259)

Die von allen konstatierte Sehnsucht nach Gleichheit und Freiheit für die Menschen als weiteres ideales Erbe ihrer Mütter ist Teil dieser Prägung.

Insbesondere der Wert der Solidarität wird in den Interviews hervorgehoben, als Leitlinie für die Generation der Eltern, aber auch – darauf zurückführend – als hoher Wert für ihr eigenes Menschen- und Weltbild. Für Ernst Josef Lauscher wurde die gelebte Solidarität seiner Mutter genährt und getragen von der Gemeinschaft der »Ravensbrückerinnen«:

Ich find das wunderbar, dass es diese Solidarität gegeben hat. Die hab ich bei meiner Mutter immer sehr stark gespürt, diese Wärme, wenn sie über ihre Freundinnen geredet hat. Das lässt sich durch die Familie nicht ersetzen, das kann keine Familie leisten. Ich kann mir meine Mutter ohne die Ravensbrückerinnen gar nicht vorstellen. (IP 4, 210)

Meinungsverschiedenheiten, Konkurrenzen und Konflikte seien diesem »obersten Prinzip einer Gemeinschaft« untergeordnet worden, meint Ernst Josef Lauscher im Interview weiter. Diese Leitlinie hätte der Mutter und dem Vater die Kraft gegeben, über vieles hinwegzusehen:

Über Spannungen hat Mama nichts erzählt. Hätte sie das große Ganze in Frage gestellt, wäre das katastrophal gewesen. Also es war offenbar wichtig, dass man sich an etwas anhalten konnte. Wenn man alles verliert, wenn man so lange gequält und getrennt war – es muss irgendetwas Gemeinsames geben. (IP 4, 107)

Vera H. rekurriert auf Erzählungen ihrer Mutter, dass sie ohne die Unterstützung ihrer Genossinnen im KZ verhungert wäre (vgl. IP 1, 67). Und auch in der Nachkriegszeit war die Mithilfe der befreundeten Familien für sie als Alleinerzieherin sehr wichtig. So weiß Vera H. von zahlreichen »Tanten« zu berichten, bei denen sie als Kind viel Zeit verbrachte. Auch andere erinnern sich an die vielen freundlichen »Tanten«, die keine leiblichen Verwandten, sondern »Wahlverwandte« bzw. »Schicksalsgenossinnen« waren. Als Kind nahm man diese Umgebung als selbstverständlich wahr – man kannte ja keine andere –, sodass die von uns interviewten Kinder von KZ-Überlebenden ihre unmittelbare soziale Umgebung anfangs nicht als etwas Besonderes sahen. Erst viel später im Jugend- und Erwachsenenalter sei ihnen die Besonderheit der Geschichte der Mutter bzw. ihres sozialen Netzes bewusst geworden. So meint etwa Vera H., sie habe dies erst realisiert, als sie das vom Volksgerichtshof gesprochene Urteil über ihre Mutter gelesen hatte (vgl. IP 1, 28). Der hohe Stellenwert von »Wahlverwandten« für die Mütter lässt sich nicht nur aus den Solidaritätserfahrungen im Widerstand und während der Verfolgung erklären, sondern zum Teil auch aus dem Fehlen einer Familie oder aus den Zerwürfnissen mit der Herkunftsfamilie. Die hohe Bedeutung der »Wahltanten« lässt sich insbesondere für jene Frauen nachvollziehen, die Solidarität und ein gewisses Ausmaß an Zuwendung in erster Linie in der Widerstandsgruppe bzw. im Gefängnis oder KZ erfuhren und nicht bereits im Familienverband. So versuchte eine Teilnehmende in der Gruppendiskussion die zwar durchgängig hohe, so dennoch unterschiedliche Bedeutung von Solidarität für die jeweiligen Mütter zu interpretieren. Auch Ruths Mutter, früh zur Vollwaise geworden und mit 16 Jahren bereits im Widerstand aktiv, hielt Zeit ihres Lebens die Solidarität mit den Kampf- und WeggefährtInnen besonders hoch. Unsere GesprächspartnerInnen führen das lange Festhalten an Ideologien, die Abwehr jeglicher Kritik an realpolitischen Zuständen in der Partei oder in der UdSSR auf die Angst vor dem Verlust dieser »Familie« zurück. Vera H. erzählt: »Also mein Erleben war, dass das genauso, wie man über das KZ nicht gesprochen hat, gab es über die Ideologie und über die Treue zur Sowjetunion keine Diskussion.« (GD, 301)

Wie wir im Abschnitt zum politischen Selbstverständnis in diesem Kapitel sehen werden, bestimmen die Werte Solidarität, Gerechtigkeit und Freiheit sowie das Credo »Nie wieder

Faschismus! Nie wieder Krieg!« auch das politische Leben und die Einstellungen unserer GesprächspartnerInnen.

2.2 Vermitteltes Frauenbild

Das Frauenbild bzw. das weibliche Selbstbild ist unseren GesprächspartnerInnen zufolge stark von der Tatsache geprägt worden, dass ihre Mütter im Widerstand aktiv waren. So erzählte Hanni W., wie sehr sie allein das, was sie aus den (spärlichen) Erzählungen über ihre leibliche Mutter mitbekommen habe, sie in ihrem Selbstwert gestärkt habe: »Dass ich mich als Frau auf die Füße stelle, dass ich etwas wert bin und genauso in der Welt stehe wie alle anderen auch. Das heißt gleich. Nicht höher, nicht tiefer, gleich.« (IP 2, 159)

Alle GesprächspartnerInnen – auch die männlichen – charakterisieren ihre Mütter in erster Linie als starke Frauen. So auch Ernst Josef Lauschers Bild von seiner Mutter, woher auch sein positives Frauenbild und seine Achtung und Wertschätzung Frauen gegenüber rühre. Dieses Bild beeinflusste immer auch seine Wahl der Lebenspartnerinnen, bei denen er ebenfalls auf Herzlichkeit und gleichzeitig Unabhängigkeit und Selbständigkeit viel Wert gelegt habe:

Also das ist zum Beispiel ein wichtiges Element: die Achtung vor Frauen, vor der Frau. Wenn ich dann sehe, wie Männer ihre Frauen behandeln, auch Freunde ihre Frauen behandeln, dann denke ich, hey, wie lange muss es noch dauern, dass die Männer solidarischer mit ihren Frauen sind und dass es partnerschaftlicher zugeht? Frauen sind einfach die Stärkeren. (IP 4, 210)

Diese Einschätzung der Stärke beziehen die Interviewten auf den Umstand, dass ihre Mütter im Widerstand waren und diverse Konzentrationslager überlebt hatten, und tätigen sie trotz – oder vielleicht auch gerade wegen – der ebenfalls wahrgenommenen Verletztheit und Schwächen ihrer Mütter. Und obwohl die meisten Mütter nicht an der traditionellen Arbeitsteilung rüttelten, diese nicht hinterfragten, tat dies der Einschätzung ihrer Stärke in den Augen unserer GesprächspartnerInnen keinen Abbruch. In allen Elternhäusern herrschte die klassische geschlechtsspezifische Rollenverteilung: Die Mutter war für den Haushalt und die Kindererziehung zuständig (auch wenn sie selbst berufstätig war), der Vater war – sofern es einen gab – zumeist abwesend.

Weiblicher Widerstand hängt also nicht unbedingt mit einem fortschrittlichen, modernen Frauenbild zusammen. Vielmehr waren auch die Widerstandskämpferinnen Kinder ihrer Zeit. Trotz ihrer charakterlichen Stärke, politischen Aktivitäten und Selbständigkeit blieben sie insbesondere im Privatleben patriarchalen Rollenbildern verhaftet. In der Beziehung der Eltern habe es deswegen keine Konflikte gegeben, vielmehr zeichnen einige Interviewte diese als ausgesprochen solidarisch und loyal.

So betont etwa der Sohn Gertrude Horns, wie sehr seine Mutter als Kamerafrau beruflich erfolgreich war, selbständig und stark, wie geschickt und vielseitig begabt. Gleichzeitig bezeichnete er sie in der Beziehung zu ihrem Mann als nahezu »hörig« (IP 5, 56). Doch ähnlich wie die Eltern von Ernst Josef Lauscher waren die Horns ein Herz und eine Seele, was sich auch darin gezeigt habe, dass sie jahrzehntelang beruflich zusammenarbeiteten.

2.3 Marginalisierung versus Zugehörigkeitsgefühl

Berger/Wodak (2018, 59ff.) unterscheiden objektive Bedingungen der Marginalisierung ihrer InterviewpartnerInnen (gesellschaftliche Randständigkeit aufgrund von Widerstands- und Verfolgungserfahrungen der Eltern, oft in Zusammenhang mit jüdischer Herkunft) und deren subjektives Erleben. Ein Ergebnis ihrer Studie ist, dass die »KinderjausnerInnen« – obwohl derselben Subkultur zugehörig – Marginalisierungserfahrungen in unterschiedlichem Ausmaß erinnern. Damit zusammenhängend stellte sich auch uns die Frage, durch welche Erlebnisse die Einschätzung der gesellschaftlichen Positionierung determiniert wurde.

Solche Erlebnisse können zum einen genuin eigene Erfahrungen sein, aber auch Beobachtungen zur gesellschaftlichen (Nicht-)Verankerung der Eltern. Im vorhergehenden Kapitel haben wir bereits darauf verwiesen, dass in der Studie von Springer/Brainin (1979, 7) zwei Drittel der befragten KZ-Überlebenden angaben, die Wiedereingliederung sei nicht vollständig geglückt. Dies war auch durch die Zurückweisung und das Unverständnis der Mehrheitsgesellschaft gegenüber ihren Erfahrungen bedingt. Ähnliches zeigte sich bei den Interviewten der Ravensbrück-Studie (vgl. Amesberger/Halbmayr 2001a, 217–222). Das Gefühl, »unzugehörig« (Beckermann 1989) zu sein, war wohl ein wichtiger Grund dafür, dass sich KZ-Überlebende primär unter ihresgleichen bewegten, also den Kontakt zu Menschen mit ähnlichen Erfahrungen und politischen Einstellungen suchten. Dies galt im privaten (Freizeit-)Verhalten, im politischen Engagement bis hin zu den Zusammenschlüssen in Lagergemeinschaften und KZ-Verbänden. Dass es sich dabei um ein Leben am Rande der Gesellschaft (vgl. Berger/Wodak 2018) handelte, wurde vielfach erst viel später bewusst. Allerdings zeigen Aussagen wie jene von Ruth Steindling: »Ein Standardsatz meiner Mutter war: die Österreicher sind alle Nazis!« (GD, 156), dass zum Teil sehr wohl und recht früh schon eine Differenz ihrer Familien zur Mehrheitsgesellschaft erkennbar und erfahrbar war. Springer/Brainin (1979, 9) stellen zur psychosozialen Entwicklung der Nachfolgegeneration fest, dass knapp 45 Prozent der Befragten angaben, »sich in der Gesellschaft, wie sie heute ist, nicht wohl zu fühlen«. Immerhin zehn Prozent der Jugendlichen fühlten sich stigmatisiert.

Grundlegend für Erfahrungen des gesellschaftlichen Ein- oder Ausschlusses war bei unseren GesprächspartnerInnen die politische Orientierung im Elternhaus, die ein Aufwachsen in kommunistisch orientierten Kinder- und Jugendorganisationen nach sich zog. Die Einbindung in diese Organisationen bedeutete Zugehörigkeit, was damals wie heute mehrheitlich als positiv empfunden wurde/wird; erst in der Adoleszenz fühlten sich manche dadurch zu sehr eingeengt. Die kommunistischen Idealen verpflichtete Lebensweise ermöglichte den Kindern frühzeitig ein Aufwachsen in erweiterten Familienverbänden sowie die Teilnahme an Ferienlagern, die Erfahrungen gelebter Solidarität und Freiheit.[226] In den Gesprächen erwähnen die Nachkommen vor allem die 1. Mai-Feierlichkeiten, wie etwa Hanni W. und Ernst Josef Lauscher:

Der 1. Mai, das war für mich ganz, ganz herrlich, schön und fantastisch. Wir sind vom dreizehnten Bezirk hineinmarschiert, bis zum Parlament, glaub ich, war das; es waren noch die Kommunisten. Und die größte Strafe war, dass ich einmal nicht mitgehen durfte. Ganz knapp vorher ist es mir verboten worden. Ich weiß nicht, was ich angestellt habe. (IP 2, 19)

---

226 Berger/Halbmayr (in Berger/Wodak 2018, 159) sprechen von einer frühzeitigen Akzentverschiebung der für die Persönlichkeitsentwicklung/Identitätsentwicklung wichtigen Bezugspunkte von der Familie zur Peergroup, die die »KinderjausnerInnen« kennzeichnet. Und weiter: »Der schon angesprochene Übergang von den Kindheitsidentifikationen zur Identitätsarbeit, die sich an den Bildern der Peergroup orientiert, verläuft häufig konflikthaft. In dieser Gruppe war er dadurch abgefedert, dass die Weltanschauung von Eltern- und Kindergeneration die gleiche war.« (ebd., 161)

Ernst Josef Lauscher führte als Bub den Zug der Währinger Sektion der KP an:

Ich bin auch einmal über den Ring marschiert als Trommler für den 18. Bezirk. Da gab es noch eine Menge Spalier und die Kommunistische Partei hatte vor dem Parlament die Bühne aufgebaut. Da waren Tausende Leute unterwegs. Das war noch was! (IP 4, 62)

Gruppenabende der Jungen Garde, Pfingst- und Sommerlager, Engagement in der Freien Österreichischen Jugend, Demonstrationen etc. sind Kindheits- und Jugenderinnerungen, die nicht durchgängig, aber großteils positiv besetzt sind.

Das Gefühl des »Außenseiterseins« stellte sich nach der Erinnerung der Befragten erstmals zu dem Zeitpunkt ein, als sie mit Menschen außerhalb des (erweiterten) Familienkreises in Kontakt kamen. Dies war zumeist mit Schuleintritt der Fall. Wobei aber die Wahrnehmung, »anders« zu sein bzw. so behandelt zu werden, sich im Konkreten und am stärksten im Faktor Religion äußerte. Hanni W. erinnert sich:

Zumindest bin ich ausgegrenzt worden in der Volksschule, was die Religion betrifft. […] Der Religionslehrer hat mich vor der Klasse dermaßen zur Schnecke gemacht; so quasi, ich sei nicht des Lebens wert, wirklich mit diesen Worten, vor den Schülerinnen und Schülern! Das war so schlimm, dass ich das dem Papa sehr wohl erzählt habe. Der ist aber dann in die Schule gekommen, hat sich beschwert und dann war, glaub ich, der Katechet noch bei uns daheim. Da sind sie recht hart aneinander geraten, da hat es laute Diskussionen gegeben. Also das konnte er. Das war so eine Demütigung zum Beispiel. (IP 2, 125)

Von ähnlichen Erfahrungen erzählt Ernst Josef Lauscher. Er sei gemeinsam mit seiner Cousine in die Klasse gegangen und da meinte die Lehrerin zu ihnen:

> *»Auch die Lauschers falten die Hände und beten mit!« Das haben wir zu Hause erzählt, daraufhin kam mein Vater am nächsten Tag in die Schule und hat sich die Frau Oberndorfer vorgeknöpft: »Wenn das noch einmal passiert, bin ich beim Stadtschulrat [...]!« Daraufhin mussten wir nie mehr die Hände falten. Aber was heißt das für die Kinder? Fünfundzwanzig Kinder beteten und die zwei Lauschers standen hinten. Wir waren die Ausgegrenzten. (IP 4, 94)*

Dazu sei aber auch die Ausgrenzung aufgrund der politischen Einstellung im Elternhaus gekommen: »Es gab auch nur eine einzige Familie, die mich eingeladen hat. Wir waren die Kommunistenkinder, das war spürbar.« (IP 4, 94) Von diesem Ausgegrenztsein, so Ernst Josef Lauscher an dieser Stelle weiter, rühre seine große Affinität zu jüdischen Kindern: »Man ist anders, man schaut anders in die Welt, man hat ein anderes Radarsystem gelernt als die anderen Kinder, so ist das.« (ebd.)[227] Außerdem seien beim Bundesheer Kinder von KommunistInnen und SozialistInnen schikaniert worden (vgl. ebd., 160). Aufgrund der eigenen politischen Überzeugung – sie war damals noch kein SPÖ-Mitglied und fühlte sich der KPÖ näher – erhielt Hanni W. eine verantwortungsvolle Stelle bei der Gewerkschaft nicht (vgl. IP 2, 130).

Als anders wahrgenommen, klassifiziert zu werden aufgrund seiner jüdischen Herkunft, diese Erfahrung machte der Sohn Gertrude Horns. Da er nicht getauft war, nahm er an keinem Religionsunterricht teil, was die Schulkameraden mit »der is a Jud« kommentierten – eine für ihn sehr unangenehme Si-

---

[227] Im Roman lässt Ernst Josef Lauscher (1995, 236) seinen Protagonisten Josef reflektieren: »Er sah nun klarer, warum er gegenüber Autoritäten ein starkes Misstrauen entwickelt hatte, warum für ihn die Jahre 1938–1945 in einem Maße ›übertwertig‹ waren, wie sie für andere seiner Generation ›heruntergespielt‹ oder ›verleugnet‹ wurden, warum er sich so oft ›unbehaust‹ und als Außenseiter fühlte.«

tuation. Besonders schwierig wurde es aber für ihn, wenn die MitschülerInnen mitbekamen, dass der Vater ein Kommunist war – »na, das war furchtbar!« (IP 5, 20).[228] Als Kind reagierte er auf diese Ausgrenzungserfahrungen dahingehend, dass er nach Möglichkeit sein jüdisches wie auch kommunistisches Elternhaus verschwieg, was aufgrund seiner vielfachen Internatsaufenthalte bzw. des Aufwachsens bei seiner Großmutter ab der Gymnasialzeit möglich, aber auch ein enormer Kraftaufwand war und insgesamt als Belastung erinnert wird. Den Eltern habe er nichts davon erzählt:

Ich hätte ja den Religionsunterricht mitgemacht, meine Großmutter war katholisch, mein Vater war Ministrant ..., Okay, man hat mich halt nicht getauft. Ich konnte das damals nicht verstehen – aber ich hab es auch nicht erfragt. (IP 5, 25)

Das Gefühl des Andersseins speiste sich nicht nur aus den Erfahrungen im schulischen Umfeld, sondern auch im Verhältnis zur Nachbarschaft, wie sich Ernst Josef Lauscher erinnert. Seine Familie war lange Zeit die einzige KP-Familie im näheren Umfeld und wohnte zudem im requirierten Haus einer (ehemaligen) Nationalsozialistin, der Garten konnte jedoch von der ehemaligen Hausbesitzerin weiterhin in Anspruch genommen werden. Das ständige Aufeinandertreffen der beiden Parteien hatte zu belastenden Konflikten geführt und bedingte schließlich auch die Übersiedlung seiner Familie in einen SPÖ-dominierten Gemeindebau. Auch da seien sie als kommunistische Familie herausgestochen, aber dies habe keine Konflikte verursacht (vgl. IP 4, 94).

---

228 »Ich bin damit aufgewachsen, dass die Kinder mich ›Judensau‹ und ›Kommunistenschwein‹ gerufen haben.« (I 5), so geben Wodak und Berger (in Berger/Wodak 2018, 66) eine ähnliche Erfahrung des »doppelten ›Stigmas‹« wieder. Doch auch hier muss auf unterschiedliche Erfahrungshorizonte verwiesen werden, und solche Episoden lassen sich nicht generalisieren (ebd.).

Zusammenfassend lässt sich hier mit Wodak/Berger feststellen, dass das subjektive Bewusstsein, einer Minderheit anzugehören, die im Kontrast zur Mehrheitsgesellschaft steht, bei allen unseren InterviewpartnerInnen ein zentrales, wenngleich unterschiedlich stark ausgeprägtes Element ihrer Sozialisation darstellte und das auf unterschiedlichen Erfahrungen beruhte (vgl. in Berger/Wodak 2018, 67).

2.4 Transgenerationelle Weitergabe von Traumata

Mittlerweile ist in der Forschung unbestritten, dass bei den Nachkommen von Verfolgten ebenfalls Symptome einer Traumatisierung auftreten können. In solchen Fällen wird von sekundärer Traumatisierung gesprochen.[229] Die Frage nach diesem Teil des »Erbes« wird insbesondere im Zusammenhang mit Nachkommen von KZ-Überlebenden gestellt. Da viele Studien sich allerdings mit einer »klinischen Subpopulation«, also mit PatientInnen beschäftigen, lassen sich davon keine Verallgemeinerungen auf die Gesamtpopulation der Nachkommen von KZ-Überlebenden tätigen. Brainin et al. (1994, 40, zit. nach Berger/Wodak 2018, 78) kritisieren in diesem Zusammenhang eine dadurch entstandene Pathologisierung der zweiten Generation, »als ginge es darum, mit allen Mitteln zu beweisen, dass auch die Nachkommen der Überlebenden, vermittelt über das Trauma der Eltern, stigmatisiert sind« und betonen ihrerseits vielmehr, dass gerade hier keine generalisierbaren Ergebnisse möglich seien. Als gemeinsames Moment dieser

---

[229] Als sekundäre Traumatisierung wird eine indirekte Traumatisierung bezeichnet, die sich bei Angehörigen, Hilfspersonen oder auch InterviewerInnen im Umgang mit traumatisierten Personen ergeben kann (vgl. Amesberger et al. 2004, 34ff.; Amesberger 2012).

Generation lassen sie allenfalls »das Gefühl, einer gesellschaftlichen Randgruppe anzugehören«, gelten (ebd.), ein Gefühl, wie es auch unsere InterviewpartnerInnen vermittelten. Auch Kellermann (2011) verweist auf die heterogenen Erfahrungen dieser Gruppe sowie die großen Unterschiede im Umgang mit dem von den Eltern »geerbten Trauma«, sodass einfache Ursache-Wirkungs-Modelle keine Erklärungen bieten können. Für Marion Oliner (2015) ist es wichtig, zwischen direktem, also selbst erfahrenem Trauma und einem weitergegebenen Trauma aufgrund des Schicksals der Eltern zu unterscheiden. Obwohl sekundäre Traumatisierung nicht als Thema der Erhebung vorgesehen war, kamen einige InterviewpartnerInnen von sich aus darauf zu sprechen, woraus sich eine gewisse Bedeutung ablesen lässt.

So erzählte etwa eine Gesprächspartnerin von immer wiederkehrenden und lang anhaltenden depressiven Phasen in ihrer Kindheit, die sie in direkten Zusammenhang mit Aussagen ihrer Mutter stellt:

Es hing bei uns immer so drohend in der Luft: »Sollte so etwas noch einmal kommen, bring ich mich um.« Also das war ein Stehsatz [von meiner Mutter], das hab ich von meinem Vater nie gehört. Dann ist es natürlich auch nicht verwunderlich, wenn die Kinder Depressionen kriegen, denk ich mir. Wenn man das ununterbrochen hört, »wenn das noch einmal passiert, dann bring ich mich um«, das stand wirklich immer drohend im Raum. (GD, 213)

Selbst jene Interviewpartnerin, deren Mutter wenige Wochen nach der Geburt gestorben ist, meint, dass ihre Albträume von den Verfolgungserfahrungen der Mutter herrühren:

Meine Mutti hat mir scheinbar so viel mitgegeben durch das KZ. Sie hat mir mehr mitgegeben, als mir lieb war, weil ich habe diese Albträume gehabt: Dass ich in einem Erdkeller bin.

Ich habe das gerochen, ich habe das gespürt, ich habe es gefühlt. Ich bin da drinnen und kann nicht heraus, kann mich nicht wehren. Ich bin drinnen, höre die Schreie von Leuten – grauslich. Wirklich grauslich. Ich war ja deswegen dann in psychologischer Behandlung. Gaskammer oder so was hab ich nie gesehen, aber blutverschmierte Wände, furchtbarer, eisiger, grausiger Lehmboden. Noch bevor ich von der Betty etwas erfahren habe, hab ich diese Träume gehabt. Also sie muss, glaube ich, mir so viel mitgegeben haben. (IP 2, 68)

Auffallend ist, dass vier von sieben interviewten Nachkommen sich veranlasst sahen, ihr Leben mit psychotherapeutischer Unterstützung aufzuarbeiten. So erzählt ein Interviewpartner von fünf Jahren Therapie. Dennoch könne er nicht im Dunkeln schlafen, immer müsse eine kleine Lichtquelle vorhanden sein (Türspalt), das habe er von seiner Mutter übernommen und werde er nicht los. Seine Traumasymptome seien aber im Vergleich zu anderen Nachkommen und zu seinen Eltern harmlos. Damit bestätigen unsere GesprächspartnerInnen die Ergebnisse der Studie von Springer/Brainin (1979, 8), in der

[f]ast die Hälfte der untersuchten Personen [angibt], dass der KZ-Aufenthalt der Mutter (der Eltern) zu persönlichen Problemen für sie selbst geführt habe [...]. Ebenso ist die Hälfte der untersuchten Personen der Meinung, dass der Erziehungsstil der Eltern durch das Hafterlebnis geprägt worden sei.

Der Erziehungsstil sei in der Mehrzahl der befragten Nachkommen als »streng bis autoritär« empfunden worden, dennoch wäre die Beziehung zu den Eltern eine gute gewesen (vgl. ebd., 6). Über die Mutter-Kind-Beziehung ist hier nachzulesen, »dass bei fast der Hälfte aller Befragten die Mutter als tonangebend in der Familie betrachte wurde und weiters mehr als die Hälfte angaben, die Mutter mehr zu lieben als den Vater« (ebd., 8). Auch vierzig Jahre später konstatiert die Mehrzahl unserer GesprächspartnerInnen eine gute Mutter-Kind-Beziehung. Ernst Josef Lauscher beispielsweise zeichnet von seiner Mutter das Bild einer sehr warmherzigen Frau, die nicht nur am Leben ihrer (erweiterten) Familie Anteil nahm, sondern auch rasch mit seinen FreundInnen ins Gespräch kam. Ruth Steindling sagt, zur Mutter »die bessere Beziehung« gehabt zu haben (GD, 213). Jene InterviewpartnerInnen, die die Beziehung zu ihrer Mutter als überwiegend schlecht einstufen, führen dies vorwiegend auf deren Traumatisierung durch die KZ-Haft zurück.

Eine Gesprächspartnerin kommt mehrfach auf die Schuldgefühle zu sprechen, die ihr in ihrer Kindheit mitgegeben wurden. Sie habe ihre Mutter als ständig an der Belastungsgrenze, hysterisch und stur erlebt – und gleichzeitig als heldenhaft und unerreichbar; beruflich und in ihren gesellschaftspolitischen Forderungen erfolgreich – und daheim war es die Tochter, die ständig auf die Mutter Rücksicht nehmen musste. Diese ambivalenten Erfahrungen hätten ihr Aufwachsen sehr schwierig gemacht, und auch später, im Erwachsenenalter, sei eine entspannte Beziehung zwischen ihr und ihrer Mutter nicht möglich gewesen. Von den »Tanten«, also den Freundinnen ihrer Mutter, sei dieses Verhalten der Mutter noch bestärkt worden, indem die Tochter ständig aufgefordert wurde, Rücksicht zu nehmen und eigene Bedürfnisse hintanzustellen.

Du musst permanent ihr zuarbeiten. Egal, du hast kein eigenes Leben. Und so ist es mir gegangen, 49 Jahre lang. Das war so, wie wenn man Leuten was einpflanzt: Gehirnwäscheprogramm. Also das haben sie gut gekonnt, das haben sie wirklich gut gekonnt. Da gab es kein Verständnis, keine Hingabe oder Entgegenkommen. (IP 1, 152)

Gemäß den übrigen GesprächspartnerInnen hätten ihre Mütter/Eltern ihre leidvollen Erfahrungen nie als Druckmittel in der Erziehung eingesetzt. Die hier angesprochene Emotionsarmut der Mutter verweist auf ein Phänomen, das Marion Oliner mit dem psychoanalytischen Begriff der »affektiven Reizschranke« (2015, 28) beschreibt, einer »Affektblockade«, so interpretieren Berger/Halbmayr, »die sich in Persönlichkeitszügen manifestiert, die sie als kalt, unzugänglich, unempathisch charakterisiert« (ebd., zit. nach Berger/Wodak 2018, 159).

Zusammenfassend lässt sich festhalten, dass die speziellen Erfahrungen der Mütter während des Nationalsozialismus, der Umgang damit in der Nachkriegszeit (in Familie, Gesellschaft und Politik) und die daraus resultierenden spezifischen Bedingungen des Aufwachsens Prägungen und Verhaltensweisen nach sich zogen, die die InterviewpartnerInnen selbst miteinander in Beziehung setzen bzw. legen ihre Aussagen eine solche Verbindung nahe. Inwiefern von einer sekundären Traumatisierung gesprochen werden kann, können wir als SozialwissenschafterInnen nicht beurteilen. Tendenziell bestätigen die Aussagen unserer GesprächspartnerInnen jedoch die Studienergebnisse von Springer/Brainin (1979) und Berger/Halbmayr (in Berger/Wodak 2018, 168). Letztere resümieren in ihrer Auswertung der »Kinderjause«-Interviews zur Weitergabe von Traumata, dass der größere Teil der InterviewpartnerInnen an sich selbst kein »geerbtes Trauma« (Kellermann 2011) feststelle, einige Interviews jedoch deutliche Hinweise auf subjektiv erlebte Belastungen, deren Zusammenhang mit der Elternbiografie genannt wird, liefern. Dabei sei auffällig, dass insbesondere eher jüngere InterviewpartnerInnen der Geburtsjahre 1948–1953 von eigenen psychischen Belastungen berichten. Dieser Altersgruppe gehören in etwa auch unsere GesprächspartnerInnen an, die zwischen 1947 und 1957 geboren sind. Das mag darauf verweisen, dass Kinder, die in der unmittelbaren Nachkriegszeit geboren wurden, noch direkter die akuten Auswirkungen der nationalsozialistischen Verfolgung ihrer Eltern zu spüren bekamen.

Mögliche Sekundärtraumatisierung bei den Nachkommen ist nur ein Aspekt des Erbes, wie auch die vorangegangenen Abschnitte zu den vermittelten Werten gezeigt haben.

Keinesfalls sind die Traumata bestimmende Elemente des eigenen Selbstverständnisses. Ganz anders als der oft wiederkehrende Verweis auf das Zusammengehörigkeitsgefühl und das stützende Gruppenbewusstsein. (Berger/Halbmayr in Berger/Wodak 2018, 169)

Ebenso bestimmend, so möchten wir ergänzen, war die Geschichte der Mütter/Eltern für das politische Selbstverständnis der zweiten Generation, von dem im folgenden Abschnitt die Rede sein wird.

2.5 Politisches Selbstverständnis – zwischen Vermächtnis und Abgrenzung

Die Mütter unserer GesprächspartnerInnen kämpften im Rahmen des kommunistischen Widerstands für die Unabhängigkeit Österreichs und gegen die austrofaschistische und nationalsozialistische Diktatur. Und sie waren nach der Befreiung bestrebt, am politischen Aufbau mitzuarbeiten, wie dies etwa in den Erklärungen und Protokollen rund um die Gründung der ÖLGR deutlich wird (vgl. Amesberger/Lercher 2008, 21–23). Interviews mit kommunistischen Widerstandskämpferinnen zeigen, dass vielen »die Errichtung einer Volksdemokratie nach dem Vorbild der UdSSR« (Amesberger/Halbmayr 2001, 209) vorschwebte und viele hofften, »sich am gesellschaftlichen Wiederaufbau innerhalb der Partei aktiv beteiligen zu können« (ebd.). Wie in den vorangegangenen Kapiteln herausgearbeitet wurde, war die KPÖ auch nach der Befreiung die politische Heimat für die Mütter/Eltern. Alle waren Mitglieder der KPÖ, ein Teil der Mütter war in KP-nahen Einrichtungen beschäftigt, einige Väter waren führende Funktionäre der KPÖ. Daher verwundert es auch nicht, dass alle von uns interviewten Nachkommen kommunistisch sozialisiert wurden – im Elternhaus sowie in den diversen Kinder- und Jugendorganisationen der KPÖ. Die Mütter/Eltern distanzierten sich – im Gegensatz zu der Mehrzahl der Kinder – entweder erst relativ spät (1968) oder zeitlebens nicht (vgl. Kapitel VII.3). Ähnlich den Studienergebnissen von Berger/Halbmayr (in Berger/Wodak 2018, 170) wandte sich die Mehrheit unserer GesprächspartnerInnen im Erwachsenenalter von der KPÖ ab, wenngleich dies nicht eine Abkehr von den Idealen des Kommunismus bedeutete, wie einige betonen:

Ich meine, die Ziele sind schon hehr, aber wenn ich das so jetzt betrachte, ist mir diese sowjetische Hörigkeit »too much«. (IP 1, 25)

Der Papa war ein fanatischer Kommunist, kein Marxist und mehr den Ideologien verhaftet. Also, der Kommunismus an sich ist ja etwas, was ich heute noch immer gut finde, die Idee des Kommunismus, die seinerzeit bestanden hat. (IP 2, 104)

Ich bin kein Anti-Kommunist oder so geworden, nein, überhaupt nicht. (IP 4, 130)

Die InterviewpartnerInnen verstehen die Beweggründe der Mütter/Eltern für die Hinwendung zum Kommunismus bzw. zur KP; der Widerstand sei zudem eine Notwendigkeit gewesen. Die jahrzehntelange Loyalität gegenüber der KP und die Linientreue können viele hingegen nicht mehr nachvollziehen, denn in ihren Augen hatte der reale Kommunismus nichts mehr mit der ursprünglichen Idee gemein. Sie zeigen jedoch auch dafür Verständnis, weil ihre Mütter/Eltern nicht das Glück hatten, in Frieden und Wohlstand aufzuwachsen.

Heutzutage machst du das anders, weil es eine ganz andere Situation ist als in den dreißiger und vierziger Jahren. Das ist eine völlig andere wirtschaftliche Situation, wir haben einen völlig anderen Hintergrund. Wie wir aufgewachsen sind, da müssen wir auch dankbar sein, dass man viel ferngehalten hat, dass wir uns frei bewegen konnten. (GD, Vera M., 180)

Das politische Vermächtnis der Mütter/Eltern liegt in ihrer Widerstandstätigkeit und in den vermittelten Werten. Dieses bilde, so die befragten Nachkommen, eine unschätzbare Grundfeste ihrer Identität und ihres politischen Selbstverständnisses. Sie seien mit dem Bewusstsein groß geworden, dass die Mutter/Eltern auf der richtigen Seite standen, wofür sie ebenfalls dankbar sind. Ernst Josef Lauscher dazu:

Oft dachte ich mir, was wäre, käme ich aus einer Nazi-Familie? Das wäre grauenhaft, schon allein die Vorstellung! Aber ich gehöre ja zu den Guten. Also es war so dieses Bewusstsein, dieses Clan-Bewusstsein: Wir gehören zu den Aufrechten, zu den Stolzen, also wir haben etwas getan gegen dieses Regime. Wir Jungen haben gar nichts getan, aber unsere Eltern haben etwas getan. (IP 4, 90)

Dieses Bewusstsein gab Sicherheit, reduzierte die Generationenkonflikte. Springer/Brainin (1979, 6 u. 10) reden in diesem Zusammenhang ebenfalls von einer überaus starken Identifikation der Kinder mit ihren Eltern, die sich insbesondere in politischen und weltanschaulichen Einstellungen äußert. Auch Berger und Halbmayr stellen für die »Kinder der Rückkehr« fest, dass die Weltanschauung von Eltern- und Kindergeneration in dieser Gruppe die gleiche war, was Adoleszenz-Konflikte in den Familien abfederte (in Berger/Wodak 2018, 161). Die Nachgeborenen leiteten daraus aber gleichzeitig einen »Auftrag« an sich ab. Auf einige Schlagwörter verdichtet, bestand dieser »Auftrag« in einer kritischen Haltung, in gelebter Solidarität, im Eintreten gegen soziale Ungerechtigkeit, gegen alle Formen der gesellschaftlichen Diskriminierung und Ausgrenzung sowie im Eintreten für Gleichheit und Menschenrechte:

Wir sind mit einem ziemlich gesunden Selbstwertgefühl erzogen worden. Was ich von meinen Eltern für mein weiteres Leben mitbekommen habe, war, Widerstand zu leisten, indem man hinterfragt, was steckt hinter dieser oder jener Aussage, dass man versuchen muss, auch hinter die Dinge zu blicken. Das verbinde ich mit Widerstand. Natürlich waren sie auch für mich ein Vorbild, das man nie erreichen kann, das ist so. (GD, Vera M., 66)

Für mich war es das Angehen gegen Ungerechtigkeiten, Ungleichheiten, gegen Rassismus und all das, und Offenheit gegenüber Menschen. Weil jeder Mensch ein Mensch ist. Das hat mich geprägt und selbst meine Kinder hat das geprägt. (ebd., 353)

Also, zu dir zu stehen, zu deinen Meinungen zu stehen, diese kundzutun, dich damit auseinanderzusetzen, wie es auch die Umgebung empfängt. Gegen den Faschismus zu kämpfen an jeder Ecke und an jedem Ende, Solidarität zu üben [...]. Solidarität und Frieden waren die Themen. (ebd., 393)

Das politische Engagement von der Adoleszenz bis heute lässt sich nur grob nachzeichnen. Keine/r der Befragten schlug eine politische Karriere im Sinne einer Funktionärstätigkeit ein. Zwei Interviewpartner erwähnen, dass sie vor dem Ansinnen der Eltern (vor allem der Väter), doch in einem staatlichen Betrieb oder in der KP einen Job anzunehmen, regelrecht geflohen seien (vgl. IP 4, IP 5). Fast alle ordnen sich dem linken politischen Spektrum zu, aber nur zwei der sieben Befragten sind Mitglieder einer politischen Partei; eine bei der SPÖ, eine bei der KPÖ. Das SPÖ-Mitglied war zudem bis zur Pensionierung gewerkschaftlich aktiv und auch in weitere SP-nahe

Organisationen eingebunden. Es ist also eine Abwendung vom parteipolitischen Engagement festzustellen und, wie oben schon dargestellt, eine Distanzierung von der KPÖ sowie eine parteipolitische »Heimatlosigkeit«, die im wechselnden Wahlverhalten zum Ausdruck kommt. Die parteipolitisch »Ungebundenen« geben vorwiegend der SPÖ und den Grünen ihre Stimme, immer wieder einmal auch der KPÖ.

Fast alle erzählen von unzähligen Demonstrationen (für Frieden, Anti-AKW, Borodajkewycz, gegen Vietnam-Krieg, etc.), an denen sie als junge Erwachsene teilgenommen haben; ein Teil beteiligt sich bis heute an Manifestationen gegen den konstatierten Rechtsruck in Österreich. Als Beispiele werden etwa Demos gegen die ÖVP-FPÖ-Regierungen in den zweitausender Jahren oder Demos gegen eine Verschärfung der Fremdengesetze und die Asylpolitik genannt. Ein Interviewpartner organisierte als junger Erwachsener eine große Demonstration gegen ein geplantes Nachtfahrverbot für Motorräder in Wien – für ihn ein wichtiges Zeichen, sich gegen zunehmende Regulierung zu wehren. Einige Interviewpartnerinnen engagieren sich aktiv in der Betreuung von Flüchtlingen und sind in zivilgesellschaftlichen Gruppen aktiv. In unserem Sample sind es ausschließlich die Frauen, die sich nach wie vor politisch im zivilgesellschaftlichen Sinne einbringen. Aber insgesamt ist eine hohe Sensibilität unter den Nachkommen in Bezug auf politische Entwicklungen zu beobachten, die sich auf die Verfolgungserfahrung der Mütter bzw. Eltern zurückführen lässt. An zwei Aussagen soll dies beispielhaft gezeigt werden. »›Niemals vergessen!‹ war ja das immer wiederkehrende Narrativ.« Ernst Josef Lauscher pflichtet darin seiner Mutter bei, auch wenn er selbstkritisch seine mangelnde politische Betätigung anmerkt. Und er ergänzt: »Es ist tatsächlich so, die Antennen sind immer aufgestellt.« (IP 4, 98) Auch für Ruth Steindling hat ihre politische Wachsamkeit die

Wurzeln in der von der Mutter weitergegebenen Geschichte. Dieses Vermächtnis geht jedoch auch einher mit der Angst, diesem »Auftrag« nicht gewachsen zu sein:

> *Auf jeden Fall die politische Haltung, also dass ich sehr links bin, ohne linksextrem zu sein. Ich bin sehr empathisch, glaub ich, so wie sie das auch war, sie hat ja zum Teil auch als Bewährungshelferin gearbeitet. Andererseits die Angst, was da jetzt auf uns zukommt, die ganz tief drinsitzt, die eigentlich nur jemand verstehen kann, der auch so einen familiären Hintergrund hat wie wir das haben. Die anderen spielen das immer runter und dafür hab ich überhaupt kein Verständnis. Die lassen sich einlullen und meinen: »Lassen wir die Regierung halt einmal arbeiten und dann messen wir sie an den Taten.« Ich fürchte mich vor jeder Tat, die sie setzen, weil es ist eine miese Tat. Aber sicher eben diese eindeutige Haltung, Widerstand zu leisten, Antifaschistin zu sein, das auch kundzutun, ob es jemand hören will oder nicht; und die Empathie für Leute, die weniger haben, die Hilfe brauchen, das hab ich sicher von ihr. (GD, 354)*

Die politischen Aktivitäten der interviewten Frauen sind – folgt man ihren Aussagen – dem Motto »Wehret den Anfängen« und der Einstellung geschuldet, dass man für eine gerechtere Welt auch etwas tun muss. In diesem Zusammenhang stellten sie sich auch häufig die Frage, ob sie damals nach der Machtübernahme der Nationalsozialisten ähnlich gehandelt hätten. Das Bewusstsein darum, dass im heutigen demokratischen System politischer Widerstand möglich ist und nicht unter Einsatz des eigenen Lebens erfolgt, scheint diesen Frauen gleichzeitig Verpflichtung zu sein, für die demokratischen Rechte und Menschenrechte einzutreten.

Das allgemeine politische Interesse ist auch mit einem zeitgeschichtlichen verknüpft, wie ebenfalls bereits bei Springer/Brainin (1979, 8) und bei Berger/Wodak (2018) konstatiert wird. Das heißt, sie lesen Bücher über den Nationalsozialismus und die Shoah, konsumieren ebensolche Dokumentationen und besuchen einschlägige Veranstaltungen. Einige nahmen in ihrer Jugend am internationalen Jugendlager in Prierosbrück bei Berlin teil, wobei der Besuch der Mahn- und Gedenkstätte Ravensbrück den Höhepunkt darstellte.[230] Fast alle haben zumindest einmal in ihrem Leben die Gedenkstätte besucht, ein paar tun dies regelmäßig. Der Großteil unserer InterviewpartnerInnen ist Mitglied der ÖLGRF; das Engagement reicht von finanzieller Unterstützung, Teilnahme an den Treffen und Organisation von bzw. Mitarbeit bei Veranstaltungen bis hin zur Ausübung von Vereinsfunktionen. Sie signalisieren damit nicht nur zeitgeschichtliches Interesse, sondern ebenso die Notwendigkeit des aktiven Erinnerns und Gedenkens. Zwei GesprächspartnerInnen taten dies zudem in Form einer publizistischen Aufarbeitung der Geschichte ihrer Mutter bzw. Familie. »Heilung von den Schrecken« (Lauscher 1995, Klappentext) zu erlangen, war eine Motivation dafür, aber auch, die Widerstandstätigkeit der Mutter/Eltern zu würdigen sowie zu zeigen, wohin Diktatur und die Zerstörung der Demokratie führten.

Die erwachsenen Kinder haben das Vermächtnis ihrer Mütter insofern angenommen, als sie die Welt/Gesellschaft nach Maßstäben von Gerechtigkeit, Gleichheit und Freiheit beurteilen. In vielen Fällen schlug sich dies im Erwachsenenalter auch im (zivilgesellschaftlichen) politischen Engagement nieder, wenngleich dies über die Zeit hinweg und auch im Ausmaß

---

[230] An dem vom 7.–14. Juli 1967 stattfindenden Treffen nahmen ca. 380 Jugendliche aus 13 ost- und westeuropäischen Ländern teil. Die österreichische Gruppe war mit 51 Jugendlichen eine der größten Delegationen (E-Mail von Bärbel Schindler-Saefkow, 12.8.2018). Nahezu die Hälfte der österreichischen TeilnehmerInnen waren Nachkommen von »Ravensbrückerinnen«.

stark variierte. Viele dieser Einstellungen und Werthaltungen haben die interviewten Töchter der Widerstandskämpferinnen auch an ihre Kinder weitergegeben bzw. die Großmütter an ihre Enkelkinder vererbt, so betonen sie – die drei befragten Männer sind kinderlos. War es bei Hanni W. die solidarische Verbundenheit – »Drum sage ich ja, wenn ich an meine Tochter denke, die Kinder haben dieses Gefühl der Solidarität übernommen.« (IP 2, 65) –, so betont Vera H. das Verabscheuen von Rassismus als generationenübergreifendes Erbe.

Das war bei ihr [meiner Mutter] auch ein ganz wichtiger Teil, dass der Rassismus ein riesiges Unding ist. Dass ein Mensch, jeder Mensch das Recht hat, menschlich und menschenwürdig zu leben. Also das ist der Tenor, das leb ich, das leben meine Kinder. [...] Also wir sind aus der ganzen Welt zusammengewürfelt und das ist eigentlich das, was bei mir hängengeblieben ist. (GD, 352)

Die Widerstandskämpferinnen haben damit nicht nur im Kampf gegen das nationalsozialistische Regime einen unschätzbaren Beitrag zur Wiederauferstehung der Demokratie geleistet, sondern auch einen wesentlichen Beitrag zur Demokratisierung Österreichs, indem sie nach der Befreiung selbst politisch aktiv waren und ihre Kinder zu politischen und kritischen Menschen erzogen.

IX. VERZEICHNISSE

1. Literatur

Ableitinger, Alfred (2017): Politik in Österreich 1918 bis 1933, in: Karner, Stefan (Hg.): Die umkämpfte Republik. Österreich 1918–1938, Innsbruck, 17–36.

Adorno, Theodor W. (1980): Minima Moralia. Reflexionen aus dem beschädigten Leben, Frankfurt/Main.

Agamben, Giorgio (2003): Was von Auschwitz bleibt. Das Archiv und der Zeuge (Homo Sacer III), Frankfurt/Main.

Albert, Julia/Tuchel, Johannes (2016): Widerstand gegen den Nationalsozialismus, in: Bundeszentrale für politische Bildung: Informationen zur politischen Bildung, 330.

Alemann, Annette von (2007): Chancenungleichheit im Management. Begründungsmuster der Unterrepräsentanz von Frauen in Führungspositionen der Wirtschaft, in: Sozialwissenschaften und Berufspraxis (SuB), 30. Jg., Heft 1, 21–38.

Améry, Jean (2002): Jenseits von Schuld und Sühne. Bewältigungsversuche eines Überwältigten, in: ders.: Werke, Band 2, hrsg. von Gerhard Scheit, Stuttgart, 7–178.

Amesberger, Helga (2016): Gender | Geschlecht, in: Diendorfer, Gertraud/Bellak, Blanka/Pelinka, Anton/Wintersteiner, Werner (Hg.): Friedensforschung, Konfliktforschung, Demokratieforschung. Ein Handbuch, Köln/Weimar/Wien, 246–254.

Amesberger, Helga (2012): Oral History und Traumatisierung – am Beispiel der Erfahrung sexualisierter Gewalt während der nationalsozialistischen Verfolgung, in: Konrad, Helmut/Botz, Gerhard/Karner, Stephan/Mattl, Siegfried (Hg.): Terror und Geschichte, Veröffentlichungen des Cluster Geschichte der Ludwig Boltzmann Gesellschaft, Band 2, Wien 233–246.

Amesberger, Helga (2006): Frauen im Widerstand, in: Aschauer-Smolik, Sabine/Neunherz, Alexander (Hg.): Zivilcourage und widerständisches Verhalten. Dagegenhalten, Innsbruck, 51–73.

Amesberger, Helga/Auer, Katrin/Halbmayr, Brigitte (2004): Sexualisierte Gewalt. Weibliche Erfahrungen in NS-Konzentrationslagern, Wien.

Amesberger, Helga/Halbmayr, Brigitte (2001a): Vom Leben und Überleben – Wege nach Ravensbrück. Das Frauenkonzentrationslager in der Erinnerung. Band 1: Dokumentation und Analyse, Wien.

Amesberger, Helga/Halbmayr, Brigitte (Hg.) (2001b): Vom Leben und Überleben – Wege nach Ravensbrück. Das Frauenkonzentrationslager in der Erinnerung. Band 2: Lebenserinnerungen, Wien.

Amesberger, Helga/Halbmayr, Brigitte/Schmid, Gerlinde (2013): Namentliche Erfassung der ehemals inhaftierten ÖsterreicherInnen im KZ Ravensbrück – Auswertung der Datenbank sowie Erstellung einer interaktiven Website, Unveröffentlichter Forschungsbericht, Wien.

Amesberger, Helga/Lercher, Kerstin (2008): Lebendiges Gedächtnis. Die Geschichte der Österreichischen Lagergemeinschaft Ravensbrück, Wien.

Anzengruber, Margarethe (2014): Frauen von Widerstandskämpfern, Wien.

Apelt, Otto (Übersetzer) (2004): Platons Apologie des Sokrates und Kriton, in: Apelt, Otto (Hg.): Platon: Sämtliche Dialoge, Hamburg.

Ara, Angelo (1997): Eine Identität im Wandel: Österreich vom Reich in die Republik, in: Pattillo-Hess, John/Smole, Mario R.: IX. Canetti-Symposion. Die Österreichische Nation, Wien, 38–46.

Arendt, Hannah (1991): Israel, Palästina und der Antisemitismus. Aufsätze, hgg. v. Eike Geisel und Klaus Bittermann, Berlin.

Arendt, Hannah (1986): Elemente und Ursprünge totaler Herrschaft, Zürich.

Arendt, Hannah (1970): Ziviler Ungehorsam, in: Arendt, Hannah (1987): Zur Zeit. Politische Essays, Berlin.

Aretin, Felicitas von (2004): Die Enkel des 20. Juli 1944, Leipzig.

Bailer-Galanda, Brigitte (2003): Die Entstehung der Rückstellungs- und Entschädigungsgesetzgebung. Die Republik Österreich und das in der NS-Zeit entzogene Vermögen. Veröffentlichungen der Österreichischen Historikerkommission, Vermögensentzug während der NS-Zeit sowie Rückstellungen und Entschädigungen seit 1945 in Österreich, herausgegeben von Jabloner, Clemens et al., Band 3, Wien/München.

Bauer, Kurt (2017): Die dunklen Jahre. Politik und Alltag im nationalsozialistischen Österreich 1938–1945, Frankfurt/Main.

Becker, David (2006): Die Erfindung des Traumas – verflochtene Geschichten, Berlin.
Beckermann, Ruth (1989): Unzugehörig. Österreicher und Juden nach 1945, Wien.
Benjamin, Walter (1980): Über den Begriff der Geschichte, in: Benjamin, Walter: Gesammelte Schriften, Bd. I/2, Frankfurt/Main, 691–704.
Benz, Wolfgang (1997): Der Holocaust, München.
Berger, Ernst/Wodak, Ruth (2018): Kinder der Rückkehr. Geschichte einer marginalisierten Jugend, Wiesbaden.
Berger, Karin/Dimmel, Nikolaus/Forster, David/Spring, Claudia/Berger, Heinrich (2004): Vollzugspraxis des »Opferfürsorgegesetzes«. Analyse der praktischen Vollziehung des einschlägigen Sozialrechts, Veröffentlichungen der Österreichischen Historikerkommission, Vermögensentzug während der NS-Zeit sowie Rückstellungen und Entschädigungen seit 1945 in Österreich, herausgegeben von Jabloner, Clemens et al., Band. 29/2, Wien/München.
Berger, Karin/Holzinger, Elisabeth/Podgornik, Lotte/Trallori, Lisbeth (Hg.) (1987): Ich geb Dir einen Mantel, daß Du ihn noch in Freiheit tragen kannst. Wien.
Berger, Karin/Holzinger, Elisabeth/Podgornik, Lotte/Trallori, Lisbeth (1985): Der Himmel ist blau. Kann sein. Frauen im Widerstand, Österreich 1938–1945, Wien.
Bollauf, Traude (2001): »Wir wollten, daß jemand von uns überlebt, damit wir alles bezeugen können« – Irma Trksak, in: Amesberger, Helga Halbmayr, Brigitte (Hg.): Von Leben und Überleben – Wege nach Ravensbrück. Das Frauenkonzentrationslager in der Erinnerung, Wien, 229–236.
Botz, Gerhard (2018): Nationalsozialismus in Wien. Machtübernahme, Herrschaftssicherung, Radikalisierung, Kriegsvorbereitung. 1938/39, Wien.
Botz, Gerhard (Hg.) (2005): Schweigen und Reden einer Generation. Erinnerungsgespräche mit Opfern, Tätern und Mitläufern des Nationalsozialismus, Wien.
Botz, Gerhard (2004): »Resistenz« als Widerstand gegen Diktatur?, abrufbar unter: http://www.lbihs.at/GBResistenz.pdf [Zugriff: 2.5.2018].
Botz, Gerhard (1983): Methoden- und Theorieprobleme der histo-

rischen Widerstandsforschung, in: Konrad, Helmut/Neugebauer, Wolfgang (Hg.): Arbeiterbewegung – Faschismus – Nationalbewußtsein. Festschrift zum 20jährigen Bestand des Dokumentationsarchivs des österreichischen Widerstandes und zum 60. Geburtstag von Herbert Steiner, Wien, 137–151.

Brainin, Elisabeth/Ligeti, Vera/Teicher, Samy (1994): Vom Gedanken zur Tat. Zur Psychoanalyse des Antisemitismus, Frankfurt/Main.

Broszat, Martin/Fröhlich, Elke (1987): Alltag und Widerstand – Bayern im Nationalsozialismus, München.

Bruha, Antonia (1984): Ich war keine Heldin, Wien/München.

Cezanne, Christine (2001): »Ich bin ganz langsam zu der Stiege gegangen, stolz erhoben das Haupt, innerlich habe ich gezittert«, in: Amesberger, Helga/Halbmayr, Brigitte (Hg.): Von Leben und Überleben – Wege nach Ravensbrück. Das Frauenkonzentrationslager in der Erinnerung, Wien, 33–41.

Christ, Michaela/Suderland, Maja (2014): Soziologie und Nationalsozialismus: Positionen, Debatten, Perspektiven, Berlin.

Cordon, Cécile (2007): Ich weiß, was ich wert bin! Irma Trksak – Ein Leben im Widerstand, Wien.

DÖW – Dokumentationsarchiv des österreichischen Widerstandes (Hg.) (1993): Jüdische Schicksale. Berichte von Verfolgten. Band 3 der Reihe »Erzählte Geschichte. Berichte von Widerstandskämpfern und Verfolgten«, Wien.

DÖW – Dokumentationsarchiv des österreichischen Widerstandes (Hg.) (^{2}1984a): Widerstand und Verfolgung in Wien. 1934–1945. Eine Dokumentation, Band 1, Wien.

DÖW – Dokumentationsarchiv des österreichischen Widerstandes (Hg.) (^{2}1984b): Widerstand und Verfolgung in Wien. 1934–1945. Eine Dokumentation, Band 2, Wien.

Echternkamp, Jörg (2015a): Chronologische Übersicht: Der Zweite Weltkrieg. Daten zum Ausbruch, Verlauf und Ende des Zweiten Weltkriegs, in: Bundeszentrale für politische Bildung: Dossier: Der Zweite Weltkrieg, Bonn, 187–207.

Echternkamp, Jörg (2015b): Krieg und Holocaust, in: Bundeszentrale für politische Bildung: Dossier: Der Zweite Weltkrieg, Bonn, 112–118.

Edmondson, Earl C. (1995): Heimwehren und andere Wehrverbände, in: Tálos, Emmerich/Dachs, Herbert/Hanisch, Ernst/Staudinger,

Anton (Hg.): Handbuch des politischen Systems Österreichs Erste Republik 1918–1933, Wien, 261–276.

Eminger, Stefan (2017): Aufstand der Provinz – Zum Spannungsfeld Stadt versus Land im Österreich der Zwischenkriegszeit, in: Karner, Stefan (Hg.): Die umkämpfte Republik. Österreich 1918–1938, Innsbruck, 283–288.

Eschebach, Insa/Mühlhäuser, Regina (2008): Krieg und Geschlecht. Sexuelle Gewalt im Krieg und Sex-Zwangsarbeit in NS-Konzentrationslagern, Berlin.

Faßmann, Heinz (1995): Der Wandel der Bevölkerungs- und Sozialstruktur in der Ersten Republik, in: Tálos, Emmerich/Dachs, Herbert/Hanisch, Ernst/Staudinger, Anton (Hg.): Handbuch des politischen Systems Österreichs Erste Republik 1918–1933, Wien, 11–22.

Freud, Sigmund (1968): Briefe 1873-1939, hgg. v. E. und L. Freud, Frankfurt/Main.

Froihofer, Maria (2007): Erinnerte und tradierte Geschichte. Die nationalsozialistische Vergangenheit im Gedächtnis der Generationen eines steirischen Dorfes, in: Zeitgeschichte, 34. Jg. Heft 5, 270–291.

Garscha, Winfried (2007): Linker Widerstand – Rote Hilfe – Arbeiterwiderstand, in: Karner, Stefan/Duffek, Karl (Hg.): Widerstand in Österreich 1938–1945, Die Beiträge der Parlaments-Enquete 2005, Wien/Graz, 53–62.

Garscha, Winfried R. (1987): Kommunisten, in: DÖW (Hg.): Widerstand und Verfolgung in Niederösterreich. 1934–1945. Eine Dokumentation. Band 1: 1934–1938, Wien, 160–171.

Garscha, Winfried R./Streibel, Robert (1987): Kommunisten, in: DÖW (Hg.): Widerstand und Verfolgung in Niederösterreich. 1934–1945. Eine Dokumentation. Band 2: 1938–1945, Wien, 33–45.

Garscha, Winfried R./Weinert, Willi (1987): Das Aufrollen der nationalen Frage durch die KPÖ, in: Historische Kommission beim Zentralkomitee der KPÖ: Die Kommunistische Partei Österreichs. Beiträge zu ihrer Geschichte und Politik, Wien, 245–255.

Gellot, Laura (1982): The Catholic Church and the Authoritarian Regime in Austria 1933–1938, Madison.

Göhring, Walter (1971): Der illegale Kommunistische Jugendverband Österreichs. Dissertation an der Universität Wien, Wien.

Gugglberger, Martina (2007): »Das hätte ich nicht gekonnt: nichts tun.« Widerstand und Verfolgung von Frauen am Beispiel des Reichsgaues Oberdonau, in: Gehmacher, Johanna/Hauch, Gabriella (Hg.): Frauen- und Geschlechtergeschichte des Nationalsozialismus. Fragestellung, Perspektiven, neue Forschung, Wien.

Haider, Anna (1984): Hansi Eibensteiner, in: Stimme der Frau, Nr. 12 vom 20.3.1984, 3.

Halbmayr, Brigitte (2015): Herbert Steiner. Auf vielen Wegen, über Grenzen hinweg. Eine politische Biografie, Enzyklopädie des Wiener Wissens, Band III, Weitra.

Halbmayr, Brigitte (2009): »Das war eine Selbstverständlichkeit, dass wir da geholfen haben.« Die Fallschirmagenten Albert Huttary und Josef Zettler und ihre UnterstützerInnen – ein Fallbeispiel, in: DÖW – Dokumentationsarchiv des österreichischen Widerstandes (Hg.): Jahrbuch 2009, Schwerpunkt: Bewaffneter Widerstand – Widerstand im Militär, Wien, 176–204.

Hanisch, Ernst (1995): Politische Symbole und Gedächtnisorte, in: Tálos, Emmerich/Dachs, Herbert/Hanisch, Ernst/Staudinger, Anton (Hg.): Handbuch des politischen Systems Österreichs Erste Republik 1918–1933, Wien, 421–430.

Hauer, Nadine (1994): Die Mitläufer oder die Unfähigkeit zu fragen. Auswirkungen des Nationalsozialismus für die Demokratie von heute, Opladen.

Helwig, Nathaniel E./Ruprecht, Mark R. (2017): Age, gender, and self-esteem: A sociocultural look through a nonparametric lens, in: Archives of Scientific Psychology, 5(1), 19–31, http://dx.doi.org/10.1037/arc0000032 [Zugriff: 8.5.2018].

Hermann, Cathrin (2001): Widerstand und Geschlecht Geschlechterrollen im österreichischen Widerstand und deren Darstellungen in der Forschungsliteratur nach 1945 – Ein Vergleich zwischen der »Österreichischen Freiheitsbewegung« und der so genannten »Tschechischen Sektion der KPÖ«, Wien, abrufbar unter: http://othes.univie.ac.at/18450/1/2011-11-17_0207513.pdf [Zugriff: 23.5.2018].

Hobbes, Thomas (1918): Grundzüge der Philosophie. Zweiter und dritter Teil: Lehre vom Menschen und Bürger, Leipzig.

Hofmannsthal, Hugo von (2011): Sämtliche Werke. Kritische Ausgabe. SW XXXIV Reden und Aufsätze 3, hgg. v. Klaus E. Bohnenkamp, Katja Kaluga und Klaus-Dieter Krabiel, Frankfurt/Main.

Hormayr, Gisela (2010): Der Widerstand gegen das NS-Regime, in: dies.: Zeitgeschichtliche Streiflichter. Tirol in der ersten Republik, unter dem Nationalsozialismus und in der Nachkriegszeit. Ein Unterrichtsbehelf für Lehrerinnen und Lehrer, Innsbruck, 217–251.

Horn, Otto (1967): Die Frage des Pilatus, Halle (Saale).

Jureit, Ulrike (2006): Generationenforschung, Göttingen.

Kant, Immanuel (1969 [1797]): Die Metaphysik der Sitten, Berlin.

Karner, Stefan (2017a): Die umkämpfte Republik – Österreich 1918–1938. Zur Einführung, in: ders. (Hg.): Die umkämpfte Republik. Österreich 1918–1938, Innsbruck, 9–16.

Karner, Stefan (2017b): Vom »Anschluss« zum Reichspogrom 1938 – Der Nationalsozialismus an der Macht, in: ders. (Hg.): Die umkämpfte Republik. Österreich 1918–1938, Innsbruck, 65–81.

Karner, Stefan (2007): Widerstand in Österreich – Gedanken zu einem breiten Feld der Forschung, in: ders./Duffek, Karl (Hg.): Widerstand in Österreich. 1938–1945. Die Beiträge des Parlaments-Enquete 2005, Graz/Wien, 23–26.

Keil, Martha/Mettauer, Philipp (2016): Drei Generationen. Shoah und Nationalsozialismus im Familiengedächtnis, Innsbruck.

Keilson, Hans (1992): Sequentielle Traumatisierung bei Kindern, in: Hardtmann, Gertrud (Hg.): Spuren der Verfolgung. Seelische Auswirkungen des Holocaust auf die Opfer und ihre Kinder, Gerlingen.

Kellermann, Nathan P. F. (2011): »Geerbtes Trauma« – Die Konzeptualisierung der transgenerationellen Weitergabe von Traumata, in: Tel Aviver Jahrbuch für deutsche Geschichte 39, 137–160.

Kernbauer, Hans/Weber, Fritz (1984): Von der Inflation zur Depression. Österreichs Wirtschaft 1918–1934, in: Tálos, Emmerich/Neugebauer, Wolfgang (Hg.): Austrofaschismus. Beiträge über Politik, Ökonomie und Kultur 1934–1938, Wien, 1–30.

Knight, Robert (Hg.) (2000): »Ich bin dafür, die Sache in die Länge zu ziehen«. Die Wortprotokolle der österreichischen Bundesregierung von 1945 bis 1952 über die Entschädigung der Juden, Wien/Köln/Weimar.

Koelle, Lydia (2014): Wo Sprache endet, wirkt das Ungesagte. Zur Lautwerdung deutscher Vergangenheit im Familiengedächtnis und in der Literatur, in: Abmeier, Karlies/Borchard, Michael (Hg.): Öffentliche Religion – religiöse Öffentlichkeit, Paderborn 175–186.

Krist, Martin/Lichtblau, Albert (2017): Nationalsozialismus in Wien. Opfer. Täter. Gegner, Innsbruck.

Kronberger, Marie-Luise/Berger, Ernst (2007): Krankengeschichten und Diagnosen, in: Berger, Ernst (Hg.): Verfolgte Kindheit – Kinder und Jugendliche als Opfer der NS-Sozialverwaltung, Wien, 335–346.

Lappin-Eppel, Eleonore (2017): Die »Mischlingsliga Wien« – Widerstandsgruppe und Jugendorganisation, in: Kuretsidis-Haider, Claudia/Schindler, Christine (Hg.): Zeitschrift – Archivar – Aufklärer. Festschrift für Winfried R. Garscha, Wien, 141–164.

Lauscher, Ernst Josef (1995): Eiserne Reserve, Wien.

Lefort, Claude (1986): Essais sur le politique. XIXe–XXe siècles, Paris.

Lichtblau, Albert (1995): Antisemitismus – Rahmenbedingungen und Wirkungen auf das Zusammenleben von Juden und Nichtjuden, in: Tálos, Emmerich/Dachs, Herbert/Hanisch, Ernst/Staudinger, Anton (Hg.): Handbuch des politischen Systems Österreichs. Erste Republik 1918–1933, Wien, 454–471.

Locke, John (1977 [1689]): Zwei Abhandlungen über das Regieren, Frankfurt/Main.

Luža, Radomír (1983): Der Widerstand in Österreich. 1938–1945, Wien.

Madelung, Eva/Scholtyseck, Joachim (2007): Heldenkinder Verräterkinder. Wenn die Eltern im Widerstand waren, München.

Mayrhofer, Hemma (2005): »Bis zum letzten Atemzug werde ich versuchen dagegen anzukämpfen!« Irma Trksak – ein Lebensweg des Widerstehens, in: DÖW – Dokumentationsarchiv des österreichischen Widerstandes (Hg.): Jahrbuch 2005, Wien/Münster, 145–174.

Moser, Jonny (2007): Österreichische Juden und Jüdinnen im Widerstand gegen das NS-Regime, in: Karner, Stefan/Duffek, Karl (Hg.): Widerstand in Österreich 1938–1945. Die Beiträge der Parlaments-Enquete 2005, Graz/Wien, 125–131.

Moser, Jonny (2004): Österreichische Jüdinnen und Juden im Widerstand gegen das NS-System, in: DÖW – Dokumentationsarchiv des österreichischen Widerstands (Hg.): Themen der Zeitgeschichte und der Gegenwart. Arbeiterbewegung – NS-Herrschaft – Rechtsextremismus. Ein Resümee aus Anlass des 60. Geburtstags von Wolfgang Neugebauer, Wien, 56–76.

Moser, Jonny (1999): Demographie der jüdischen Bevölkerung Österreichs 1938–1945. Schriftenreihe des Dokumentationsarchiv des österreichischen Widerstandes zur Geschichte der NS-Gewaltverbrechen, Nr. 5, Wien.

Nelles, Dieter/Nolzen, Armin/Sünker, Heinz (2008): »Kinder des Widerstands« und Politik nach 1945. Die Kinder kommunistischer Widerstandskämpfer gegen das NS-Regime und deren Verhältnis zur Politik nach dem Zweiten Weltkrieg, in: BIOS, Zeitschrift für Biographieforschung, Oral History und Lebensverlaufsanalysen, Heft 2, Hagen, 205–222.

Neugebauer, Wofgang (2015): Der österreichische Widerstand 1938–1945, Wien.

Neugebauer, Wolfgang (2007): Widerstand in Österreich – ein Überblick, in: Karner, Stefan/Duffek, Karl (Hg.): Widerstand in Österreich 1938–1945. Die Beiträge der Parlaments-Enquete 2005, Graz/Wien, 27–35.

Neugebauer, Wolfgang (1984): Der »Austrofaschismus« in der Sicht von Sozialisten und Kommunisten, in: Tálos, Emmerich/Neugebauer, Wolfgang (Hg.): Austrofaschismus. Beiträge über Politik, Ökonomie und Kultur 1934–1938, Wien, 199–222.

Neugebauer, Wolfgang/Schwarz, Peter (2008): Stacheldraht, mit Tod geladen ... Der erste Österreichertransport in das KZ Dachau 1938, Wien.

Oliner, Marion (2015): Psychische Realität im Kontext. Reflexionen über Trauma, Psychoanalyse und die persönliche Geschichte, Frankfurt/Main.

Ostendorf, Heribert (2005): Politische Strafjustiz vor und nach 1945, in: Informationen zur politischen Bildung, Heft 248: Kriminalität und Strafrecht, Bonn.

Österreichisches Statistisches Zentralamt (Hg.) (1950): Die Nationalratswahlen vom 9. Oktober 1949, Beiträge zur Österreichischen Statistik, 4. Heft, https://bmi.gv.at/412/Nationalratswahlen/Nationalratswahl_1949/files/nationalratswahl_9101949.pdf [Zugriff: 23.8.2018].

Pammer, Thomas (2013): Austrofaschismus und Jugend: gescheiterte Beziehung und lohnendes Forschungsfeld, in: Wenninger, Florian/Dreidemy, Lucile (Hg.): Das Dollfuß/Schuschnigg-Regime 1933–1938. Vermessung eines Forschungsfeldes, Wien/Köln/Weimar, 395–410.

Pampel, Bert (2011): Gedenkstätten als »außerschulische Lernorte«. Theoretische Aspekte – empirische Befunde – praktische Herausforderungen, in: Pampel, Bert (Hg.): Erschrecken – Mitgefühl – Dis-

tanz. Empirische Befunde über Schüler und Schülerinnen in Gedenkstätten und zeitgeschichtlichen Ausstellungen, Leipzig, 11–59.
Pauley, Bruce F. (1993): Eine Geschichte des österreichischen Antisemitismus. Von der Ausgrenzung zur Auslöschung, Wien.
Pelinka, Anton (2017): Die gescheiterte Republik. Kultur und Politik in Österreich 1918–1938, Wien/Köln/Weimar.
Pelinka, Anton (2007): Der österreichische Widerstand im Widerspruch der verschiedenen Narrative, in: DÖW – Dokumentationsarchiv des österreichischen Widerstandes (Hg.): Jahrbuch 2007. Schwerpunkt: Namentliche Erfassung von NS-Opfern, Wien, 13–25.
Pfeil, Walter J. (2004): Die Entschädigung von Opfern des Nationalsozialismus im österreichischen Sozialrecht, Veröffentlichungen der Österreichischen Historikerkommission, Vermögensentzug während der NS-Zeit sowie Rückstellungen und Entschädigungen seit 1945 in Österreich, herausgegeben von Jabloner, Clemens et al., Bd. 29/1, Wien/München.
Plattform der Österreichischen Lagergemeinschaften Auschwitz, Buchenwald, Dachau, Mauthausen und Ravensbrück (Hg.) (2010): Generationenforum 2010. Dokumentation, Wien, https://www.ravensbrueck.at/wp-content/uploads/2018/08/Generationenforum.pdf [Zugriff: 21.8.2018].
Preitler, Barbara (2015): Grief and Disappearance. Psychosocial Interventions, New Delhi/Thousand Oaks/London/Singapore.
Rabinovici, Doron (2000): Instanzen der Ohnmacht. Wien 1938–1945. Der Weg zum Judenrat, Frankfurt/Main.
Rabofsky, Edi (1988): Im Widerstandskampf gegen die deutschfaschistische Fremdherrschaft, in: Alt-KJV-Komitee/Opferkuh, Walter (Hg.): Unser Wiedersehen. Treffen des alten KJV, 26. März 1988, Wien.
Raggam-Blesch, Michaela (2016): Alltag unter prekärem Schutz. Mischlinge und Geltungsjuden im NS-Regime in Wien, in: zeitgeschichte 5, 43. Jahrgang, Innsbruck, 292–307.
Rajal, Elke (2017): Barbara Eibensteiner, http://www.ravensbrueckerinnen.at/?page_id=6428 [Zugriff: 2.5.2018].
Reiter, Margit (2001): Tischgespräche. Interkulturelle Kommunikation über den Nationalsozialismus, in: Lappin, Eleonore/Schneider, Bernhard (Hg.): Die Lebendigkeit der Geschichte. (Dis-)Konti-

nuitäten in Diskursen über den Nationalsozialismus. St. Ingbert, 308–323.
Reiter, Margit (2006): Die Generation danach. Der Nationalsozialismus im Familiengedächtnis, Innsbruck.
Rosenthal, Gabriele (1995): Erlebte und erzählte Lebensgeschichte. Gestalt und Struktur biographischer Selbstbeschreibungen, Frankfurt/Main/New York.
Rosenthal, Gabriele (1997): Der Holocaust im Leben von drei Generationen. Familien von Überlebenden der Shoah und von Nazi-Tätern, Gießen.
Rosenthal, Gabriele (1999): Die Shoah im intergenerationellen Dialog. Zu den Spätfolgen der Verfolgung in Drei-Generationen-Familien, in: Friedmann, Alexander/Glück, Elvira/Vyssoki, David (Hg.): Überleben der Shoah – und danach. Spätfolgen der Verfolgung aus wissenschaftlicher Sicht, Wien, 68–88.
Schafranek, Hans (2017): Widerstand und Verrat. Gestapospitzel im antifaschistischen Untergrund 1938–1945, Wien.
Schimpf-Herken, Ilse (2008): Erinnerung braucht Zukunft, Zukunft braucht Erinnerung, in: Grasse, Renate/Gruber, Bettina/Gugel, Günther (Hg.): Friedenspädagogik. Grundlagen. Praxisansätze, Perspektiven, Reinbek bei Hamburg.
Schmidlechner, Karin M. (2017): Frauen in Österreich zwischen 1918 und 1938, in: Karner, Stefan (Hg.): Die umkämpfte Republik. Österreich 1918–1938, Innsbruck, 313–319.
Schowanec, Gerald (2008): Politische Kultur und Demokratie in Österreich nach 1945, Diplomarbeit, Universität Wien, http://othes.univie.ac.at/849/1/2008-07-17_8903551.pdf [Zugriff: 23.8.2018].
Schwarz, Gudrun (1996): Die nationalsozialistischen Lager. Frankfurt/Main.
Sofsky, Wolfgang (1993): Die Ordnung des Terrors: Das Konzentrationslager, Frankfurt/Main, 1993.
SORA – Institute for Social Research and Consulting: NS-Geschichtsbewusstsein und autoritäre Einstellungen in Österreich, Telefonumfrage Februar/März 2017, http://www.sora.at/nc/news-presse/news/news-einzelansicht/news/schon-43-fuer-starken-mann-776.html [Zugriff: 2.5.2017].
Springer, Alfred/Brainin, Elisabeth (1979): KZ-Haft und Störungen der Nachfolgegeneration – eine Untersuchung an im KZ-Ravens-

brück inhaftierten Frauen und deren Kindern, Endbericht (unveröffentlicht)/Ergebnisse, in: DÖW 50104/348.

Stadler, Karl (1966): Österreich 1938–1945 im Spiegel der NS-Akten, Wien.

Steindling, Ruth/Erdheim, Claudia (2017): Vilma Steindling. Eine jüdische Kommunistin im Widerstand, Wien.

Steiner, Herbert (2008): Widerstand und Nationalbewusstsein, in: Botz, Gerhard/Sprengnagel, Gerald (Hg.): Kontroversen um Österreichs Zeitgeschichte, Frankfurt/Main/New York, 523–526.

Strebel, Bernhard (2003): Das KZ Ravensbrück. Geschichte eines Lagerkomplexes, Paderborn/München/Wien/Zürich.

Suderland, Maja (2009): Ein Extremfall des Sozialen. Die Häftlingsgesellschaft in den nationalsozialistischen Konzentrationslagern, Frankfurt/Main.

Tálos, Emmerich (2017a): Zwischen Ausbau und Abbau – Sozialpolitik 1918–1938, in: Karner, Stefan (Hg.): Die umkämpfte Republik. Österreich 1918–1938, Innsbruck, 269–276.

Tálos, Emmerich (2017b): Das austrofaschistische Österreich 1933–1938, Wien.

Tálos, Emmerich (1984): Sozialpolitik im Austrofaschismus, in: Tálos, Emmerich/Neugebauer, Wolfgang (Hg.): Austrofaschismus. Beiträge über Politik, Ökonomie und Kultur 1934–1938, Wien, 161–178.

Tálos, Emmerich/Manoschek, Walter (1984a): Zum Konstituierungsprozeß des Austrofaschismus, in: Tálos, Emmerich/Neugebauer, Wolfgang (Hg.): Austrofaschismus. Beiträge über Politik, Ökonomie und Kultur 1934–1938, Wien, 31–52.

Tálos, Emmerich/Manoschek, Walter (1984b): Politische Struktur des Austrofaschismus (1934–1938), in: Tálos, Emmerich/Neugebauer, Wolfgang (Hg.): Austrofaschismus. Beiträge über Politik, Ökonomie und Kultur 1934–1938, Wien, 75–120.

Thoreau, Henry D. (2008 [1849]): Walden. Civil Disobedience. And other writings: authoritative texts, journal, reviews and posthumous assessments, criticism, New York.

Trksak, Irma (1987b): Ein Sommerkleid für irgendwann, in: Berger, Karin (Hg): Ich gebe Dir einen Mantel, daß Du ihn noch in Freiheit tragen kannst. Widerstand im KZ. Österreichische Frauen erzählen, Wien, 117–130.

Uhl, Heidemarie (2001): Das »erste Opfer« – Das österreichische Gedächtnis und seine Transformationen der Zweiten Republik, in: Lappin, Eleonore/Schneider, Bernhard (Hg.): Die Lebendigkeit der Geschichte. (Dis-)Kontinuitäten in Diskursen über den Nationalsozialismus, St. Ingbert, 30–46.

Vogel, Thomas (2015a): Weltkrieg, in: Bundeszentrale für politische Bildung: Dossier: Der Zweite Weltkrieg, Bonn, 31–42.

Vogel, Thomas (2015b): Kriegswende, in: Bundeszentrale für politische Bildung: Dossier: Der Zweite Weltkrieg, Bonn, 43–51.

Vogel, Thomas (2015c): Kriegsfolgen, in: Bundeszentrale für politische Bildung: Dossier: Der Zweite Weltkrieg, Bonn, 62–74.

Walk, Joseph (1981) (Hg.): Das Sonderrecht für die Juden im NS-Staat. Eine Sammlung der gesetzlichen Maßnahmen und Richtlinien – Inhalt und Bedeutung, Heidelberg.

Weinert Willi (1987): 1938–1945. Gegen die nationalsozialistische Gewaltherrschaft, für die Wiedergeburt Österreichs, in: Historische Kommission beim Zentralkomitee der KPÖ: Die Kommunistische Partei Österreichs. Beiträge zu ihrer Geschichte und Politik, Wien, 267–327.

Welzer, Harald/Moller, Sabine/Tschuggnall, Karoline (2002): »Opa war kein Nazi.« Nationalsozialismus und Holocaust im Familiengedächtnis, Frankfurt/Main.

Wenge, Nicola (2006): Das System der nationalsozialistischen Konzentrationslager, in: Bundeszentrale für politische Bildung (Hg.): Dossier: Ravensbrück – Überlebende erzählen, Bonn.

Wittgenstein, Ludwig (1984 [1969]): Über Gewissheit. Werkausgabe Band 8. Bemerkungen über Farben. Über Gewissheit. Zettel. Vermischte Bemerkungen, Frankfurt/Main.

Wohnout, Helmut (2017): Das autoritäre Österreich 1933/34–1938, in: Karner, Stefan (Hg.): Die umkämpfte Republik. Österreich 1918–1938, Innsbruck, 49–65.

Zweig, Stefan (2014 [1944]): Die Welt von Gestern. Erinnerungen eines Europäers, Berlin.

2. Für dieses Projekt geführte Interviews

IP 1 – Interview mit Vera H., geführt von Helga Amesberger, 22.5.2018, Wien.

IP 2 – Interview mit Hanni W., geführt von Helga Amesberger, 23.5.2018, Wien.

IP 3 – Interview mit L., geführt von Brigitte Halbmayr, 23.5.2018, Wien.

IP 4 – Interview mit Ernst Josef Lauscher, geführt von Helga Amesberger, 1.6.2018, Wien.

IP 5 – Interview mit Herrn Horn, geführt von Brigitte Halbmayr, 24.5.2018, Wien.

GD – Gruppendiskussion mit Vera H., Vera M., Ruth Steindling und L., geleitet von Helga Amesberger und Brigitte Halbmayr, Wien, 7.6.2018.

3. Weitere verwendete Interviews

Annerl, Walter (1994): Walter Annerl interviewt von Franz Weisz, 9.8., 16.8. und 25.8.1994, Teil 1, Stadtarchiv Schwechat.

Brainin, Lotte (1999) Interview mit Lotte Brainin, geführt von Helga Amesberger, 14.4.1999, 8.6.1999 und 22.6.1999, IKF-Rav_23.

Bruha, Antonia (1998): Antonia Bruha interviewt von Helga Amesberger, 27.10.1998, IKF-Rav_20/1, Wien.

Danimann, Franz (1983): Interview mit Franz Danimann, geführt von Irene Etzersdorfer, 5.12.1983, DÖW 98, Wien.

Danimann (2003): Interview Franz Danimann, 1. Teil vom 19.12.2003. Zeit:zeugen. Opfer des NS-Regimes im Gespräch mit Schülern, abrufbar unter: https://www.mediathek.at/portaltreffer/atom/193DAE51-157-00173-000004E8-193D0131/pool/BWEB/ [Zugriff: 2.5.2018].

Horn, Gertrude (1989): Interview mit Gertrude Horn (der Name der interviewenden Person ist nicht angeführt), 13./14.1.1989, DÖW 554, Wien.

Horn, Otto (1988): Interview mit Otto Horn, geführt von Nancy Coyn, 18.1.1988, DÖW 23150_36a, Wien.

Sinclair, Friedl (1998): Interview mit Friedl Sinclair, geführt von Brigitte Halbmayr, 18.11.1998, IKF-Rav_7/1, Wien.
Sinclair, Friedl (1999): Interview mit Friedl Sinclair, geführt von Brigitte Halbmayr, 30.4.1999, IKF-Rav_7/2 Wien.
Trksak, Irma (1987a): Interview mit Irma Trksak, geführt von Hans Schafranek, 13.3.1987 und 26.3.1987, Wien.
Trksak, Irma (1998): Interview mit Irma Trksak, geführt von Brigitte Halbmayr, 27.11.1998, IKF-Rav_35/1, Wien.
Trksak, Irma (1999): Interview mit Irma Trksak, geführt von Brigitte Halbmayr, 8.4.1999, IKF-Rav_35/2, Wien.
Trksak, Irma (2004): Interview mit Irma Trksak, geführt von Nadine Kral und Sarah Gandar, 2004, abrufbar unter: https://www.mediathek.at/portaltreffer/atom/193F1160-1B4-00291-000008AC-193E0B55/pool/BWEB/ [Zugriff: 23.5.2018].
Trksak, Irma (2005): Interview mit Irma Trksak, geführt von Eva Egermann, »Ob sich heute jemand vorstellen kann, was Freiheit bedeutet?«, 2005, abrufbar unter: http://oesterreich-2005.at/projekte/1143303416/1143309939 [Zugriff: 23.5.2018].
Vogl, Johanna (1999): Interview mit Johanna Vogl, geführt von Helga Amesberger, 1.4.1999 und 15.9.1999, IKF-Rav_27, Wien.

4. Schaubilder

Schaubild 1: Kreis VII des KJV (1938–1940)
Schaubild 2: Mögliche Struktur und personelle Zusammensetzung der tschechischen Widerstandsgruppe
Schaubild 3: Ränge und Aufbau des Freikorps MLW-APÖ
Schaubild 4: Wer kam durch wen in die MLW?